JN425936

개정판 머리말

가족관계에 대한 관심은 사회적으로나 학문적으로 그리고 문화적인 차원에서 점차 그 수준이 높아지고 다양해지고 있다. 대부분의 가족들은 나름대로의 건강한 가치관을 가지고 구성원 개개인의 밝고 행복한 삶을 추구하고자 노력하면서 성공적인 가족관계를 꾸려나가고 있다. 그러나 한편으로는 불편하고 불평등한 가족관계 속에서 힘들고 고통 받는 삶을 이어나가면서 이러한 관계를 어떤 형태로든지 변화시켜야 한다고 절실히 느끼고 있는 가족들 또한 다수에 달하고 있다.

현대 사회는 인본주의적인 사상에 근거하여 인간의 삶에 대한 주체적인 결정 능력과 권리를 존중하면서 개인의 주관적인 행복감을 중요한 가치영역으로 설정하고 있다. 그런데 개인의 행복감을 결정하는 가장 중요한 요소는 바로 가족으로부터 비롯된 긍정적인 정서적 안정감과 소속감이라는 기본은 인류의 역사와 함께 변하지 않는 사실임은 그리 놀랄 만한 일도 아니다. 이러한 기본적인 요소들이 충족되지 못함으로써 극심한 갈등관계를 경험하고 급기야 파탄에 이르는 가족들을 위한 전문적이고 심리적인 중재와 개입은 어느 사회에서나 반드시 필요한 전문영역이다. 특히 사회 경제적 수준이 높아지고 생물학적인 안정이 확보되면서 오히려 더욱 그 필요성이 증가하고 있는 경향이 있다.

가족상담 전문가가 가족의 갈등과 가족관계의 역동성에 대한 심도 있는 이해를 바탕으로 가족 구성원들의 개별적인 특성이나 문제의 심각성을 하나의 가족체계 속에서 해결할 수 있도록 돕는 것은 매우 중요한 일이다. 또한 가족상담 전문가는 상담 및 심리치료에 대한 이론적인 지식뿐만 아니라 실제 가족에게서 일어나고 있는 다양한 문제 상황을 어떻게 접근하고 해결을 돕도록 하는 것이 보다 효율적인지에 대한 실제의 경험을 가지는 것도 필요하다. 이러한 배경적 전문 지식과 정보 그리고 실제 경험은 가족상담 전문가가 가족들이 당면한 문제를 극복하고 행복을 추구하도록 돕는 데 반드시 갖추어야 할 전문 교육영역이라고 하겠다.

『가족상담 및 심리치료』가 초판을 출간한 지 어언 5년의 세월이 흘렀다. 개정판의 요구가 생기면서 이 책을 초판과 다른 구도로 집필할 것인가에 대한 필자들의 의견이 토론되고 개진되었다. 그러나 초판에서 필자들이 힘겨웠지만 열정적으로 다루었던 부분을 좀더 보완하는 것이 이 시점에서 필요하다는 의견이 대두되면서 책의 구도를 크게 바꾸지 않으면서 독자들에게 보다 가까이 다가갈 수 있는 방향으로 개정판을 내기에 이르렀다. 이에 따라 가족치료에 대한 새로운 정보와 이론적 설명을 추가하였고 가족치료의 실제와 관련된 영역을 충분히 보완하려고 노력하였다. 특히 고령화 사회에 접어들면서 대두되는 노인문제에 대한 가족상담, 가정폭력 문제와 관련된 가족상담 등을 대상자의 특성에 따라 실제 사례를 중심으로 상담과 심리치료의 방법과 기법들을 세분화하여 기술함으로써 독자들의 이해를 돕도록 하였다. 문제 상황에 있는 가족들을 돕기 위한 절차에서 필수적인 가족평가의 방법들도 소개하였다.

이 책이 가족상담 및 치료의 현장에서 활동하고 있는 전문가들뿐만 아니라 심리학이나 교육학, 사회복지분야, 기타 관련분야에서 가족상담 및 심리치료전문가가 되고자 교육과 훈련을 받고 있는 대학 및 대학원생들, 그리고 가족관계나 가족문제에 관심을 가지고 있는 관련분야의 전문가들과 일반 독자들에게 조금이나마 도움이 된다면 커다란 보람이라고 하겠다. 이 책의 개정판은 보다 깊이 있는 전문서적으로 만들고자 하였으나 아직도 부족함에 아쉬움이 남는다. 필자들이 앞으로 더욱 분발하여 더 좋은 책을 만들 다음 날을 약속해 본다.

이 책이 나오기까지 애써 주신 신정출판사의 사장님과 직원 여러분들에게 감사의 마음을 전한다.

2011. 8. 저자 씀

머리말

현대사회의 급격한 가치변화는 가족관계에도 영향을 주었다. 따라서 전통적인 가족관계를 이해하기가 어려운 상황도 자주 접하게 된다. 특히 가장 친밀하고 사랑으로 결속된 가족 구성원들은 경우에 따라 서로 상처가 되는 다양한 형태의 갈등을 내면적으로 감추고 있음을 알게 되면서 당황하고 낙담하게 된다.

이러한 가족들을 위한 도움의 손길은 법제도나 심리상담, 사회복지 등 여러 측면에서 제공되고 있으나 보다 전문적이고 실제적인 방법으로 문제가 있는 가족들을 도울 수 있는 방법의 도출에 대한 필요가 지속적으로 지적되고 있었던 것도 사실이다. 이러한 필요에 따라 우리 나라에 가족상담 및 치료의 개념이 도입되었고, 가족상담의 현장을 지키고 있는 전문가들도 그동안 꾸준히 배출되어 왔다.

또 최근에는 가족상담 전문가라는 자격증을 수여하는 전문가 집단도 활동하고 있는 실정이다. 매우 고무적인 현상이 아닐 수 없다. 이러한 흐름에 힘입어 평소에 가족상담과 치료에 대한 보다 실제적인 저서의 필요성을 느껴 온 필자들이 용기를 가지고 힘을 모아 본 결과가 이 책이다.

이 책은 총 12장으로 구성되어 있다. 1장에서는 가족상담 및 심리치료를 이해하기 위한 기초 영역으로 가족의 역동성에 대한 기본 개념을 몇 가지 이론적 체계를 통하여 조명하였고, 2장에서는 가족 갈등을 이해하기 위하여 가족 갈등 발생과 다양한 대처 반응 유형에 대하여 기술하였다. 3장은 가족상담 및 심리치료에 대한 대표적인 이론적 모형들의 주요 개념과 기본 전제, 상담치료의 목표 그리고 주요 기법을 소개하였다. 4장에서는 가족상담의 절차와 주요 기법을 그리고 5장에서는 가족 갈등 문제를 보다 단기적으로 해결하는 데 도움이 되는 다양한 중재적 접근 방법들을, 그리고 6장에서는 가족상담 및 심리치료에서 사용되는 전문적인 상담과 치료 기법들을 보다 구체적으로 설명하였다. 7장에서부터 11장까지는 위기에 직면해 있는 가족들의 문제에 따른 가족치료의 실제를 다루었는데 이혼가정, 청소년과 부모와의 갈등관계 가정, 가정폭력 문제가 있는 가정, 노인 문제가 있는 가정, 그리고 현대사회에서 흔히 관찰되고 있는 분거가족을 위한 가족상담 등 다양한 실제 사례를 중심으로 상담과 심리치료의 방법과 기법들을 소개하였다. 끝으로 이러한 가족들을 돕기 위한 절차에서 필수적으로 따르는 가족 평가의 방법들을 소개하였다.

이 책이 가족상담 및 치료에 관심을 가지고 현장에 임하고 있는 전문가들, 대학 또는 대학원에서 가족치료 분야의 전문가가 되기 위하여 교육과 훈련을 받고 있는 학생들, 그리고 가족문제에 관심을 가지고 있는 관련 분야의 전문가들과 일반 독자들에게 조금이나마 도움이 된다면 큰 보람이 있겠다.

상담의 현장에서 그리고 대학에서 오랫동안 학생들을 가르치면서 얻은 경험을 중심으로 저자들이 나름대로 가족상담과 심리치료에 관한 이론과 실제를 심도 있게 다루려고 노력하였으나 탈고를 하고 보니 아직 부족한 점이 많이 있음을 절감하게 된다. 앞으로 계속해서 보완해 나갈 것을 독자들에게 약속드린다.

이 책이 나오기까지 많은 분들의 도움을 받았다. 특히 여러 번에 걸친 복잡한 교정에도 불구하고 불평하지 않고 저자들의 의도를 잘 반영해 주신 신정출판사 편집부 관계자 분들에게 감사를 드린다. 또한 원고가 나오기까지 항상 웃음을 잃지 않고 인내로 기다려 주신 사장님께 감사의 마음을 전한다.

2006. 2.

태릉에서 저자 씀

차례

CONTENTS

CONTENTS

CHAPTER 02 · · 가족 갈등의 이해

CHAPTER 03 · · 가족상담 이론

CHAPTER 04 · · 가족상담의 절차와 기법

CONTENTS

CHAPTER 05 새로운 가족상담 접근법

CHAPTER

06 · · 가족상담의 기술과 기법

CONTENTS

CONTENTS

CONTENTS

CHAPTER 10 · · 노인문제에 대한 가족상담

CHAPTER 11 · · 분거가족을 위한 가족상담

CHAPTER

12 · · 가족평가

C O N T E N T S

CHAPTER 01

가족 역동성의 이해

1. 체계로서의 가족
2. 가족체계 이론의 기본 전제
3. 체계적인 관점에서 본 가족 개념
4. 가족발달과 개인발달의 역동성

CHAPTER

01 가족 역동성의 이해

가족은 구성원들 간에 다양한 방식으로 영향을 주고받는 역동적인 체계이다. 가족은 계속해서 변화하며 가족 구성원 개개인이 전체 가족을 변화시킬 수도 있고, 가족 자체가 개인을 변화시킬 수도 있다. 이러한 역동적인 관계로 인하여 가족 구성원 간에는 가족 갈등이 일어나기 마련이며, 가족들은 그 갈등을 해결하는 방법으로 여러 규칙이나 규범들을 만들게 된다. 그러므로 가족상담자는 먼저 자신들이 맡은 가족들이 어떻게 구성되어 있으며, 어떻게 상호작용하고 있는지, 또한 가족들이 현재 어떤 갈등들을 겪고 있으며, 변화를 위해 어떻게 노력하고 있는지 등을 이해할 필요가 있다.

이 장에서는 가족의 활발한 역동성에 의하여 일어나는 가족 갈등과 문제들을 하나의 체계로서 접근하여 고찰해 보고자 한다.

1. 체계로서의 가족

일반적으로 체계이론에서 중요시하는 것은 상호작용이다. 즉 체계라고 일컬어지는 것은 어떤 형태이든 간에 상호작용이 존재한다는 것을 의미하는데, 이러한 상호작용 체계는 상위체계와 하위체계로 나누어 볼 수 있다. 상위체계는 여러 개의 하위체계를 요소로 하여 구성되어 있으며, 하위체계는 상위체계를 구성하는 보다 작은 단위의 체계라 할 수 있다. 예를 들어 한 사람의 인간을 놓고 볼 때, 그 사람은 독립된 한 개인인 동시에 부부체계, 가족체계, 학교나 사회체계 또는 국가체계의 한 요소로 존재한다. 다시 말하면 개인은 가족이라는 큰 체계의 하위체계가 되고 가족은 지역사회라는 체계의 한 부분이 되며 지역사회는 국가라는 보다 큰 체계의 부분이 되는 것이다.

체계로서의 가족을 이해하는 데 도움이 되는 개념들은 가족 하위체계, 가족 경계선 및 순환적 인과관계 등이다.

1) 가족 하위체계

체계이론이 표방하는 기본적인 원리 중 하나는 체계의 어느 한 부분에 변화가 일어나면 그것은 전체 체계를 변화시킨다는 원리이다. 이 원리는 가족을 체계적 관점에서 보는 접근법에도 그대로 적용된다. 체계이론에 근거하여 가족상담을 접근하는 상담자들은 가족의 분쟁이나 갈등이 가족의 한 구성원에 의해 발생한 것으로 보일지라도 그것은 다른 가족들의 행동과 밀접한 관계가 있다고 본다. 즉 가족체계에서 볼 때 가족 중 한 구성원의 문제는 그 개인만의 문제로 끝나는 것이 아니라 다른 구성원과 연관성을 가짐으로써 그들의 행동에도 영향을 미치기 때문에, 개인의 문제로 나타난 역기능적인 행동은 가족체계의 문제를 나타내고 있다는 것이다. 이렇듯 가족이라는 체계 안에서 끊임없이 상호작용을 하는 가족 구성원들은 기본적으로 부부 하위체계, 형제 하위체계, 여성 하위체계, 남성 하위체계 등 여러 하위체계에 속할 수 있으며 더 나아가 아버지와 딸의 하위체계, 어머니와 아들의 하위체계에 속할 수도 있고 좀더 큰 구조나 체계(학교, 이웃, 지역사회)의 한 부분이 되기도 한다.

체계의 특징들에 대하여 언급한 앤더슨과 존슨(Anderson & Johnson, 1997)에 따르면 모든 체계들은 그것이 가족체계든 물리적인 체계든 간에 다음과 같은 몇 가지 특징이 있다고 주장한다. 첫째, 하나의 체계는 보다 큰 체계의 부분이 될 수 있으며, 둘째, 체계는 변화에도 불구하고 안정성을 유지하려고 한다. 셋째, 체계를 이루는 요소들은 체계가 어떤 목적을 달성하기 위하여 필요한 존재가 되어야 한다. 그러나 이러한 특징들이 유지되지 못하고 만족스럽지 못하면 그 체계는 균형이 깨지게 될 것이다. 균형이 깨어져 갈등이 발생하는 체계는 이를 구성하는 요소들이 더이상 체계의 안정이나 공동의 목적을 위해 존재하는 것이 아니라, 마치 고무줄을 양편에서 힘껏 당기는 것처럼 서로 타협이나 화해 없이 각자 무리하게 자신의 방향과 목적만을 주장하는 것과 같다.

가족체계도 마찬가지로 가족 구성원들이 가족이란 체계의 안정과 공동의 목적을 달성하기 위하여 서로 협력하는 관계를 가질 때 그 체계는 건강하게 운영될 수 있지만 그렇지 못할 때 가족의 유대관계는 손상을 입게 된다. 다시 말하면, 가족 구성원들은 각자가 속한 하위체계에서 다른 체계들과 효과적인 관계를 맺어가며 가족이란 체계가 유지되는 데 필요한 역할을 잘 담당해야 하는데, 이러한 일이 순조롭게 이루어지지 않고 체계 간의 관계가 어긋나는 경우가 빈번하게 나타나면 가족 내 갈등과 분쟁이 일어나게 되는 것이다.

전체로서 가족체계에 무엇이 일어나고 있는지 인식하지 않고는 가족 구성원인 개인에 대하여 완전하게 이해할 수 없으므로 가족문제의 해결책 역시 가족체계로 접근해야만 보다 효과적일 수 있다. 그러므로 가족상담자는 자신이 맡은 가족의 이러한 하위체계를 이해하고 체계로 접근하면서 상담을 진행해야 한다. 즉 가족상담자는 가족체계의 역동성을 분석하면서 가족 간의 손상된 유대관계를 치유하고 좀더 바람직한 모습의 가족으로 변화하도록 안내하여야 한다는 것이다. 만약 가족의 유대관계가 심각한 수준으로 결렬되었다 하더라도 체계로서 가족을 이해하는 상담자들은 가족 구성원 간의 관계 결렬은 좀더 큰 가족체계로 볼 때 일부분에 불과한 것이기 때문에, 충분히 치료 가능한 것으로 보고 최선을 다하여 노력해야 할 것이다. 결국 가족 구성원 각자의 변화는 가족체계의 변화를 유도하기 때문에 상담자는 가족들이 변화에 동참하도록 이끄는 것이 중요하다.

2) 가족 경계선

앞에서 가족체계란 여러 종류의 하위체계로 구성되어 있으며 서로 끊임없이 상호작용하는 역동적인 존재임을 살펴보았다. 이렇듯 여러 하위체계로 구성된 가족은 체계 간의 관계를 맺는 데 있어 눈에 보이지 않는 어떤 규칙들로 연결되어 있다고 보는데 그것을 가족 경계선이라 한다. 다시 말해서 가족 경계선이란 가족과 보다 큰 체계 간에 또는 가족의 하위체계 간에 서로 접촉하는 것을 조정하는 일련의 규칙들로 두 하위체계 간의 경계선에 의해 한 하위체계에서 다른 하위체계로 정보가 오고가는 것이 통제되거나 규정되는 것과 관련된 개념이라 할 수 있다.

대부분의 가족들은 그들 가족 안에 그러한 경계선이 존재하는 것을 인식하지 못하고 살아가는 것이 보통이다. 그러나 가족들 간의 사생활 존중이나 비밀 공유 등의 문제들이 불거지면 가족 경계선과 관련된 인식을 하게 된다. 주변에서 흔히 일어나는 일로서 가족 구성원 각자의 우편물을 다른 가족이 먼저 열어 본다든지 또는 어른들의 대화에 자녀들이 끼어드는 것에 대하여 부모들이 대처하는 태도라든지 등등의 예들이 바로 가족 경계선과 관련된 일들이다.

가족 경계선은 보통 체계 간 관계의 밀착 정도에 따라, 경직된 경계선, 애매한 경계선, 명료한 경계선으로 나누어진다.

(1) 경직된 경계선

경직된 경계선의 경우 이들 가족은 구성원들 간에 자신의 생각이나 감정을 나누지 않는 개인적인 성향을 갖고 있다. 이러한 특성을 보이는 가족 구성원들은 지나치게 독립적이고 개인 지향적이어서 체계 간의 경계선이 경직되어 있고 융통성이 없는 경우이다.

(2) 애매한 경계선

애매한 경계선을 갖는 가족들은 구성원들이 모든 정보를 서로 공유하며 지나치게 모든 문제에 얽혀 있어 필요 이상의 간섭과 관여를 하는 경우이다. 개인의 사생활이 존중되지 않으며 체계 간의 경계선이 열려 있는 상태이다.

(3) 명료한 경계선

명료한 경계선을 갖는 가족의 경우에는 경계가 유연하여 하위체계 간에 서로를 인정하며 서로를 포함시키고 존중하는 특징을 갖는다. 가장 바람직한 가족 경계선의 모습이라고 할 수 있다.

이렇듯 각 가정은 구성원들 간에 복잡한 경계선을 갖고 살아가는데 경계의 흐름이 원활하지 않고 교착되었을 때 구성원들은 배신감을 느끼며 상처를 받게 된다. 가족 경계선의 문제로 상담을 받는 가족이 있다면 상담자는 구성원들이 협력하여 서로 좀더 수용적이고 인정해 주는 새로운 형태의 경계선을 만들어 갈 수 있도록 이끌어 주어야 한다. 가족문제로 가족을 중재하는 데 있어서 가장 중요하다고 할 수 있는 것이 바로 가족 내 경계선을 새로 구성하는 것이다. 가족 구성원들은 그들의 갈등을 해결해 가면서 좀더 융통성 있는 경계선을 만들어 갈 수 있으며, 양쪽으로 구분되어 서로 반대 방향으로 치닫는 방식에서 벗어난 보다 건강한 모습의 경계선을 형성할 수 있게 될 것이다. 그러므로 상담자는 가족들이 자신들의 문제와 갈등을 이야기할 때 경청하면서 그들의 상호작용이 어떠한 유형인지, 즉 어떠한 형태의 경계선으로 이루어졌는지를 파악하여야 한다. 만약 상담자가 이러한 사실을 이해하지 못한다면 문제를 해결할 수 있는 중요한 정보를 놓치게 될 것이다.

3) 순환적 인과관계

가족에서 일어난 문제의 과정을 이해하는 데에 있어 가족상담자들은 직선적인 인과관계가 아닌 순환적인 인과관계로 접근해야 한다. 다시 말하면 모든 가족의 행동은 다른 가족 구성원에게 서로 영향을 미치는 순환적 인과관계를 갖고 있기 때문에 문제해결을 위해서는 순환적인 입장에서 가족의 문제를 파악해야 한다. 즉 가족의 문제들이란 '가' 원인에 의해 '나' 라는 결과가 일어난다는 단순한 직선적인 인과관계로는 설명되지 않는 것들이므로 '가' 라는 원인이 '나' 라는 결과를 낳을 수도 있지만, '나' 라는 결과가 다시 원인이 되어서 '가' 라는 결과를 낳을 수 있다는 순환적인 관계로 접근하는 것이 보다 효율적이다.

따라서 가족의 문제가 발생했을 때 그것의 원인과 결과를 따지는 일이 중요한 것이 아니라 원인과 결과가 서로 바뀌어 결과와 원인이 되는 것이므로 순환적 입장에서 문제를 이해하는 것이 필요하다. 순환적인 관점에서 문제를 해결하고자 하는 상담자들은 가족에서 일어나는 일들의 순환적인 관계를 파악하기 위하여 관계들의 연쇄적인 연결 고리에 관심을 둔다. 즉 어려움을 겪고 있는 가족의 악순환적인 인과관계를 파악하고 어떻게 하면 최소한의 노력으로 건강하고 새로운 연결 고리를 만들 수 있는지에 주목한다. 따라서 문제를 가지고 있는 가족을 치료한다는 것은 그 가족의 악순환적인 가족관계의 연결 고리를 인식시키고, 건강하고 바람직한 연결 고리를 새롭게 만들어 주어 악순환이 반복되지 않도록 도와주는 과정이라고 볼 수 있다.

2. 가족체계 이론의 기본 전제

가족문제를 담당하는 상담자들은 먼저 가족을 체계로서 접근하고 이해하는 데 있어 다음의 몇 가지 기본적인 전제를 고려해야 한다(Becvar & Becvar, 1998).

- 체계는 안정적이어야 하지만 융통성 있게 변할 수도 있다.
- 가족들은 각자의 발달단계를 갖고 있다.
- 가족은 개방적이면서도 폐쇄적인 체계일 필요가 있다.
- 가족 구성원들은 독립적이고 개별적이지만 또한 소속감도 가져야 한다.
- 의사소통은 피드백이 되며 이러한 정보교환은 체계를 유지하는 데에 필요한 원동력이 된다.
- 가족체계는 서로 보완하는 역할을 가진 하위체계로 이루어진다.

이상의 여섯 가지 전제들을 이해하고 있는 상담자들은 가족의 역동성을 잘 파악하여 현실적이고 지속 가능한 방법으로 가족이 변화하도록 도와줄 수 있게 된다. 다음에서는 여섯 가지 기본 전제에 대하여 보다 구체적으로 살펴보기로 하겠다.

1) 가족의 안정성과 변화

가족은 계속 변화하는 역동적인 존재이며 안정성과 변화라는 상반된 개념을 함께 갖고 있는 체계라고 할 수 있다. 올슨(Olson, 1993)은 자신이 개발한 가족기능 서컴플렉스 모델(Circumplex Family Functioning Model)에 기초하여 가족 응집성과 적응성 측정척도(Family Cohesion and Adaptability Evaluation Scales: FACES)라는 질문지를 만들어 가족의 안정성과 변화를 설명하였는데, 그에 따르면 가족들은 크게 두 개의 기준으로 구분할 수 있다. 하나는 가족의 융통성 수준에 대한 것으로 융통성이 낮은 순서부터 배열하면 경직된(rigid), 구조화된(structured), 유연한(flexible), 혼돈된(chaotic) 것으로 설명될 수 있다. 다른 하나는 가족의 밀접한 관계의 수준을 보는 것으로 밀접함이 낮은 순서부터 배열하면 격리된(disengaged), 분리된(separated), 연결된(connected), 밀착된(enmashed) 것으로 구분된다. 즉 가족의 연대감과 융통성의 정도로 한 가족의 안정성과 변화를 보고자 한 것이다.

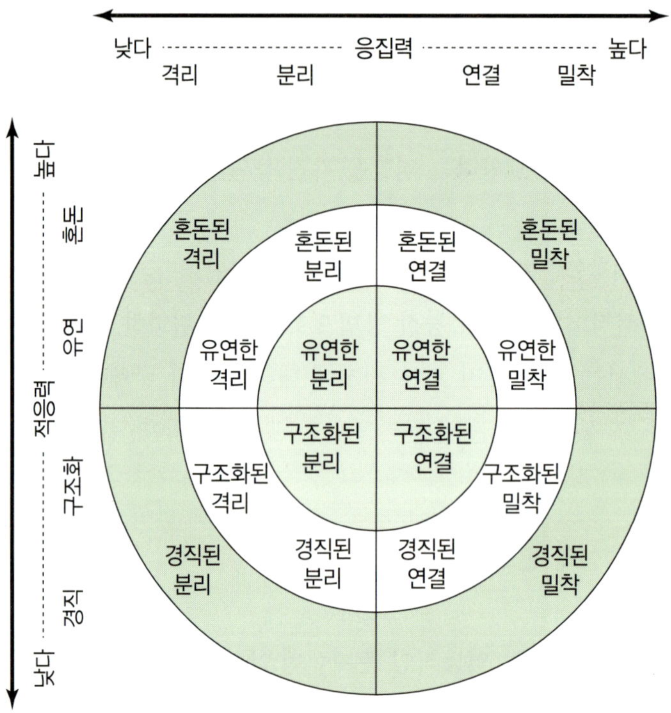

[그림 1-1] 가족기능의 서컴플렉스 모델
출처: Olson, Sparenkle, & Russell(1979) 재인용.

올슨의 이론을 가족의 발달주기로 놓고 볼 때 신혼부부들의 연대감을 보면 다른 시기보다 밀착된 쪽으로 기울어져 있을 것이다. 또한 좋은 생활 습관을 기르기 위한 훈육이 필요한 어린 자녀를 두고 있는 가족들은 유연성 기준으로 볼 때 다른 시기보다 경직된 가족 규칙을 갖고 있을 것이며 사춘기 자녀를 둔 가족들은 보다 유연한 가족 규칙을 갖고 있을 가능성이 크다. 어린 아이들이 있는 가정이라면 부모가 정해 놓은 일정한 가족 규칙을 엄격하게 지키더라도 별다른 갈등 없이 가족의 삶이 진행될 수 있지만 그 아이들이 사춘기 청소년들이 되면 아이들의 변화에 맞추어 가족 규칙들도 유연하게 변화해야 한다. 그러나 부모가 기대하고 정한 규칙과 아이들이 바라는 규칙 간에 차이가 있을 때 가족 갈등이 일어날 수 있다. 가족은 그 구성원이 항상성을 유지할 수 있는 일정 수준의 안정성을 필요로 하는데 만약 그 안정성이 떨어지게 되면 가족 내에 문제점들이 나타나게 된다.

한 가족이 얼마나 안정적인지 아니면 혼돈된 가족인지를 빠르고 효과적으로 알아낼 수 있는 방법은 바로 그들의 하루 일과가 어떻게 진행되고 있는지를 살펴보면 된다. 즉 몇 시에 일어나고, 누가 누구를 깨우는지, 누가 저녁식사를 준비하는지, 누가 쓰레기를 처리하는지, 또 언제 잠자리에 드는지 등을 살펴보면 알 수 있다. 만약 이러한 일들이 보통 일정한 시간에 일정한 사람들에 의하여 이루어지지 않고 매일매일이 다르게 돌아간다면 그 가족은 안정적인 가족이라고 볼 수 없다. 그 가족 구성원들은 사소한 일상적인 일들도 예상할 수 없게 되고 무책임과 많은 스트레스와 걱정과 불안에 빠질 수 있다. 이러한 가정에서 자라난 아이가 성인이 되어 전혀 다른 스타일의 가정에서 자란 사람과 결혼을 하게 되면 많은 갈등을 일으키게 될 것이라고 가정해 볼 수 있다.

가족 문제를 담당하는 상담자들은 가족들이 갖고 있는 문제와 갈등 요소들을 가족의 안정성과 유연성 수준에서 살펴보고 가족 구성원들이 발달해 감에 따라 그 가족들이 갖고 있는 규칙들도 변화해야 함을 깨닫게 해주어야 한다. 가족의 발달주기에 따라 안정적이고 경직된 규칙에서 좀더 유연성 있는 규칙으로 변화해 가는 식으로 각 가족들의 규칙들이 안정성 속에서 변화와 융통성을 가져야 한다. 한 예로 사춘기 자녀들이 있는 가정에서 유연한 가족 규칙을 적용하지 못하여 갈등이 일어났을 때 상담자는 가족의 유연성 문제에 의한 역동성을 파악해야 하는 것이다.

2) 가족의 발달단계

가족 구성원의 요구와 상호작용 형태는 가족의 생활주기에 따라 달라진다. 예를 들면 어린 자녀가 있는 가정은 다른 주기에 있는 가정보다 상호작용 형태가 좀더 엄격하고 구조화되어 있다. 사춘기 자녀를 둔 가정, 어른이 된 자녀가 가정을 떠나 독립하는 가정, 은퇴하여 두 부부가 살고 있는 가정 등 각각의 가정들이 갖고 있는 상호작용 형태가 다르며 각 단계마다 당면하여 해결해야 하는 일들이 모두 다르다. 그러므로 가족 구성원들은 가족의 발달주기에 맞추어 나름대로 바람직한 가족관계를 유지하기 위하여 노력해야 한다.

특히 가족의 생활주기에 따라 생활의 균형이 달라질 수 있는데 다음의 네 가지 영역을 놓고 살펴볼 수 있다. 즉 애정, 소속감, 즐거움, 자유라는 네 가지 영역에 대해 가족이 하나의 체계로서 또는 개인 구성원으로서 추구하는 균형이 서로 달라진다. 가족 구성원들은 이 네 가지 영역에 대하여 어느 영역에 어느 정도로 더 비중을 둘 것인지에 대해 협의하여 공감대를 형성할 필요가 있다. 가족의 발달단계에 따라 가족 구성원이 보다 중요하다고 생각하는 영역이 달라질 수 있으므로 이 문제에 대한 가족 간의 충분한 이해가 없다면 가족 갈등이 발생할 수 있다. 따라서 가족상담자들은 분쟁 중에 있는 가족이 어느 발달단계에 있는지를 파악하고 그에 따라 문제해결을 위해 접근해야 한다.

3) 가족의 개방성과 폐쇄성

가족은 개방성과 폐쇄성을 동시에 가지고 있다. 가족체계가 개방성과 폐쇄성을 동시에 모두 가지고 있다는 모순은 실제 현실에서 일어나는 문제들을 생각해 보면 쉽게 이해될 수 있다. 먼저 가족의 개방성은 가족 내에 문제가 발생했을 때 문제해결을 위해 전문가의 도움을 허용하는 것으로 나타날 수 있다. 전문가의 도움을 받으려는 이러한 행위는 가족체계가 열려 있다는 의미로서 외부의 영향을 수용하겠다는 뜻이다. 예를 들어 이혼하려는 부부가 가족상담실을 찾아왔을 때, 상담자는 이 부부가 적어도 그들과 자녀들을 위해 최상의 방법이 되는 방향에서 이혼을 준비하려는 개방적인 태도를 가지고 있다고 기대할 수 있다. 이러한 가족의 개방성으로 인하여 상담자들은 적절한 개입을 통하여 가족을 변화시킬 수 있게 된다.

그러나 이 경우에도 바람직한 결과를 얻기 위해서는 가족이 어느 정도 폐쇄적일 필요가 있다. 가족들이 너무 개방적이어서 외부의 영향에 휩싸이게 되면 그들에게 정말로 필요한 것이 무엇인지 잊게 되는 경우가 있다. 가족의 핵심적인 가치를 훼손시킬 여지가 있는 중요한 선택을 해야 할 때는 어느 정도 폐쇄적인 것이 요구된다. 가족체계는 너무 개방적이면 그들이 원하는 특별한 것이 무엇인지 잊게 되고 너무 폐쇄적이면 그들을 도울 수 있는 중요한 정보의 혜택을 받을 수 없게 된다.

4) 가족 구성원의 소속감과 개인 특성

사람들이 대인관계를 맺는 데 있어 소속감이 중요한 요소이듯이 가족관계에서도 소속감은 가장 중요하고 필요한 요소 중의 하나이다. 소속감은 인간에게 강한 생존 본능이라고 할 수 있는데, 이혼가정의 자녀들은 특히 이 소속감에 대하여 많은 불안을 갖게 된다. 소속감이란 사실 가족 구성원들이 자신만의 개인적인 자유를 어느 정도 포기해야 얻을 수 있다. 건강한 개념의 소속감은 가족의 한 구성원이 여러 가지 체계에 동시에 속할 수 있는 것을 말한다. 즉 결혼한 부부는 각자 자신의 결혼 전 가족에 속할 수 있고, 동시에 각자가 선택하여 결혼한 가족체계에 속할 수 있으며, 시댁이나 처가의 가족체계에도 속할 수 있다.

그러나 건강하지 않은 가족일수록 소속감에 대하여 집착을 보이기 때문에 가족 구성원의 개인 특성을 무시하고 이편 아니면 저편으로 나누어 소속되기를 강요한다. 소속감이 건전하지 못하고 균형 잡혀 있지 않을 때에 가족 구성원은 어느 한쪽의 체계에만 속하도록 강요당하게 되며 이러한 것이 지속되면 가족 내에 분쟁과 갈등이 야기된다. 소속감은 인간의 강한 본성 중 하나이기 때문에 가족 내에서도 개인 특성을 허용하는 것이 어려운 경우가 있을 수 있다. 심한 경우에는 가족 내의 소속감을 유지하기 위하여 개인 특성을 통제하고 폭력과 같은 수단으로 압력을 가하는 경우도 있다. 그러므로 가족상담자들은 분쟁 중인 가족들에게 그들의 문제를 해결하기 위하여 가족의 안전과 건강한 소속감을 회복할 수 있도록 도와주어야 한다.

5) 피드백으로서의 의사소통

가족상담자들이 갈등을 경험하고 있는 가족들에게 일반적으로 하는 질문 중 하나는 가족 간의 의사소통 형태와 효율성에 대한 것이다. 그 이유는 가족 간에 문제나 갈등이 발생하였을 때 그들 가족 간의 의사소통 형태가 가족 내의 갈등을 감소시키고 있는지, 아니면 더 크게 확대시키고 있는지, 아니면 현 상태를 유지시키고 있는지를 살펴보아야 하기 때문이다. 가족 간의 갈등을 해결하기 위하여 가족의 의사소통 형태를 파악하는 것은 매우 중요하며 의사소통 형태를 변화시킴으로써 가족문제를 해결할 수도 있다. 그러므로 가족상담자들은 담당하고 있는 가족들의 의사소통 형태뿐 아니라 상담자로서 자신의 의사소통 형태를 파악하고 있어야 하며 의사소통 수준을 보다 효과적으로 다루고 평가하기 위하여 다음과 같은 질문들을 해보아야 한다(Lang & Tayler, 2000).

- 가족들 그리고 상담자 자신의 의사소통 형태에 있어 메타 메시지는 무엇인가? 즉, 언어로 표현된 것 이외에 전달하고자 하는 감추어진 의사는 무엇인가?
- 의사소통은 얼마나 유연한가?
- 의사소통 형태에서 어느 것이 약점이 되며 그것은 어떻게 개선시킬 수 있는가?
- 주로 사용하는 형태는 무엇인가? 그것을 변화시킬 필요가 있는가?
- 의사소통이 끊기거나 장애가 나타났을 때에 어떠한 방법으로 해결하는가?

새티어(Satir, 1972)는 가족의 의사소통은 자신에 대한 내용, 다른 사람에 대한 내용, 그리고 맥락에 대한 세 가지 정보를 가지고 있다고 하였다. 만약 상담자가 이러한 세 가지 요소에 대하여 이해하지 못한다면 피상적인 수준으로만 가족들의 이야기를 듣게 되므로 가족문제를 제대로 파악하기 어렵게 된다. 예를 들어 아내가 남편에게 "당신도 자녀양육에 참여할 수 있다."라고 말한다면 그 이야기 속에는 자녀양육에 대한 그녀의 위치와 관련된 외현적인 발언뿐 아니라 그녀 자신에 대하여 스스로 어떻게 생각하고 있는지, 또 상대방에 대하여는 어떻게 생각하고 있는지, 상황적인 맥락은 어떻게 보고 있는지(이러한 문제에 대하여 법에 근거해서 해결할지 또는 자발적으로 해결할지 등)의 내용이 들어 있는 것이다.

또한 새티어는 가족들의 일반적인 의사소통 형태를 역할에 따라 다음의 다섯 가지로 구분하여 설명하였다.

〈표 1-1〉 가족 간의 의사소통 형태

역할	목적 또는 기능	메타 메시지	비언어적 의사소통	실제 예
위로자	일치: 상대방은 너에게 화가 나지 않을 것이다.	낮춘 자세: 몸을 굽히고 애처로운 목소리, 눈 마주치지 않기.	나는 가치 없고 무기력하고 의존적인 존재.	네가 무엇을 원하든 좋다. 나는 단지 네가 기쁘기를 원한다.
비난자	불일치: 상대방은 네가 강한 사람이라고 생각한다. 방어적임.	크고 일부러 꾸민 몸짓.	나는 보스다(내적으로는 외롭고 성공하지 못한 자). 중요한 일이 무엇이냐?	너는 결코 옳은 일을 할 수 없다. 너에게 중요한 일은 무엇이냐?
계산자	과대한 합리성: 감정을 보이지 않고 논리적임.	단조로운 억양, 경직된 자세, 움직임이 없음.	나는 결코 실수를 하지 않는다. 결점이 없다(내적으로는 상처 받기 쉬운사람).	만약 상대방이 주의깊게 본다면 일에 지친 사람임을 알 것이다.
혼란자	부적절함: 사리에 맞지 않고 주제를 따라가지 못함.	계속적인 움직임, 질문을 무시, 하품.	누구에게도 관심이 없다. 이곳은 나를 위한 곳이 아니다.	뭐라고 말했니? 너는 … 관하여 어떻게 생각하니?(엉뚱한 주제로)
균형자	직접적, 개방적, 구체적, 주의 집중하고 통합적임.	눈맞춤, 이완된 자세.	나는 그것을 다룰 수 있다. 나는 자유로운 선택권과 타인에 대한 책임감이 있다.	나는 네가 말하는 것을 이해한다. 그러나 다른 의견도 수용해 보려고 한다.

출처: Satir(1972).

위에 제시된 의사소통 형태에 따르면 균형자의 역할이 가장 바람직한 형태임을 알 수 있다.

6) 하위체계와 보충적인 관계

가족이란 가족 구성원들 간에 다양하고 복합적인 관계로 이루어진 집합체이다. 또한 가족은 부부나 자녀관계만으로 이루어진 단순한 체계가 아닌 제삼자가 포함되기도 하는 복잡한 하위체계를 갖고 있다. 가족체계 이론가들은 가족의 하위체계가 부부나 자녀들 간의 하위체계에 제삼의 인물을 끌어들이는 삼각관계 형태를 늘 고려한다. 예를 들어 부모와 두 자녀가 있는 가족의 경우에 적어도 여섯 개의 양자관계 형태가 만들어지는데 이때 갈등을 일으키는 삼각관계는 다음의 네 가지 형태가 가장 보편적이다.

- 어머니/아버지/자녀 1
- 어머니/아버지/자녀 2
- 어머니/자녀 1/자녀 2
- 아버지/자녀 1/자녀 2

가족상담자는 가족들 간의 관계가 어떠한 형태인지에 관해 위와 같이 정리해 보면 가족 간에 누구와 누가 서로 동맹관계에 있고 누가 떨어져 있는지, 그 관계의 역동성을 파악하기가 쉬워진다. 이때 상담자는 이러한 관계가 언제부터 시작되었는지를 확인하는 것도 중요하다. 또한 가족의 하위체계를 보다 확실하게 파악하기 위하여 다음과 같은 질문을 통하여 가족들의 관계를 정리해 볼 수 있다.

- 양쪽 또는 한쪽 부모가 정서적인 지지를 얻기 위하여 어느 한 자녀에게 의존하는가?
- 부모와 자녀체계 간에 역할, 권위, 힘에 있어서 중요한 차이가 있는가?
- 조부모는 부모나 또는 자녀들에 의해 의존적인 관계에 있었는가?
- 현재의 가족 갈등을 이해하기 위해 가족상담자가 알아야 하는 인척관계가 있는가?

이러한 질문을 통하여 상담자가 충분한 정보를 얻게 되면 가족이 가지고 있는 갈등과 분쟁의 맥락에 대해 보다 잘 이해하게 될 것이다.

3. 체계적인 관점에서 본 가족개념

가족의 갈등이나 분쟁이 어느 한 구성원에 의하여 일어났다고 하더라도 문제해결을 하는 데 있어서는 가족을 하나의 체계로 보는 체계적인 관점에서 접근하여야 보다 효과적이다(Taylor, 2002). 여기에서는 체계적인 관점으로 접근하는 데 필요한 가족에 대한 개념을 몇 가지 정리하고자 한다.

1) 가족 항상성

모든 체계가 일정한 상태나 균형을 유지하려는 경향이 있듯이 가족체계도 마찬가지이다. 가족체계도 적절하다고 생각되는 가족 목표가 있어 그것을 중심으로 균형을 유지하려는 항상성을 가지고 있다. 바람직한 목표를 가진 가족은 가족 구성원들이 서로 건강한 발달을 도모하는 상호 교류를 통하여 관계의 균형을 유지하게 되는데 이것은 융통성 있는 경계를 가짐으로써 서로 간에 피드백을 쉽게 해준다. 이러한 피드백 과정은 가족체계의 바람직한 균형을 유지하면서 가족의 생활주기가 발달해 가도록 도와준다. 한 예로 게임을 좋아하는 자녀가 있는 가정의 경우, 학교에서 돌아오면 숙제와 필요한 공부를 먼저 하고 남은 시간에 게임을 할 수 있도록 규칙을 정했다고 하자. 그러나 그 자녀가 빈번하게 그 규칙을 어기고 게임에 매달리게 되면 부모는 그 아이를 엄격하게 다루게 될 것이다. 이때 자녀가 자신의 잘못을 받아들이고 규칙에 따르고자 노력하여 이전의 상태로 돌아가면 항상성이 유지되는 것이고 반대로 오히려 부모에게 적대감만 키우고 개선의 여지를 보이지 않는다면 가족의 항상성은 깨어지게 되는 것이다.

그렇지만 가족의 항상성 유지가 항상 모든 가족 구성원에게 최선이 아닐 수도 있다. 만약 가족의 균형을 유지하고 가족체계에 원하지 않는 변화를 방지하기 위해서 가족 구성원 중 한 사람의 희생을 요구한다면 그것은 올바른 항상성이라 볼 수 없다. 따라서 상담자는 가족의 균형과 항상성 유지를 위하여 가족의 희생양이 되는 구성원이 있을 수 있으므로 가족상담 시 이러한 점을 유념하여야 한다.

바람직한 가족의 모습은 구성원들이 서로 건강한 성장을 위하여 상호 교류관계에서 균형을 유지하고 있으며, 가족 경계에 있어서는 융통성을 보임으로써 피드백을 보다 쉽게 해줄 수 있는 특징을 가진다. 그러나 가족체계의 경계선이 교착되어 가족들이 혼란스럽고 당황스럽고 화가 나는 경우가 자주 발생되면 가족의 항상성이 깨어지며 갈등과 분쟁이 나타나기 시작한다. 이때 상담자는 가족의 이러한 역동적인 관계를 잘 파악하여 가족의 항상성 유지에 어떤 문제가 있는지 살펴보아야 할 것이다.

2) 가족 삼각관계

대부분의 경우 가족 중 두 사람 사이에 어려운 문제가 발생하게 되면, 이러한 이인(二人) 체계는 긴장을 줄이기 위하여 제삼자를 끌어들여 삼각관계를 형성한다. 즉 갈등 상태에 있는 두 명의 가족 구성원은 제삼자를 끌어들이는 경향이 있는데 예를 들어, 아버지와 아들이 갈등 상태에 있으면 그들 중 한 사람은 그 관계에 어머니를 끌어들이려고 시도한다. 또는 나이 든 노부모에 관한 일로 두 형제간에 의견 불일치가 있을 때 다른 형제가 그들 편에 서서 지지해 주길 원한다. 이와 같이 가족 간에 힘과 통제를 위해 애쓰는 것이 바로 삼각관계의 개념이라고 볼 수 있다.

삼각관계는 앞에서 살펴본 바와 같이 부-모-자녀 1, 부-모-자녀 2, 부-자녀 1-자녀 2, 그리고 모-자녀 1-자녀 2의 형태로 나타난다.

미누친(Minuchin)은 그의 동료들과 함께 치료한 가족들 중 부모에 의하여 만들어진 삼각관계에 이용당한 자녀들이 천식이나 섭식장애 등과 같은 심신증이 나타난다고 발표하면서 가족 갈등을 야기하는 경직된 삼각관계 형태를 다음과 같이 분석하였다(Hoffman, 1981).

① 삼각관계: 자녀가 각 부모와 긍정적인 결속을 맺고 있으나 부부가 서로 배척하면서 갈등을 유지하기 때문에 자녀가 부모 중 어느 한 사람 쪽으로 더 연합하게 되는 경우

② 부모-자녀 연합: 자녀와 부모 중 한쪽이 은밀히 결탁하여 다른 쪽의 부 또는 모를 배척하는 경우

③ 우회적이면서 공격적인 삼각관계: 부모가 자녀들을 통제하기 위하여 함께 자녀를 비난함으로써 서로 결속을 하지만 방법에 있어서 의견 충돌이 일어나는 경우

④ 우회적이면서 지지적인 삼각관계: 부모가 과잉 보호적인 관심을 나타내면서 자녀를 유약하고 병든 환자처럼 취급하는 경우

이처럼 가족관계 유형에서 부모에 의한 잘못된 삼각관계가 나타날 수 있는데 이러한 잘못된 관계는 가족체계의 갈등과 분쟁을 초래할 수 있다. 앞에서도 밝혔듯이 이인체계는 안정성과 조화를 꾀하기 위하여 제삼자를 끌어들여 삼인체계를 만드는데 갈등 상태에 개입된 제삼자는 갈등을 완화시킬 수 있는 역할을 하려 하며 균형을 잡아주려고 시도한다. 양쪽 부모가 모두 제삼자에게 그들의 문제와 감정을 이야기할 것이고 제삼자는 그들을 진정시키려고 하며 갈등을 해결하기 위하여 무엇인가 역할을 하려고 한다.

가족의 긍정적인 제삼자 역할은 가족상담자가 맡아줄 수 있는데 부정적인 개념의 삼각관계가 아닌 건전하고 지지적인 방법으로 제삼자의 역할을 함으로써

보다 바람직한 삼각관계를 만들 수 있다. 그러나 가족들은 그들의 갈등 해결 전략으로 삼각관계를 사용해 왔기 때문에, 무의식적으로 건전하지 않은 동맹자로 상담자를 끌어들이려 한다. 이때 삼각관계를 만들려고 하는 가족들의 행동은 이미 깊게 뿌리박혀 있기 때문에 가족상담자를 그들의 삼각관계로 끌어들이려고 시도하는 것조차 깨닫지 못하고 있음을 상담자가 이해하는 것이 중요하다. 또한 상담자는 가족의 한 구성원을 위하여 그와 연합하는 형태로 삼각관계에 끼어들어 가서는 안 된다. 상담자는 제삼자의 건전한 또는 불건전한 역할을 잘 인식하고 긍정적인 또는 부정적인 삼각관계의 차이점을 잘 이해하여 삼각관계에 얽힌 가족들을 능숙하게 대하여야 할 것이다.

그러나 모든 삼각관계가 다 부정적인 것은 아니다. 예를 들면 아버지, 어머니, 한 자녀로 이루어진 가족 구성원은 자연스럽게 삼각관계 구조를 이루고 있는데 그들은 서로 문화적 · 사회적으로 지지하는 기능들을 가지고 있다. 또한 삼각관계로 인하여 일어난 가족체계의 긴장과 갈등을 해결하려고 오히려 가정 밖의 활동, 예를 들면 지역사회 단체에서의 봉사활동이나 평생교육원을 통한 재교육 참여 등에 관심을 기울임으로써 긴장을 해소하게 되면 가족체계의 건강함을 유지할 수도 있다. 그러므로 가족체계에서의 삼각관계는 어떤 상황에서는 가족에게 역기능적으로 작용할 수 있지만 때로는 가족체계를 보다 효과적으로 기능하도록 도와주는 방법이 될 수도 있다.

3) 가족 규칙

가족은 여러 개인이 모인 복합적인 체계이며 그 체계를 유지하기 위하여 나름대로의 규칙들을 가지고 있다. 가족 구성원들은 서로 상호작용하면서 행동을 하게 되는데 여기에서 중요한 역할을 하는 것이 규칙이다. 이때 각 가족에게는 수많은 규칙이 있을 수 있는데 건강하지 못한 역기능적인 가족일수록 적은 수의 규칙을 가지고 가족 구성원의 행동을 통제함으로써 결과적으로 경직된 가족 규칙이 가족을 구속하게 된다. 반면에, 기능적인 가족은 가족 구성원의 합의하에 규칙을 만들어 내기도 하며 변화의 가능성을 개방적으로 수용하여 규칙을 세우기도 한다.

가족 내의 규칙 중에는 표면화되지 않은 내재적인 규칙이 있는데 이것은 오랜 시간 동안 반복을 통해 이루어진 것으로 가장 강력한 가족 규칙이라고 할 수 있다. 즉 오랜 기간 동안 반복되어 온 가족 간의 상호작용과 교류를 통하여 성립된 것으로 은연중에 정해진 불문율 같은 것이다. 이와 같이 가족 규칙은 가족 간의 행동을 유형화하고 가족생활을 운영하는 초석이 되며 다른 가족과 차별화되는 그 가족만의 특성을 만들어 내기도 한다.

가족들은 자신들의 규칙을 여러 가지 방법으로 강화하는 경우가 있을 수 있는데, 예를 들면 상담자와 같은 제삼자에게 가족의 비밀이 많이 노출된다고 생각될 때 정보 제공을 저지하려고 시도함으로써 가족의 규칙을 유지하고자 하는 것과 같다. 그러므로 가족상담자들은 상담 계획을 세울 때 내담자 가족의 가족 규칙을 파악하는 것이 상담을 보다 효과적으로 이끌어 갈 수 있으며, 나아가서 건전하고 긍정적인 방향으로 가족들의 규칙을 바꾸는 데 도움을 줄 수 있다.

4) 기능적인 가족

기능적인 가족이란 가족체계가 각 구성원을 위하여 잘 운영되는 것을 의미하며 정상적이고 건강한 가족이라는 의미를 포함하고 있다. 정상적인 가족이란 체계가 모든 구성원들을 위해 충분히 효과적으로 기능한다는 것이다. 즉 가족 모두의 물리적인 필요나 욕구에 대응하는 일과 가족들의 정서적인 요구에 대응하는 일 모두에 있어서 가족의 기능과 안정성이 유지되는 가족들이 기능적인 가족이라고 볼 수 있다. 특히 기능적인 가족은 어린 자녀들의 요구나 노인들의 요구에 관심을 기울이며, 개인적인 요구가 변화하는 것에도 주의를 기울일 줄 알고 외적인 요인에 의하여 부과된 변동 사항에도 적응을 잘해 나간다.

기능적인 가족의 구성원들은 다른 가족에 의해 통제되지 않고 있음을 충분히 인식하고 있으며 통제받지 않는 각자의 독립된 반응을 할 수 있다는 것도 알고 있다. 다른 사람의 반응을 통제하고 조절하기보다는 자신의 개인적인 반응에 따라 움직일 수 있는 힘을 가지고 있는 것이다. 기능적인 가족인가 아닌가를 파악하려면 체계로서의 가족이 가족 구성원의 요구에 얼마나 적절하게 반응하는지를 알아보면 된다. 이것은 가족들의 요구가 가족의 자원 내에서 얼마나 균형 있게 맞추어져 있는지를 평가하는 것인데 만약 개인의 요구가 가족의 자원 한계를 넘어선다면 갈등과 분쟁이 나타날 수 있다.

기능적인 가족들의 특징에 대하여 포가티(Fogarty, 1976)는 다음과 같이 정리하였다.

- 변화에 적응하는 능력을 가지고 있으며 정서적으로 균형 잡혀 있다.
- 모든 가족 구성원들이 세대 간에 통하는 연결요소가 있다.
- 문제가 발생했을 때 혼란을 최소한으로 줄이는 범위에서 문제를 해결하려고 한다.
- 양자 관계에서 일어난 문제는 제삼자를 끌어들이지 않고 해결해 낼 수 있다.
- 다른 가족과의 차이점을 서로 존중하고 참고 격려한다.
- 각 구성원은 인지적이고 정서적인 수준에서 다른 사람들과 관계를 맺을 수 있다.
- 각 구성원은 가족들과의 관계에서 서로 주고받는 것이 무엇인지 잘 알 수 있어서 가족 내에 큰 비밀 같은 것이 없다.
- 긍정적인 정서 분위기의 유지를 중요하게 여긴다.
- 각 구성원은 좋은 가족의 모습이 어떠한 것인지 분명하게 알고 있다.
- 각 구성원은 피드백이나 교훈을 가족으로부터 얻는다.

요약해 보면 기능적인 가족은 자신들의 역할을 정확하게 이해하고 있으며 각 개인의 자율성이 존중되면서 전체로서의 가족이 유지되는 특징이 있다. 또한 구성원 간의 의사소통이 자유롭고 직접적이고 명확하다. 가족 규칙은 가족 상황에 따라 변할 수 있는 융통성을 지닐 뿐만 아니라 명확하며 공정하게 이루어진다.

5) 역기능적인 가족

가족을 하나의 체계로 볼 때, 가족은 체계로서의 균형을 유지하려고 하는 자기 조정 능력을 가지고 있으며, 또한 항상성을 유지하려는 특성이 있다. 그러나 가족이 이러한 항상성과 균형을 보이지 못하면 역기능을 나타내게 된다. 역기능적인 가족의 특성은 다음과 같다.

① 가족의 하위체계의 경계선이 혼란되어 있거나 경직되어 있어서 가족들의 요구에 따라 유연성 있게 변화되지 않는다.
② 가족 규칙이 뚜렷하지 않아 구성원들에게 혼란스러움을 준다.
③ 가족들의 역할이 명확하지 않아 자신들에게 요구되는 역할과 기대가 무엇인지 잘 알지 못한다.
④ 가족 간의 의사소통도 간접적이고 권위적이며 명료하지 않다.

역기능을 보이는 가족의 예로 '부모화' 된 자녀의 경우를 들 수 있다. 부모화란 가족의 한 자녀가 부모 역할을 대신하는 것으로 편부모 가정이나 맞벌이 부부 가정에서 흔히 볼 수 있는데 건강하지 않은 가족체계에서는 그 자녀가 과도한 책임감이나 자율성을 가지게 될 수 있다. 대부분의 경우 어느 한쪽의 부모가 적절한 역할을 하지 못할 때 자녀가 부모 역할을 대신하게 되며 이때 아직 여러 측면에서 준비되어 있지 않은 자녀는 그에게 걸맞지 않는 부모 역할을 수행해야 한다. 자녀가 가지고 있는 아이로서의 욕구와 부모로서의 역할이 서로 어울리지 않고 상충되면서 그 자녀는 심리적인 압박감을 경험하게 된다.

또한, 역기능적인 가족은 일반적으로 가족 내에서 문제나 갈등이 나타났을 때, 그것들을 최소화하려는 노력 대신에 오히려 크게 확대시킴으로써 가족들의 힘으로 원만하게 해결할 수 없는 상황으로 만드는 경우가 많다. 이때 경우에 따라서는 가족 내 폭력이 발생하기도 하는데 가능한 한 일찍 전문가의 도움을 받아 보다 기능적인 가족의 모습으로 변화하도록 도움을 주어야 할 것이다.

4. 가족발달과 개인발달의 역동성

가족은 가족 구성원들의 발달주기에 따라 계속 변화하는 체계이기 때문에 가족의 삶의 주기라는 맥락에서 가족들을 이해하여야 한다. 결혼하여 가정을 꾸리는 부부 중심의 단계에서 어린 자녀를 양육하는 단계, 청소년 자녀를 두는 단계, 그들이 독립하여 가정을 떠나는 단계, 손자녀들을 두는 노년 단계까지 가족은 구성원들의 발달주기에 따라 변화한다. 여기에서는 이러한 관점에 따라 가족체계 안에서 구성원들이 개인으로서 어떻게 발달해 가는지에 대하여 애착과 분화 그리고 상호 의존의 측면에서 고찰해 보고자 한다.

1) 애착

애착이란 한 인간이 생존하기 위한 수단으로서 어린 시기에 나타나는 아동과 양육자의 긍정적인 정서관계를 말한다. 연구결과들에 따르면 어린 시기에 안정적인 애착을 형성하지 못하면 이후의 대인관계 발달에 문제점을 보일 수 있다고 결론짓고 있다. 즉 교우관계뿐 아니라 성인이 된 후 배우자를 구하는 일, 결혼하여 가정을 이루고 부부 및 부모로서의 역할과 관계를 맺는 일 등에서도 정서적으로 균형을 잡지 못하는 경우가 많으므로 여러 가지 어려움을 나타내며 특히 타인에게 심각한 영향을 미칠 수 있다.

아동의 애착에 대하여 연구한 에인스워스(Ainsworth 등, 1978)는 동료들과 함께 고안한 낯선 상황 실험을 통하여 애착에는 다음 세 가지 유형이 있음을 발견하였다. 즉 안정된 애착, 회피적 애착, 불안정한 애착이 바로 그것이다. 먼저 안정된 애착을 보면 여기에 속하는 아동들은 어머니와 떨어져 주위 환경을 탐색할 수 있으며 어머니와 격리되었을 때는 능동적으로 위안을 찾으려 하며 다시 탐색활동을 보인다. 대개 협조적이며 비교적 화를 내지 않는다. 다음으로 회피적인 애착을 보이는 아동들은 어머니와 격리되었을 때 거의 울지 않지만 어머니와 다시 만나도 어머니를 회피한다. 이러한 특징을 보이는 아동들은 안아주는 것을 좋아하지 않지만 안았다 내려놓는 것은 더 싫어하며 시간 내에 필요한 것을 충족시키지 못했을 때 매우 화를 내는 경향이 있다. 마지막으로 불안정한 애착을 보이는 아동들은 어머니가 방을 떠나기 전부터 불안해 한다. 어머니와 격리되면 몹시 화를 내고 어머니가 다시 돌아왔을 때 어머니와 접촉하려고 하면서도 동시에 공격적인 행동을 하며 접촉하는 데 저항하는 양면성을 보인다.

안정적인 애착을 형성하지 못하는 이유는 양육자와 헤어지거나 양육자의 죽음 또는 양육자의 냉담하고 거부적인 태도 등이 원인이 될 수 있으며 이러한 경험은 아동들에게 큰 슬픔과 절망감 등의 불안정하고 부정적인 정서를 갖게 한다. 사실 정서적으로 불안정한 상호작용을 하는 가족은 아동뿐 아니라 가족 전체에 부정적인 영향을 미치므로 건강한 기능을 하는 가족이라고 볼 수 없다. 가족체계에서 볼 때, 애착이란 각 구성원들의 내적인 안정성과 관련이 있는 것이므로 가족 내에 갈등이 발생하였을 때, 가족상담자들은 우선 각 구성원의 갈등에 대해서 내적인 안정성의 수준을 파악하는 것이 필요하다.

2) 자아 분화

자아 분화(differentiation of self)란 보웬(Bowen, 1978)의 가족상담 이론에서 나오는 핵심 개념인데, 다른 사람과 상호작용을 하는 데 있어서 감정적으로 치닫는 불편한 상황에서도 강한 자아를 가지고 감정반응 행동을 쉽게 하지 않는 능력과 관련이 있다. 즉 외부의 자극에 쉽게 화를 내거나 공격적인 행동을 하는 사람은 자아 분화가 잘 이루어지지 않은 사람이고, 반대로 상대방의 분노나 좌절에 같이 말려들지 않으며 정서적인 거리를 유지하여 쉽게 화를 내지 않는 사람은 자아 분화가 잘 이루어진 사람이라고 볼 수 있다. 니콜스와 슈와츠(Nicols & Schwartz, 2004)에 따르면 보웬의 가족치료의 목적은 결국 주요 가족 구성원들의 자아가 분화될 수 있도록 하여 나머지 전체 가족들의 분화를 도와줄 수 있도록 하는 것이라고 하였다.

자아 분화가 잘 이루어진 부부가 있다면 그들은 개별적인 자아를 갖추고 있어서 상대방의 감정을 참을 수 있으며 상대방과 분리되어 있는 경험을 할 것이다. 반대로 자아 분화가 이루어지지 않은 부부는 기분과 정서에 따라 상대방에게 휩쓸리게 되며 혼란스러운 태도를 보일 것이다. 이러한 부부들이 외부 전문가의 도움을 받아 부부 중 한 사람이라도 자아를 발달시키며 분화를 이루어 간다면 다른 배우자에게도 자아 분화가 이루어지도록 시도할 것이다. 그러나 이때 배우자가 자아 분화를 하려고 하지 않으면 이 가정은 이혼이라는 결말에 이를 수도 있으므로 상담자는 이러한 이혼 사례의 경우에 부부의 자아 분화 수준이 현재의 갈등에 얼마나 영향을 미치고 있는지 그 역동성을 이해하는 것이 중요하다.

가족은 생존에 필요한 체계로서 감정으로 복잡하게 얽힌 집단이다. 가족의 각 구성원들은 자아 분화를 통해서 자신을 가족 내 감정의 힘으로부터 분리시키고 독립할 수 있어야 한다. 자아 분화란 바로 이러한 분리와 독립을 통해서 개인들이 스스로 행동할 수 있는 능력이라고 말할 수 있는데, 최고의 분화 수준에 이르면 자유롭게 행동할 수 있게 되며 불안한 상황에서도 그 영향을 받지 않고 목표지향적인 활동을 할 수 있게 된다.

그러나 가족 구성원들이 자아 분화를 이루는 데 방해 요소들이 있다면 그것들은 앞서 다룬 가족의 삼각관계라든가 가족 내의 정서 단절, 출생 순위에 따른 자녀들의 위치, 자녀들의 부모화 등이다. 이러한 방해 요소에는 불안이란 정서가 수반되며 이것은 가족이 역기능적인 체계를 갖도록 만든다. 화가 나는 상황에서 참지 못하고 감정반응 행동을 하는 것은 불안에 의해 야기되는 행동이므로 불안을 견디는 힘이 약한 사람은 자아 분화 수준이 낮다고 말할 수 있다. 낮은 자아 분화 수준의 사람들은 문제가 발생했을 때 삼각관계를 형성하려고 하며 이 관계에서 보통 투사라는 자아 방어기제가 나타나게 된다. 이러한 과정을 통하여 가족 간의 갈등이 깊어지는 역기능적인 가족체계가 되는 경향이 있다. 특히 자아 분화가 잘 이루어지지 않은 부부들은 자녀들에게도 바람직한 영향을 미치기 어렵다. 때문에 기능적인 가족이 되기 위하여서도 부부가 충분하게 자아 분화를 하는 것이 필수적이라고 하겠다.

3) 상호의존

정서적으로 상처를 잘 받거나 자아 분화가 잘 이루어지지 않은 가족 구성원은 가족상담에서 다른 가족 구성원이 보다 독립적이 되거나 자아의 힘을 갖게 하는 방향으로 상담이 진행될 때 불안해 하거나 우울해 할 수 있다. 만약 이 구성원이 아동기에 어떤 심리적인 문제를 안고 있었다면, 예를 들면 안정적이지 않은 애착 문제와 같이 상실감에 대한 공포가 있는 상황이나 정서적인 아픔이 있는 경우에는 다른 가족과 좀더 밀착된 관계를 맺으려고 한다. 이러한 사람들을 상호의존적인 사람들이라고 할 수 있는데 이들은 다른 사람이 변해야 한다고 생각하면서도 그 변화를 허용하지 않으며 다른 사람의 책임감에는 민감하면서 그것을 지지하는 것에는 무관심한 행동을 나타낸다. 즉 가족의 항상성을 유지하는 데 있어 자신의 주요 역할에 대해서 알지 못하는 사람이라고 볼 수 있다.

상호의존성은 학습된 행동들이고 변화 가능한 역동성이므로 상호의존적인 구성원은 상대방으로부터 새로운 기술들을 연습함으로써 변화될 수 있다. 예를 들면 약물 중독이나 알코올 중독으로 가족 간에 갈등이 있는 경우 상호의존적인 문제의 맥락을 찾아볼 수 있다. 약물이나 알코올로 문제가 있는 사람은 무의식적이든 의식적이든 그를 도와주려는 타인을 자기 세계 안으로 끌어들이려고 하기 때문에 오히려 문제가 해결되기보다는 역기능적으로 되기 쉽다. 따라서 이들을 도와주려는 상담자는 이들의 이러한 무기력하고 의존적인 행동을 강화시키는 상호작용 패턴을 다른 가족에게 알려주어야 한다.

가족 중에 이러한 특성을 가진 구성원이 있다면, 가족상담자는 그의 상호의존적인 행동을 가족들이 더이상 수용하지 않도록 해야 한다. 가족들이 그의 부적절한 역할과 무책임한 행동을 수용하지 않는다면 상호의존적인 체제는 변화되어 무책임한 행동들은 더이상 그 가족체계에서 버틸 수 없게 될 것이다. 상호의존적인 것에서부터 자아 분화가 되어 힘을 갖게 되는 모습으로 변화하는 것은 가족체계 맥락에서 자신을 실현시키는 중요한 일이라고 볼 수 있다. 건강하고 기능적인 가족체계의 가족들은 다른 사람의 통제를 받지 않으면서 자신의 독립성을 유지할 수 있게 된다.

CHAPTER 02

가족 갈등의 이해

1. 가족 갈등의 유형과 수준
2. 가족 갈등의 발생 원인과 중재
3. 가족 갈등의 분석
4. 가족 갈등에 대한 반응: 분노, 분개, 공격성
5. 가족들은 어떻게 싸우는가
6. 가족 갈등과 타협
7. 가족 갈등과 체면 유지 행동

CHAPTER

02 가족 갈등의 이해

대부분의 인간관계와 마찬가지로 가족관계에서도 다양한 형태의 갈등이 발생하게 된다. 특히 가족 간의 갈등은 개인생활과 밀접한 관계를 가지고 있기 때문에 개인의 사적인 생활에 가장 큰 영향을 준다고 할 수 있다. 가족 갈등은 단지 갈등 상태에 있는 당사자들의 문제일 뿐만 아니라 그들을 둘러싸고 있는 다른 가족 구성원들에게까지 광범위하게 영향을 미치게 되며 더 나아가서는 사회적·경제적 측면과 가족의 정체성에도 영향을 미친다(Rothman, 1997).

이 장에서는 가족 갈등의 다양한 수준과 가족 갈등의 발생 원인, 그리고 갈등의 분석방법에 대하여 살펴보기로 하겠다.

1. 가족 갈등의 유형과 수준

가족 구성원들은 가족 내의 갈등을 각자의 관점에서 해석하려는 경향이 있다. 가족 갈등의 양상을 보면 가족 내에서 한 구성원이 가족 전체에 대항하는 형태, 예를 들면 자녀가 부모나 그 밖의 다른 가족 구성원들과 대립하는 개인 갈등의 형태로 나타나거나, 또는 조부모 세대와 부모 세대, 부모 세대와 자녀 세대처럼 가족이 양분되어 서로 대항하는 형태 등 여러 양상으로 나타날 수 있다.

이러한 갈등의 양상이 나타나는 것은 가족이란 원천적으로 친밀한 관계에서 시작되며 서로 애정으로 이루어져 있는 관계이기 때문에 가족 구성원들이 가족 갈등으로부터 초연하거나 냉정해질 수 없으며 문제가 발생했을 때 때로는 서로 비난하고 대립하는 등의 적대적 행동을 취하게 되는 것이다.

일반적으로 갈등은 크게 기본적 갈등과 비기본적 갈등으로 구분될 수 있으며, 이 두 가지 갈등은 관계의 질과 안정성에 서로 다른 영향을 미친다. 기본적 갈등은 관계의 기본 규칙을 파괴하고 관계의 종결가능성을 증가시키는 반면, 비기본적 갈등은 더 흔하고 당연시되는 불일치로서 부부는 갈등과 함께 생활하는 방법을 터득한다(장휘숙, 2008).

1) 기본적 갈등

기본적 갈등은 부부애를 유지하고, 생계유지를 위해 취업하며, 자녀를 양육하는 것과 같이 가족의 기능이나 부부의 기본적 역할과 관련된 갈등이다.

예를 들면, 결혼한 부부는 성관계를 가질 것으로 기대되지만, 만약 부부 중 한쪽이 종교 및 기타 이유로 성관계를 거부한다면 이때 기본적 갈등이 발생한다. 이때는 타협의 여지도 없다.

또한 가족역할에서의 변화에도 불구하고 아직도 남편은 생계유지자의 역할을 할 것으로 기대된다. 그런데 남편이 직장을 그만두고 생계유지자의 역할을 포기한다면, 아내는 그의 행동이 부당하다고 느낄 것이고 부부 사이에 갈등이 초래될 것이며 결혼생활은 심각한 위협을 받게 될 것이다.

2) 비기본적 갈등

비기본적 갈등은 부부관계를 파괴하는 직접적 역할을 하지는 않는다. 예를 들어 남편은 직장을 옮기고 다른 도시로 이사하기를 원하지만, 아내가 이사하기를 거부하는 경우가 여기에 해당한다. 이것은 중요한 갈등이기는 하지만 남편이 궁극적으로 생계유지자로서의 역할을 거부하는 것이 아니므로 기본적 갈등은 아니다. 또한 부부가 성관계의 빈도에 대해 의견이 일치하지 못할 때도 성관계 자체를 거부하는 것이 아니므로 이때의 갈등 역시 심각하긴 하지만 기본적 갈등에 해당하지 않는다. 물론 이사문제나 성관계의 빈도 문제 모두 해결가능한 갈등들이다.

르위키 등은 가족 갈등을 다음과 같이 네 가지 수준으로 구분하였다(Lewicki, Saunder, Minton, 2001).

① 개인 내적 갈등 수준: 개인이 두 가지 마음을 가지고 갈등하는 내적인 투쟁이다. 예를 들면 '나는 부모로서 아이를 위하여 무엇을 해 주었나?', '나는 아이를 위하여 다른 부모처럼 무엇을 해줄 수 있다.'와 '나는 아이를 잘 키울 자신이 없으므로 나 대신 다른 좋은 가정으로 아이를 보내는 것이 낫다.'와 같이 자녀양육에 관한 내적 갈등을 가지는 수준이다.

② 대인관계 갈등 수준: 가족 구성원 중 한 명 혹은 그 이상의 사람들 간에 자신의 욕구와 상대방의 욕구가 상충한다고 생각될 때 경험하는 갈등 수준이다. 예를 들면 이혼 위기에 있는 가정의 경우, 아버지가 원하는 것은 양육권을 가지고 재혼할 새어머니가 자녀를 양육하는 것이고, 반면에 어머니는 자녀양육을 포기하지 않으려는 것이다.

③ 집단 내적 갈등 수준: 가족 내에서 소수집단이 형성되어 집단 간의 갈등이 일어나는 수준이다. 예를 들면 이혼가정의 경우 조부모들이 자녀양육에 개입하여 양육의 권리를 자신들이 가져야 한다고 주장하는 반면에 자녀의 친모는 부모로서의 권리를 포기할 수 없다고 함으로써 가족 내 소수집단 간의 갈등이 야기되는 경우이다.

④ 집단 간 갈등 수준: 가족과 다른 외부 집단 간에 갈등이 일어나는 수준이

다. 예를 들면 알코올 중독과 같은 문제로 어머니가 자녀를 보호할 수 없는 경우, 자녀의 법정대리인이나 양육대리인들은 어머니의 자녀양육을 반대하는 입장인 반면에 어머니의 치료를 맡은 사람들과 어머니 자신은 알코올 중독치료 후에 자녀양육을 할 수 있다고 주장하는 경우이다.

어떤 형태나 수준의 갈등이든지 간에 그 갈등이 어떻게 발생하고 또 어떻게 다루어지는지, 그리고 그 갈등들이 어떻게 끝을 맺게 되는지, 갈등의 지속기간은 얼마나 되는지, 가족 갈등의 궁극적인 결과는 무엇인지 등의 과정들이 중요하다. 왜냐하면 가족 갈등은 오랜 분쟁을 겪는 동안 갈등을 다루기 위해 파괴적이고 부정적인 측면이 나타나게 마련이며, 이는 결국 가족 구성원에게 상처를 주기 때문이다. 그러나 이러한 파괴적이고 부정적인 양상을 거쳐 건설적이고 긍정적인 결과로 끝맺게 되었을 때 가족은 보다 더 성숙해지는 측면도 있다고 하겠다(Kreisberg, 1998).

2. 가족 갈등의 발생 원인과 중재

다음에서는 가족 내에서 일어나는 갈등들이 어떠한 이유와 원인으로 발생하는지에 대하여 알아보고자 한다.

1) 힘의 결집 및 균형으로 인한 가족 갈등의 발생과 중재

루멜(Rummel, 1991)은 갈등이 어떻게 발생하는지에 대하여 설명하면서 갈등이란 개인적 또는 사회적 힘의 결집과 균형이 나타날 때면 언제든지 발생될 수 있는 것으로 보았다. 즉 갈등은 흔히 대인관계에서 구성원 당사자들이 서로 이해하지 못하거나 직면한 상황에 대해 인내하지 못할 때, 혹은 개인이나 집단의 사회문화적 특성을 존중하지 못하는 타인들과 만날 때 나타날 수 있다는 것이다. 더 나아가서 자연적으로 발생하는 대립은 갈등 상황을 야기할 수 있으며 이것이 상황을 변화시킬 수도 있다(Rummel, 1991).

예를 들어 한 집단에서 갈등이 일어났을 때 이것을 해결하기 위하여 사람들은 무엇을 해야 하고 무엇을 하지 않아야 하는지에 대하여 서로 타협을 한다. 때로 집단 구성원들은 혹시 갈등이 없던 예전의 상태로 돌아갈 수 있는지에 대해서도 그 가능성을 탐색하며 돌아갈 수 있는 방법을 찾기 위해 노력을 기울인다. 그러나 만약 이러한 노력에도 갈등 상황이 해결되지 않으면 그 집단은 새로운 형태의 힘의 균형을 갖게 되는 것이다.

(1) 힘의 균형 유지와 갈등의 중재

루멜은 힘의 균형을 유지하기 위하여 각 개인이 할 수 있는 방법을 다음 몇 가지로 제시하였다.

- 강제적인 힘의 사용: 신체적 · 사회적 · 경제적 혹은 법적 중재에 의해 시도되는 것으로서 사회적으로 수용될 수 있는 것도 있지만 조종이나 협박, 위협 등과 같이 사회적으로 수용될 수 없는 것도 있다.
- 조화의 시도: 직접적인 대화와 타협을 통해 분쟁자 간의 동의를 얻어 냄으로써 상호 조화를 이루기 위한 행동변화를 시도하는 방법이다.
- 비강제적인 방법의 사용: 상담이나 대화를 통해 갈등의 중재를 시도하고 대화를 촉진함으로써 분쟁자들이 스스로 의사결정에 도달하도록 이끌어 내는 방법이다.

가족 분쟁을 해결하는 과정에서는 위의 세 가지 방법이 혼합적으로 사용되기도 하는데 예를 들면, 직접적인 타협과 수용에 도달하도록 노력하는 동시에 법적인 절차를 시작하는 등 조화의 방법과 강제적인 방법을 같이 사용하기도 한다. 그러면서 가능하면 비강제적인 방법으로 가족 갈등이나 분쟁을 해결하려고 노력한다. 그럼에도 불구하고 사법기관 같은 곳에서 강제적인 어떤 조치를 받게 되면 다시 문제를 조화롭게 해결해 보려고 타협하거나 수용하는 상황으로 되돌아가기도 한다. 어떠한 방법을 사용하든지 간에 새로운 힘의 균형은 갈등을 겪고 있는 당사자들이 솔직하고 성실하게 현실에 직면해야만 가능하다. 그렇지 않았을 때 때로는 갈등 당사자의 기대와 현실 사이에 괴리가 생기게 되는데, 이러한 기대의 차이는 계속적인 갈등의 악순환을 야기하며 이후 다른 갈등 상황이 유발되거나 사건들이 촉발되는 새로운 계기를 만들기도 한다. 갈등에 대한 이러한 견해는 가족 내에서 갈등을 일으키는 자와 다른 가족 구성원들 간의 관계가 일반적인 인간관계에서처럼 각자가 원하는 것을 추구하고 동의한 것을 상호 수용하며 이를 지속시키기 위해서는 규약에 따라 공정해야만 한다는 원칙이 적용됨을 중요시한다.

가족 갈등을 해결하기 위해서는 분쟁의 원인과 예상되는 기대 차이의 악순환에 대하여 가족들이 알도록 해주는 것이 필요한데, 만약 가족들이 악순환적인 갈등의 원인과 이 갈등이 가족 구성원에게 미치는 영향력에 대하여 이해할 수 있다면 다른 가족을 비난하거나 탓하는 일이 감소될 것이다. 갈등의 원인에 대한 이해는 가족 구성원들이 주기적으로 나타나는 갈등 과정을 막는 데 도움이 된다.

(2) 가족관계의 순환적 갈등과 중재

루멜의 순환적인 갈등 모델에서는 남편과 아내가 서로 다른 사회문화적인 배경을 갖고 있다고 본다. 즉 부부 간에 결혼의 본질에 대한 이해의 차이가 있거나, 갈등 해결 방식에 대한 차이, 애착 수준의 차이, 그리고 자녀에 대한 기대나 양육 방식에 대한 차이 등이 있을 때 갈등을 유발할 수 있다는 것이다.

결혼생활에서 발견되는 갈등 구조의 예를 보자. 대부분의 부부들은 맞벌이를 하면서 적절한 부부관계를 유지하다가, 자녀양육을 위해 시간과 에너지를 사용하는 것과 관련해서 부부간의 갈등이 나타나기 시작한다. 그리고 이후의 갈등 상황은 서로 각자의 독립된 시간을 보내는 것, 양육문제, 금전 문제 혹은 그 밖의 여러 상황에서 발생하게 되는데 이러한 갈등 상황은 부부관계가 소원하고 안전하지 못하다는 것을 인식하게 만드는 원인요소가 된다. 이러한 상황은 일시에 갑자기 나타난다기보다는 거의 몇 개월 혹은 몇 년 동안 지속되는 가운데 촉발되는 사건, 예를 들면 배우자의 불륜이나 금전적 낭비 또는 가정폭력 등 충격적이고 상처가 되는 일들을 계기로 표면화된다. 갈등이 표면화되기까지 오랜 시간이 걸리는 이유는 가족관계를 지속하기 위한 노력의 일환으로 사실을 부인하거나, 무시 또는 최소화하는 등의 무의식적인 반응을 통해 방어함으로써 분쟁의 발생을 막고 있어 왔기 때문이다.

그러나 부부간의 갈등을 촉발시키는 사건을 계기로 현재의 결혼생활을 스스로 돌이켜 보면서 후회와 비판을 하게 될 가능성이 높아지며 이로 인하여 가족 전체는 결혼생활의 유지 여부에 대한 불확실한 상황으로 빠져들게 된다. 이러한 경우 대부분의 부부들은 친구나 친척 또는 성직자나 변호사에게 조언을 구하며 그에 따라 화해를 시도하기도 하고 갈등의 존재를 부인하기 위해 노력할 것이다. 그러나 이러한 화해의 노력을 기울이지 않을 경우에는 별거나 이혼이라는 수단을 강구하게 되는 것이 보통이다. 이혼으로 가기 전에 이들 부부를 위해 비강제적인 절차를 사용하여 그들의 갈등에 대하여 재타협할 수 있는 기회를 주고, 그들이 가족관계를 지속적으로 유지하도록 도와주기도 하지만 이러한 도움이 실패로 끝나게 될 때 결국은 사법기관의 법적 조정절차를 밟게 된다.

특히 이혼을 결심한 부부들은 적절한 상담을 통하여 새로운 힘의 균형을 모색하고 나아가 새로운 변화를 가질 수 있기 때문에 이혼이라는 극단적인 방법으로 나아가지 않고도 부부관계가 회복될 수 있다. 특히 가족의 요청에 의하여 상담이 제공되었다면 별거나 이혼으로 진행되지 않을 가능성이 높으며 만약 그 가족들이 갈등의 악순환을 깨닫고, 부부관계를 회복하고자 하는 바람을 분명히 인식한다면 그동안 인식하지 못했던 부부간의 기대 차이에 대하여 이해하게 될 것이고 그로 인하여 새로운 변화를 갖게 될 것이다.

2) 갈등 발생의 주기와 중재

일반적으로 갈등은 기승전결의 단계, 즉 갈등이 발생하고, 격화되고, 가라앉다가 종결되는 단계를 거친 후, 결과적으로 새로운 갈등이 발생하는 주기를 가진다. 그런데 가족 갈등은 어떠한 상황에서든지 그리고 어떠한 갈등주기에 있든지 중재가 가능하다(Kreisberg, 1998). 즉 가족들이 현재 혹은 미래에 있을 수 있는 잠재적 갈등에 대한 원인을 이해하도록 가족들에게 열린 대화를 나눌 수 있는 기회를 제공해 줌으로써 가족 상호간의 견해차를 좁히며 분쟁이나 갈등을 중재할 수 있다는 것이다. 이에 따라 가족 구성원들이 자신들의 갈등 근원에 대하여 인식할 수 있도록 상담자가 돕는다면 가족들이 서로 적대적인 논쟁으로 치닫지 않고 상대방의 이해와 동의를 이끌어 낼 수 있는 재타협의 기회를 갖게 되어 갈등의 확대를 미연에 방지할 수 있게 된다.

그러나 가족 갈등의 대부분은 이미 갈등이 표면화되어 현저하게 나타난 이후 또는 갈등이 걷잡을 수 없이 확대된 후에 가족치료나 중재를 시작하는 문제점을 안고 있다. 이는 갈등의 당사자들이 가족 갈등이 확대되어 더이상 갈등 상황을 통제할 수 없다고 지각할 때 변호사나 상담자 등의 전문가를 찾게 됨을 의미한다. 이처럼 이미 분쟁이 일어난 상황에서 스스로 해결하기 어렵기 때문에 전문적인 중재를 원하는 경우에는 가족 간의 상호작용은 이미 매우 부정적인 형태를 가질 가능성이 크기 때문에 더이상 스스로 해결하려고 하기보다는 이혼 등의 법적인 행동을 취하려 든다. 그러나 법적인 절차를 밟게 되면서부터 외부의 힘이 개입됨으로 인해 가족 구성원들에게 새로운 형태의 힘의 균형이 부과되며 표면적으로는 갈등이 감소된 것처럼 보이지만 긴장감이나 보복심 같은 정서적인 앙금이 남게 될 것이다. 그러므로 갈등주기에 맞추어 적절한 시기의 상담을 제공하는 것이 매우 중요하다.

크레이스버그(Kreisberg, 1998)의 갈등주기 모델에 따르면 때로는 중재되지 않은 갈등도 궁극적으로는 감소되거나 종결될 수 있다. 예를 들어 건강한 가정일 경우, 영아기나 십대의 자녀들을 둔 부모들은 자녀의 성장과 변화에 따라 특별한 외부기관이나 전문가의 상담이나 중재적 도움이 없어도 자연스럽게 갈등 상황을 넘길 수 있다. 그러나 유념해야 할 것은 전문가의 도움 없이 갈등이나 가족 위기 상황을 넘겼다고 해도 경우에 따라서는 모든 가족의 갈등이 해결된 것은 아닐 수 있다는 점이다. 따라서 가족에게 부정적이고 갈등적인 유형의 문제가 나타날 때 상담자의 도움을 받는 것은 매우 중요하며 더 나아가서 이러한 도움이 적절한 시기에 적절한 방법을 통하여 제공될 때 가족 갈등을 보다 경감시킬 수 있다.

3) 사회교환이론으로 본 갈등의 발생과 중재

가족 간의 갈등 발생원인을 이해하는 세 번째 접근방법은 사회교환이론이다. 이 이론은 경제학 이론에 근거한 것으로서 결과가 기대에 부합되지 않았거나, 뚜렷한 표준이 없는 상호 교환이 이루어져, 구성원들 간에 형평성이 지켜지지 않았을 경우 사회 집단 내에서 갈등이 발생한다고 보는 입장이다. 개인은 가격 대 이익 비율에 있어서 기대에 못 미치게 되었을 때 그 과정이나 결과도 공정하지 못하다고 지각하게 된다. 파커(Parker, 1991)는 이러한 구조를 가족상담의 맥락에서 적용하였는데 특히 의사소통과 상담 및 중재 기간 동안 힘의 균형에 대한 측면에서 응용하고자 하였다.

이 경제학적인 관점을 가족관계에 적용해 보면 자유주의 시장경제에 근거한 전통적인 경제학 이론과는 차이를 보인다. 예를 들면 주식시장에서 투자자들은 주식시장이 불리할 경우에 언제든지 철수할 수 있다. 하지만 가족관계에서는 가족부양의 책임을 지는 가장들이 피부양자들에 대한 지원을 언제든지 중단할 수 있다는 생각을 하기는 어렵다. 비록 투자 대비 이익 비율이 낮은 결혼생활을 청산하기 위하여 이혼에 합의하였다 하더라도 자녀에 대한 부모로서의 역할이나 경제적인 책임을 포기할 수는 없는 것이다.

노부모의 부양을 책임지고 있는 성인 자녀들은 그들의 소득을 노부모를 부양하는 데 사용하는 것이 공평하지 않다고 느끼는 경우가 많을 것이다. 그러나 부모는 자녀들이 냉담하고 무관심하게 자신들을 대하더라도 자녀들을 사랑하고 그들을 즐겁게 해주려고 노력하며 자신들이 자녀로부터 받는 것이 적다고 하더라도 계속 주려고 할 것이다. 이러한 관계를 경제학적인 관점에서 보면 자본주의 시장경제의 논리에 맞지 않는 성공하지 못한 가족관계라고 할 수 있다.

이와 같이 사회교환이론은 가족 갈등을 일종의 거래 개념으로 해석하고자 하는 것으로, 가족 구성원의 갈등은 적절한 이익 마진이나 투자에 대비해서 얻어지는 이익 비율에 의해 발생하는 것으로 본다. 따라서 이 이론의 견지에서 보면 가족 구성원들은 가족 갈등을 해결하기 위한 상담이나 중재를 받게 될 때 사회적 교환의 원리에 입각하여 그 득실을 따지게 되는 경향이 있으며, 모든 가족 구성원들이 공정하고 공평한 교환이 이루어졌다고 느낄 때 갈등은 감소하게 된다. 따라서 사회교환이론에 입각해서 가족 갈등을 중재하고자 하는 상담전문가는 가족관계에서 이해득실이라는 주제를 재조명하여 어느 편이 진정한 승자(얻는 자)이고 어느 편이 패자(잃는 자)인지를 숙고하는 시간을 갖도록 하는 것이 필요하다.

3. 가족 갈등의 분석

상담자들은 가족 갈등의 해결을 위한 도움을 준비하는 과정에서 가족 구성원과 갈등에 대한 평가를 하게 된다. 가족 갈등을 분석하는 데 널리 이용되는 것은 무어(Moore, 1988)의 5영역모델(Five-part Model), 즉 갈등을 다섯 가지 영역으로 구분하는 모델인데, 이는 내담자 정보를 조직화하는 데 유용하다. 무어가 제시한 내용을 보면 다음과 같다.

〈표 2-1〉 갈등의 5가지 유형

갈등유형	갈등의 내용
정보 갈등	정보 혹은 정보 부족에 대한 갈등
관심 갈등	부족한 자원과 그 차이에 의한 실제적인 경쟁이나 이에 대한 지각과 관련된 갈등
관계 갈등	고정관념, 빈약한 의사소통, 혹은 잘못된 지각에 의해 발생하는 갈등
구조적 갈등	가족체제 내에 존재하는 균형적이지 않은 힘과 통제력의 불균형에 의해 발생하는 갈등
가치 갈등	신념과 목표에 기초한 갈등

출처: Moore(1988).

대부분의 가족 갈등은 위에서 제시한 갈등 범주와 관련되어 나타나는데 거의 모든 가족 갈등에서 볼 수 있는 것은 가치 갈등의 요소이다. 무어의 다섯 가지 유형 중 어느 한 가지에라도 가족 갈등 상황이 관여되어 있을 경우 가족 구성원들은 각각의 갈등에 대해 서로 다르게 우선순위를 두거나 서로 다르게 타협하는 경향이 있다. 따라서 가족들에게 다양한 갈등에 대하여 이해하도록 도움을 주려고 할 때 유의해야 할 점은 가족 구성원들이 각각 갈등에 대한 입장이 서로 다를 수 있다는 것을 상담자가 먼저 인식해야 하는 것이다.

예를 들면 한 가족에서 조부모에 대한 초기 갈등이 있을 때 이 갈등은 조부모와 성인이 된 자녀 간의 가치 갈등으로 해석될 수 있으며 동시에 관심 갈등으로 볼 수도 있다. 이와 같이 가족 갈등은 보는 측면에 따라 다양한 형태의 갈등으로 분석될 수 있다.

1) 해결하기 어려운 가족 갈등

가족 구성원 간에 부정적이고 불공정한 교환이 계속되거나 이에 대한 변화의 기회가 없을 때 가족 갈등은 해결하기 어려운 양상으로 나타나게 되며 결국은 사회계층 간의 갈등이나 인종 또는 종교 간의 갈등처럼 보다 해결하기 어려운 큰 사회적 갈등과 유사한 형태가 된다. 해결하기 어려운 사회적 갈등이 가지고 있는 요소들은 다음과 같은 단계를 거쳐 발생한다(Schellenberg, 1996).

1단계: 중요한 의사소통이 위협당하고 있다는 느낌이 일어난다.

2단계: 위협받는 느낌은 다른 사람의 위치나 입장, 생각, 견해에 대하여 왜곡을 하게 만든다.

3단계: 이러한 상대방에 대한 왜곡된 느낌과 생각들이 점점 확고해짐에 따라 갈등 발생이 지속된다는 가정을 확신하게 된다.

4단계: 갈등이 집중적으로 발생하게 되면서 갈등에 대한 반응의 고착화 현상이 일 어나게 된다.

위에서 본 바와 같이 해결하기 어려운 소위 고질적인 갈등은 장기적으로 지속되고 있는 갈등 상황 속에서 계속적으로 위협을 느끼며 막연하게나마 인지하고 있었다는 것이다. 가족 갈등 해결을 위한 상담을 할 때 전문가들은 가족들이 인식하고 있는 불공정함이 사실일 수도 있고 사실이 아닐 수도 있으므로 갈등의 근원이 어디에 있는지에 대해 신중하게 살펴야 한다. 이러한 불공정함에 대한 장기적인 인지는 일반적으로 영유아기의 모자관계에서 불안전한 애착관계와 연계되어 있을 가능성이 크다. 이렇게 불안전한 애착을 나타내는 사람들은 타인에 대한 불신과 애정 결핍과 같은 부정적인 기대를 현재의 가족관계에서 투사적으로 나타내는 경향이 있기 때문이다.

가족 갈등을 상담하고 문제해결을 중재하는 데 있어서 가족관계에서 인식되고 있는 이러한 불공정성에 대한 패턴을 해결해 줄 수 있다면, 이는 현재의 갈등을 해결할 뿐만 아니라 갈등의 악순환적인 주기를 차단할 수 있으며 실제적인 화해의 기회를 마련해 줄 수 있을 것이다. 가정 불화는 가족의 가치체계, 문화적 특성, 개인의 탄력성 등의 요인에 의해 영향을 받을 수 있으므로 가족상담자는 고질적인 가족 갈등문제에 개입할 때 가족 갈등이 발생하는 체계가 어떻게 유지되고 확산되고 있는지를 살펴보고, 가족들이 다양한 시각으로 갈등의 발생에 대하여 지각하고 변화할 수 있도록 이끌어야 한다.

2) 가족 위기와 가족 갈등

갈등이 확대되는 국면에서 상담이 이루어진 경우에는 가족들이 단지 갈등 상황에만 있는 것이 아니라 위기 상황에도 처할 수 있다. 그렇기 때문에 먼저 가족들의 안전과 보호를 위한 시도뿐만 아니라 분노에 찬 행동을 통제할 수 있도록 도움을 주어야 한다. 특히 위기 상황에서 가족상담과 중재를 할 때 가정폭력의 주기나 특성을 이해할 필요가 있다. 왜냐하면 가족상담자는 가족 구성원들이 우선적으로 가족폭력과 같은 매우 어려운 위기 상황을 다루어 그것이 확대되지 않도록 도움을 주어야 하며 그 다음 갈등에 대한 해결을 모색하는 것이 보다 바람직 하기 때문이다.

그러나 위기란 예측 가능한 것이 아니기 때문에 전체적으로 계획을 세울 수 없다는 문제점이 있다. 또한, 가족폭력 상황의 발생은 가족 구성원들에게 정서적인 충격을 줌으로써, 적절하게 위기에 대처하는 방법을 강구해 낼 수 있는 사고능력을 저해할 수도 있다. 그러므로 이러한 사태가 일어났을 때 전문가들은 가족들이 필요로 하는 도움을 먼저 주어야 한다. 가족 상담에서 위기는 재정적 · 사회적 · 법적 · 의학적 혹은 신체적 측면에서 나타날 수 있으며 이러한 것들이 혼합되어 복합적인 측면으로 나타날 수도 있다. 예를 들어 가출한 부모와 관계를 유지하거나 상담 모임에 기꺼이 참여한다면 자녀는 부모와 함께 문제를 해결할 가능성이 있다. 그러나 가족 구성원이 상담하러 왔을 때 돈이 없거나 거처할 곳이 없거나 또는 건강상의 문제들로 인하여 위기 상황에 처해 있을 경우 새로운 딜레마에 빠지게 된다.

또 다른 예로 가족들이 병원을 즉각적으로 찾아봐야 할 정도로 급속도로 악화된 노부모의 건강 상태는 가족에게 갑작스러운 위기 상황이며 이는 가족의 재정적인 부분에 영향을 주게 된다. 부모를 간호하기 위해 직장이 있는 자녀는 휴가를 내거나 직장을 포기해야 할 경우가 생길 수 있으며, 부모의 중병을 치료하거나 부양하기 위해서는 돈이 필요하기 때문에 집을 팔아야 하는 경우도 생길 수 있다. 가족들한테 갑자기 닥친 위기 상항에 대하여 무엇을 우선순위에 두고 행동을 해야 할지에 대하여 정보를 주고 도움을 주는 것이 필요하다.

3) 친밀감 및 힘의 재협상

에머리(Emery, 1994)는 이혼하는 사람들의 경우를 연구하면서 가족들의 친밀감과 힘의 재협상에 대한 견해를 피력하였다. 그에 의하면 이혼한 사람들은 사랑, 분노, 슬픔의 정서가 주기적으로 나타났다가 사라지면서 혼란을 경험한다고 한다. 어느 순간에 그들은 서로를 미워했다가 또 친밀감을 갖기도 하고 그 다음에는 우울해지는 등 정서의 변동이 심각한 수준에 이를 수 있다고 한다. 즉 이혼하려는 부부들은 지금까지 가꾸어 온 애정과 친밀한 관계를 저해하는 말다툼을 하게 되며, 서로에 대해 헐뜯고 상처를 주는 행동과 언사를 주고받는다. 또한 이혼을 타협하는 과정에서 자녀에 대한 힘과 지배권을 얻기 위해 경쟁적으로 다툼을 하는 한편 거기에서 벗어나려고 노력하기도 한다. 여기서 중요한 점은 이러한 싸움들이 가족 내의 힘을 장악하기 위한 싸움인지 아니면 이전의 친밀감을 유지하기 위한 다툼인지를 파악하는 것이다.

이혼은 가족들의 갈등 상황일 뿐만 아니라 구성원 간의 친밀감과 상실감이 함께 일어나는 상황이다. 이혼에만 국한된 에머리의 견해를 가족 전체의 갈등으로 확장하여 보면 부모-자녀 간의 갈등이나 건강상의 위기 상황 등에도 적용할 수 있다. 분쟁에 휘말려 있는 당사자들은 힘과 통제력을 가지기 위해 또는 힘의 경쟁에서 우위를 차지하기 위해 부적절한 방법으로 노력하게 되지만, 상실에 따른 고난도 있을 것이므로 그들은 이를 억제하기 위한 노력도 감수해야 한다. 전문가들은 이러한 위기의 가족들이 보다 긍정적인 차원에서 친밀감을 인식할 수 있도록 도와주어야 하며 또한 갈등이 더이상 확대되지 않고 해결될 수 있도록 돕는 것이 중요하다.

4. 가족 갈등에 대한 반응: 분노, 분개, 공격성

가족 갈등은 극단적으로 파괴적인 분쟁을 야기할 수 있으므로 그 분노가 다른 유형의 분쟁에서 나오는 것보다 심각할 수 있다. 따라서 갈등 상태에 있는 가족들이 드러내는 분노는 제삼자들에게는 매우 비합리적으로 보인다. 가족들이 보이는 분노의 수준은 가족 분쟁에서 발견되는 싸움의 유형이나 전략과 관련되어 있기 때문에 상담자들은 갈등 상태에 있는 가족들의 분노표현의 방법과 수준을 파악하여 가족들이 이에 대처할 수 있도록 도움을 주어야 한다.

다음에서는 가족 갈등 사례에서 만나게 되는 세 가지의 공통적인 유형의 반응양상인 단순한 분노, 분개 그리고 적개심과 공격적 행동을 살펴보기로 하겠다.

1) 단순한 분노

분노는 기본적인 정서 반응으로서 사람들이 목표 성취에 방해를 받을때 나타나게 된다. 분노는 경미한 짜증에서부터 다양한 수준의 강도로 나타나는데, 경미한 수준의 분노는 서로 대화를 통하여 합리적인 해결책을 강구해 낼 수 있는 경우이다. 반면에 높은 수준의 분노는 위험이나 위협을 느꼈을 때 나타나는 반응과 같은 것으로 심장박동과 호흡이 빨라지는 등의 신체적 반응이 동반된다. 이때 개인의 사고는 더이상 대뇌피질 상부에서 이루어지지 않으며 그 대신에 자율 신경계가 과잉 활성화된다.

고트먼(Gottman, 1994)은 결혼과 가족문제 치료자로서 100쌍의 부부를 대상으로 임상 연구를 한 결과, 가족문제 해결을 위해서는 먼저 분노에 가득 찬 가족들에게서 나타나는 높은 수준의 생물학적 각성 상태가 완화되어야 한다고 하였다. 즉 분노에 찬 가족들은 서로의 생물학적인 각성 상태가 높은 수준이 되어 작은 자극에도 쉽게 분노가 촉발될 수 있기 때문에 가족 분쟁을 해결하려면 분노에 찬 개인이 생물학적으로 정상적인 상태로 돌아갈 때까지 일시적으로 분쟁이 중단되어야 한다는 것이다. 개인의 각성체계는 활성화되기 시작하여 일반적으로 외부로부터의 자극과 고통을 완화시키는 데 최소한 20분이 걸린다. 이러한 시간 경과 후에야 대뇌피질 기능이 정상적으로 되돌아오게 되어 고등 정신기능을 하고, 보다 합리적인 사고를 할 수 있게 됨으로써, 분노와 방어적인 반응이 감소하게 된다.

만약 가족 구성원들이 외상 후 스트레스증후군 같은 극심한 정신적 혼란을 경험한다면 그들의 반응을 효과적으로 조절하는 것은 더 어려워진다. 이 경우, 가족 구성원들은 다른 가족의 정서적 반응 정도를 인식하기 어려운 흥분상태에 있으므로 상담을 하는 동안에도 자기의 행동이나 언어적 반응이 다른 가족에게 어떠한 영향을 미칠지 깨닫지 못하게 된다.

가족 구성원들의 분노가 극단적으로 높을 때 상담전문가는 그것이 과잉반응을 보이는 것인지 아니면 그 상황에 맞게 적절한 분노를 보이는 것인지 파악해야 한다. 만약 그것이 현재 상황에 맞지 않는 과잉반응이라면 그 이유가 무엇인지, 어떤 상황이나 사람 또는 사건과 연결되어 있는 분노 반응인지를 알아내야 한다. 그럼으로써 가족들이 자신들의 내적 갈등을 인식하게 하고 분노에 찬 가족들이 보다 상식적인 수준에서 반응을 할 수 있도록 도움을 주어야 한다.

따라서 가족 갈등과 분쟁을 겪고 있는 가족 구성원들이 보이는 분노가 적절한 것인지 그리고 분노 표출의 수준이나 방법이 과도한 것은 아닌지 등을 분석하여 분노의 적절성과 수준을 인정하고 수용하도록 하는 것은 매우 중요하다. 무어(Moore, 1996)에 따르면 가족체계 안에서 일어나는 갈등은 언제나 분노를 유발한다고 하였는데, 이때 가족들의 분노를 인정해 주고 정당화해 주면 가족 구성원들의 분노는 빠르게 진정되며 보다 건설적인 방법으로 분노를 해결하려고 할 가능성이 크다. 또한 목표에 대한 장애물을 제거해 주는 것만으로도 분노를 빠르게 완화시킬 수 있다. 따라서 가족상담전문가는 가족들의 분노가 확대되는 것을 막고 관리하는 과정에서 개인이 스스로 통제를 할 수 있도록 도와줌으로써, 분노를 유발시킨 사건이 제어되고 문제해결을 위한 상담을 진행할 수 있게 된다. 이때 단순한 분노가 사라지면 수용 가능한 대안을 만들게 되는데, 만약 분노 반응이 다른 자극이 없는 상황에서도 20분이 지나도록 중단되지 않는다면 그것은 다른 유형의 분노이거나 혹은 다른 이유 때문에 나타난 것으로 보아야 한다.

분노를 감소시키는 과정은 분노가 확대되는 것을 막아 주는 여유를 주는 것이고 또한 분노에 대한 대안적인 사고를 할 수 있도록 도와주게 된다. 그러므로 가족 갈등을 다루는 상담자들은 가족들의 분노가 어느 정도 지속되고 있는지 그 수준은 어느 정도인지 또 그것의 원인은 어디에 있는지를 파악하여 가족들이 인식할 수 있도록 도움을 주어야 한다.

2) 분개: 공평성과 책임감의 문제

누군가 개인에게 신체적 혹은 정신적으로 해를 입히려 하거나 개인의 명성이나 자존심을 손상시키려 할 때 사람들은 분노를 나타낼 뿐만 아니라 불공평하다는 생각도 함께 하게 된다. 또한 문제가 표면적으로 일단 해결되고 모든 장애물이 제거되었을 때에도 사람들은 자신이 피해를 보았다는 부정적인 생각을 하게 되는 경우가 있다. 즉 문제해결을 통해 가족 갈등의 확대를 중단시키기는 했지만 갈등과 연계되어 나타나는 자존심의 상처와 체면이 손상된 느낌 등은 지속될 수 있다는 것이다. 이러한 체면 손상의 문제는 궁극적으로 갈등의 해결책을 찾는 데 어려움을 줄 수 있다.

레징거와 쉐프(Retzinger & Scheff, 2000)는 수치심에 대하여 언급하면서 이것은 분노와 함께 얽혀 있는 경우가 많으며, 이 두 가지는 모두 갈등을 중재하는 데 어려움을 야기한다고 하였다. 즉 수치와 분노는 문제를 해결하는 데 방해가 되는 원인이 되고, 또한 개인적인 관계뿐 아니라 보다 큰 사회적인 관계 모두에서 갈등을 악화시키기 때문에 손상된 관계를 회복시킬 수 있는 가능성을 차단할 수 있다는 것이다.

분개는 보다 강한 정서적인 반응으로서 일반적으로 타인에게 무시당했을 때 나타나게 되며 분노와 마찬가지로 깊은 수치심을 위장하기 위해서 분출되기도 한다. 사실상 분개는 수치심의 한 측면으로서 극도의 흥분상태라고 말할 수 있다. 레징거와 쉐프는 분개를 '해결하기 어려운 갈등에 의해 야기된 깊은 내면적 정서와 소외감에 대한 부인' 이라고 하였다. 자신과 타인의 고통과 수치심을 이해하고자 하는 것은 갈등이 해결 상태로 가는 과정이라고 할 수 있다. 즉, 고통과 수치심이 개인의 체면 유지 범위 내에서 인정될 수 있다면 갈등은 보다 직접적으로 대화를 통해 다루어질 수 있으며, 더이상 갈등을 덮기 위해 수치와 분개로 자존심을 감쌀 필요가 없어진다.

단순한 분노와 마찬가지로 개인의 체면이나 자존심과 관련된 문제에서 피해와 희생을 당하고 있다고 느끼는 사람은 내적으로 다음과 같이 말할 수 있다. "당신이 감히 나에게 이런 방식으로 피해를 줄 수 있는가?" 동시에 "당신이 감히 어떻게 내가 그렇게 해야만 한다고 생각할 수 있어?" 이때는 가해자와 피해자 모두 동일한 상황에 대해 정서적인 반응을 하고 있음에도 불구하고 서로 분개하고 있는 것이다.

이러한 분개는 가족 구성원들이 갈등을 일으킨 주제에 대해 공개적으로 토론하면서 때로는 자신의 행동을 후회하거나 가책을 느끼고, 또 이에 대해 진심으로 사과하고 이러한 진심을 가족들에게 전달하여 알게 될 때까지 지속된다.

따라서 분개하고 있는 가족 구성원들을 돕기 위해서는 훼손된 자존심과 체면을 보상해 줄 수 있는 과정이 필요하다.

레징거와 쉐프(2000)는 가족 구성원들이 상처받은 자존심과 체면을 회복하기 위해 진행하는 상담 과정과 절차를 다음과 같이 제시하였다.

- 가족관계 유지에 방해가 되는 원인이 무엇인지 인식하기
- 가족 구성원들이 상대방의 체면을 유지시키고 존중하는 전략을 제공하기
- 분개와 수치심뿐만 아니라, 가족 구성원 간의 결속 수준에 대하여 인식하기
- 어떻게 가족체계가 상호작용하는지에 대해 이해하기
- 가족 구성원들이 그들의 수치심과 소외감을 솔직하게 탐색할 수 있는 정서적 안정감을 제공하기

분개를 감소시키는 한 가지 방법으로는 잘못에 대한 시인, 사과 그리고 진정한 뉘우침을 보이는 것이다. 사과를 할 때 바로 받아들여진다면 문제가 되지 않지만 중요한 것은 사과하는 사람이 보이는 책임감이다. 즉 과거의 사건이나 미래에 발생할 수 있는 사태를 예방하기 위해 하지 말아야 할 특정한 행동에 대한 책임감을 보여주어야 한다는 것이다. 성의 있는 사과를 하였을 때 분노로 상처받은 가족은 관계가 더욱 견고해진다. 다른 사람에 대한 이해와 공감은 수치심과 분노를 감소시키는 데 도움이 된다. 또한 가족 구성원 상호 간에 사과를 한다면 분노의 수준을 감소시키는 데 더할 나위 없이 도움이 된다.

테일러(Taylor, 2002)는 FAIR라는 형식으로 분개를 감소시키는 사과 방법을 소개한 바 있다.

① 사건의 진술(Facts): 축소하거나 남의 탓으로 돌리거나, 부인하거나 방어하

지 않으면서 있는 그대로 사건을 진술한다.

② 인식(Awareelness): 현재 이해하고 있는 타인의 생각, 감정, 행동에 대해 진술한다.

③ 영향(Impact): 그들에게 닥쳐온 사건의 결과로 인해 야기된 법적 · 사회적 · 경제적 · 정서적 영향에 대해 진술한다.

④ 책임(Responsibility): 앞으로 이러한 행동이나 사건으로 인한 영향을 방지하기 위하여 행동의 책임에 대해 진술한다.

3) 적대감과 공격성

무엇이 사람을 적대적이고 공격적이며 폭력적으로 만드는지에 대한 의문은 사회학자나 심리학자들이 오랫동안 연구해 온 중요한 연구 주제 중의 하나이다. 가족 갈등은 폭력이나 공격성과 관련될 수 있으며 가정폭력은 자녀들에게 학습될 수 있기 때문에 더욱 중요하게 다루어진다. 가족 갈등을 다루는 대부분의 사례에서 분노와 분개의 문제가 나타나는데 이 중 적지 않은 사례에서 적대감과 공격성이 가족들의 상호작용 가운데 나타나며 나아가 상담 과정에서도 충격적인 사건이 발생하기도 한다.

(1) 적대감

여기에서 언급하는 적대감은 개인 내적인 방어 상태를 말한다. 이는 우연하게 인지되는 것이 아니며 우연한 감정 상태도 아니다. 적대감을 가지고 있는 사람들은 타인들이 자신에 대항한다고 생각하기 때문에 분노 반응을 보이는 것이다. 이에 따라 그들은 불특정 다수에 대한 분노를 지니고 있으며 이 분노는 그들을 보호해 주는 방패와 같은 것이다. 그들은 최선의 공격이 최선의 방어라고 믿고 있으므로 거칠고 공격적이 되기 쉬운데, 자신이 가지고 있는 분노와 분개를 투사하기 때문에 만나는 대부분의 사람들에게 분노와 분개를 나타내지만, 자기가 희생자라는 생각 때문에 상대방을 공격하거나 분노를 표출하는 것이 정당하다고 믿는 경향이 있다.

적대감은 단순히 기분전환이나 사과하기 등을 통해서는 쉽게 해결되기 어려울 뿐만 아니라 적대감을 가지고 있는 사람들은 다른 사람들과 다른 방식으로 반응하기 때문에 원만한 상호작용을 기대하기 어렵다. 단순한 분노를 가지고 있는 사람들은 사과를 받고 그들이 느끼는 불공평함이 사라지면 분노를 감소시킬 수 있으나 적대감을 가진 사람들은 그렇지 않은 것이다.

일반적으로 일관되게 진심으로 책임감을 느끼고 사과하는 것은 가족 구성원들의 분노와 좌절감 그리고 다른 사람에 대한 부정적인 행동을 감소시키는 데 효과가 있기 마련이다. 그러나 적대감을 가진 사람들은 상대방이 뉘우치고 사과를 한다 하더라도 적대감이 남아 있으며 자신에 대한 타인의 행동에 의해서는 별다른 영향을 받지 않는다. 즉, 적대감은 개인의 극히 내적인 상태로서 타인과의 상호작용에 의해 반응하는 것이 아니기 때문에 상대방이 사과하는 것이 별 의미가 없다. 또한 적대감을 지닌 사람들은 상호작용에 대한 타인들의 노력에도 불구하고 반응하지 않을 수 있으며 무의식적이고 복잡한 사고의 틀을 가지고 그 안에 자신의 감정을 감추면서 적대적인 행동을 하게 된다.

(2) 공격성

공격성은 개인적인 특질로서 개인이 살아남기 위한 방법으로 간주될 수 있으며 개인의 행동적인 측면이다. 어떤 사람이 폭력적인 행동을 하는 것을 보면서 사람들은 '왜 저 사람은 저렇게 공격적이지?' 하고 의아심을 갖는다. 이에 대해 생리심리학자들은 공격성과 인간의 유전적인 측면 또는 호르몬 변화와의 관계를 언급하며 개인의 신체적이고 생물학적인 특성이 원인이라고 말하기도 한다.

최근에는 공격성과 관련하여 두뇌에 대한 연구가 활발히 진행되고 있으며 이를 기초로 생리적 영역에서 개인과 집단의 공격적 행동과 그 밖의 다른 행동들에 대한 연구가 발표된 바 있다. 에이먼(Amen, 1998)은 인간행동과 뇌의 영역 간의 관계를 살펴보기 위해 새로운 연구방법을 활용하였는데, 공격적이고 충동적인 행동 그리고 타인과의 상호작용행동은 인간의 생리적인 구조 및 특성과 관련되어 있다는 새로운 가능성을 언급하였다.

에이먼의 연구에 따르면 폭력적이고 공격적인 사람들의 뇌 영상을 보면 비폭력적인 사람들과 뇌 구조와 뇌 기능에서 주요한 차이가 나타나는데 그것을 요약해 보면 다음과 같은 경향이 있다(Amen, 1998).

- 사고의 어려움을 유발하는 전두피질에서의 활동 감소
- 집착적인 사고 혹은 반복행동을 유발하는 대상 활동의 증가
- 화와 분노의 폭발을 유발하는 좌측 측두엽에서의 활동 증가 또는 감소
- 불안을 유발하는 기저핵 또는 변연계의 활동 증가

실제로 공격성과 폭력을 보여준 경력이 있는 가족에게 폭력적인 갈등이 나타났을 때 먼저 폭력적 행동이 선천적이며 생리적인 원인에 의한 것인지, 아니면 후천적이며 사회적 여건에 의해 형성된 것인지를 파악하는 것은 중요하다. 만약 폭력을 보이는 가족들이 논리적인 사고 능력을 지니고 있다면 논리적인 접근을 통한 도움이 적절하지만, 가족들의 공격성이 생리적인 원인에 의해 영향을 받는 경우라면 일반적인 상담을 통한 도움으로는 해결하기 어려울 가능성이 크다.

(3) 사회적 상호주의자와 사회학습이론

펠슨과 테데스치(Felson & Tedeschi, 1993)에 의해 제시된 공격성에 대한 사회적 상호주의 관점을 보면 공격성에 대하여 다음과 같이 정의 내리고 있다.

① 공격성은 도구적 행동이다. 이는 자발적이고 의도적인 것으로 가치나 목

표성취의 수단이 되며 타인에게 영향을 주어 자신의 사회적 정체성을 확립하고, 정의나 보복의 수단이 된다.

② 공격성은 통제되지 않은 내부적인 힘, 본능, 호르몬을 통한 생물학적 내부 과정이라기보다는 인간의 상호작용에서 생기는 정상적인 갈등의 산물이다.

③ 공격성은 상황적이고 대인관계적인 요인에 의해 유발되는 것으로 결과가 미리 결정되지는 않지만 역동적이고 변화가 가능하다. 그러므로 공격성을 이해하기 위해서는 공격성을 보인 사람뿐 아니라 그 공격을 당한 사람도 고려해야 한다.

④ 공격성은 행동에 대한 정의(正義), 공평성, 비난 그리고 합법성 등에 대한 공격자의 신념에 의해 좌우된다.

이러한 견해에서는 공격적인 행동을 체제적인지 아니면 강압적인지를 비교하여 구별하려고 한다. 체제적인 공격인 경우, 불만과 불공평함에 대한 인식 수준에 따라 공격적인 행동이 다르게 나타난다고 볼 수 있는데, 공격적 행동을 하는 행위자들은 불공평함을 해소하기 위한 사회적 통제 수단으로 공격적인 행동을 시도하는 것이라고 보는 것이다. 공격적인 행동을 하는 사람들은 그릇된 것을 바로 고치기 위해 공격을 시도하는 것이라고 생각하며, 그들의 사회적 정체성 자체가 공격적 행동의 선택과 공격적 행동의 확대에 중요한 역할을 한다. 그들은 자신들이 정의의 이름으로 분개하고 있다고 믿으며 자신의 역할 혹은 힘의 사용이 정당한 것이라고 믿는다.

반면에 강압적 공격성은 오히려 불공평함에 대한 반응이라기보다는 착취와 타인에게 힘을 과시하는 것과 관련이 있다. 가족 갈등 사례에서는 사회적 상호작용적인 관점에서 공격성을 살펴보아야 하는데, 예를 들어 만약 아버지가 자녀를 통제하기 위해 필요한 힘은 무엇이든지 사용할 수 있다는 신념을 가지고 있다면 그 아버지는 자녀에게 언어적 또는 신체적으로 공격적인 행동을 할 것이다. 경우에 따라서는 사회적 정의의 통념을 넘어선, 통제할 수 없는 지경까지 갈등이 확대되는 양상으로 나타나기도 한다. 이러한 아버지의 보복적인 공정성의 개념("나는 아들이 잘못된 행동을 했기 때문에 처벌한 것이다.")은 아버지와 아들 간에 부정적인 행동의 악순환을 가져올 수 있다. 즉 서로 간의 비난을 야기할 수 있으며 아버지와 아들 모두 상대방이 가족에게 상처를 주었다고 생각하게 되며 분노하고 분개하고 때로 공격적인 행동을 나타낼 수도 있다.

에이브릴(Averill, 1993)은 공격적인 사람들은 자기의 공격적인 행동을 정당화하기 위해 분노를 사용하는데, 여기에서 분노를 느끼는 것과 분노가 실제로 존재하는 것 간에는 차이가 있다고 하였다. 그는 분노를 다음의 네 가지로 정의하여 설명하였다.

① 분노는 공격적 행동을 정당화한다

일반적으로 분노를 정서 혹은 강한 감정으로 생각하기 때문에 사람들은 자신의 분노를 통제할 수 없다고 믿으며, 따라서 분노에 차 있을 때 일어난 자신들의 행동의 결과에 대해서는 책임을 질 수 없다고 생각한다.

② 분노는 감정으로 간주된다

분노 그 자체와 분노를 느끼는 것을 동일하게 취급하는 경향이 있다. 사람들은 감정에 따라서 다양한 행동을 보여주므로 화가 났을 때는 화를 내는 행동을 하는 것은 당연한 것으로 본다.

③ 분노 감정은 가상적일 수 있다

객관적인 사실을 가지고 분노의 감정을 정당화할 수 없음에도 불구하고 사람들은 가상적인 상황 속에서 분노를 느낄 수 있다.

④ 분노는 개인의 몸과 마음에서 발생하는 심리적이거나 생리적인 사건이 아니다

분노는 상호작용이기 때문에 사람들 간의 상호작용에서 나타나게 되며 개

인 혼자만의 생리적 또는 심리 내적인 사건은 아니다.

위에서 본 바와 같이 에이브릴(1993)은 분노의 표현을 생물학적으로 결정되었다기보다는 사회적으로 학습된 것으로 간주하고 있다. 이에 따라 에이브릴은 자신의 연구에서 분노의 문화적인 규칙에 대하여 다음과 같이 설명하고 있다.

- 의도적인 방임이나 부주의, 무시 등과 같은 잘못된 행동에 대하여 사람들은 분노할 만하며 분노할 권리가 있다.
- 분노의 목적은 상황을 수정하고 형평성의 회복과 재발 방지를 위한 것이어야 한다. 분노의 대상자에게 이기적인 목적으로 손상과 고통을 가하거나 위협을 주어서는 안 된다.
- 분노는 분노유발 상황에 책임이 있는 개인이나 조직에게만 향해져야 하며, 무고한 제3자로 대치하여 분노반응을 보여서는 안 된다.
- 분노 반응은 위협에 비례하는 것이어야 한다. 분노는 위협적인 상황을 정정하고 형평성을 회복하며 위협의 재발을 예방하는 데 필요한 정도로만 나타나야 한다.
- 분노는 문제해결과 이에 따르는 분노의 해소와 관련되어 있어야 한다. 적절한 문제해결 작업이 뒤따르지 않는 한 개인의 분노는 없어지지 않는다.

그러나 에이브릴이 설정한 분노는 사실 사회적 현실을 적절하게 반영한 것이 아니기 때문에 가족 갈등을 상담할 때 분노에 대한 가족들의 가치와 신념 그리고 공격적인 행동에 대한 내성 등을 파악하는 것이 필요하다.

적대감과 마찬가지로 공격성은 대개 인간관계의 상호작용을 통해서 저절로 해소되지 않는 경향이 있다. 공격적인 행동과 적대적인 행동을 비교해 보면 공격적인 행동은 잠재적으로 변화 가능한 생각인 반면에, 적대적인 행동은 충분한 생각 없이 적대감을 가지고 나타내는 행동이다. 적대감이나 공격성은 강압적이거나 지시적인 상담 기술을 통해서 해결되거나 또는 단순히 부드럽고 정중

한 태도만으로는 통제되기 어렵다. 이러한 사례의 경우, 전문가들은 가족 구성원들의 공격성에 내재되어 있는 역동이 무엇인지를 이해하여 그것에 대처해 나가야 한다.

(4) 사회적 학습에 의한 분노와 공격성

가족관계에서 나타나는 분노와 공격성은 아동이 성장 발달하는 과정에서 다양한 사회적 역할을 배우는 동안 생성되는 것이므로 성인이 되어 가족 내에서 분노와 공격성을 보이는 사람들은 공격성이 오랜 세월 동안 내성화되어 있어 부모가 되었을 때 이러한 행동을 반복해서 나타낸다고 보아야 한다. 골먼(Goleman, 1995)은 자녀, 부모 그리고 교육 제도에 대하여 연구를 하면서 부모에 의해 억압적인 훈육방법으로 양육되었거나 공격성을 경험한 아동들은 학교에서 급우들에게 높은 수준의 공격성을 보인다는 사실을 발견하였다. 그후 계속적인 종단 연구를 통하여 이러한 아동들은 성장 후에도 공격적인 경향성이 두드러진다는 결론을 내렸다. 이는 공격성이 어떻게 세대를 거쳐 이어지는지를 나타내 주는 것으로서 이 연구를 통하여 골먼은 타인에 대한 공격성과 공감의 부족은 정서적인 교육의 부재 때문이라고 결론지었다.

이러한 연구 결과는 가정과 학교에서 아동에 대한 감정과 행동에 대한 올바른 교육이 중요하다는 것을 다시금 지적한 것이라고 하겠다. 아동의 공격적 행동과 공감능력의 부족은 가족 구성원들에게 극적인 변화가 일어날 때까지 지속되는 경향이 있다. 즉 공격적 행동은 안 된다고 하는 분명한 메시지가 가족 구성원 간에 명확해지거나 변화가 일어나지 않는 한 공격적 행동은 계속될 가능성이 크다. 유아기에 다른 아이들을 때리거나 상처를 주는 행동을 하는 아이는 어른이 되어서도 공격적인 성인이 되어 공격적 범죄를 범하거나 우울증에 걸릴 가능성이 크다고 예견할 수 있다.

골먼은 정서학습에서 생리적인 뇌 기능의 문제 대신에 사회적인 측면을 강조하고 있는데, 즉 뇌 기능이란 결국 사회적 상호작용으로 인해 영향을 받으며 정서적인 학습을 위한 기제를 제공한다는 것이다. 골먼은 정서적 학대와 외상적 경험, 공격성을 경험한 아동과 가족들에게 정서표현의 기술을 습득할 수 있는 훈련을 제공하는 것이 필요하다고 강조하였다. 즉, 갈등을 해결하며 주위 사람들과 공감을 주고받는 경험을 가지는 등의 사회적 기술훈련을 통해 이러한 공격성이 세대로 이어지는 것을 막을 수 있을 것이라고 주장하였다. 공격적인 사람들이라고 해도 그들의 분노, 분개, 불만에 대해 적절한 방법으로 표현하고 대화를 나눌 수 있는 보다 나은 기술을 가지고 있다면 극단적인 갈등 상황으로 몰고가는 형태의 공격적인 행동은 나타나지 않을 것이라고 보았다.

5. 가족들은 어떻게 싸우는가

가족 간의 갈등은 부부간의 갈등, 부모-자녀 간의 갈등, 또는 다른 가족 구성원 간의 갈등 등에서 일종의 싸움의 형태로 나타나게 된다. 동일한 이유로 갈등을 겪고 있는 가족이라고 해도 행동으로 표출되는 싸움의 방식은 각 가족마다 독특한 유형으로 나타난다. 어떤 경우에는 명백하게 드러내 놓고 싸움을 하기도 하지만, 어떤 경우에는 수면 밑에서 일종의 암투의 형식을 보여주기도 한다.

어떤 경우이건 가족 구성원 모두에게 위협적일 수 있지만 암암리에 이루어지는 싸움은 보다 해결하기 어려운 문제를 내포하고 있을 수 있음을 상담자는 유념한다. 이러한 갈등의 유형을 다음에서 살펴보기로 하겠다.

1) 갈등에 대한 반응 유형

사람들은 갈등에 반응하는 일반적인 유형을 지니고 있는데 이러한 유형은 토

마스와 킬만의 갈등 진단도구(Thomas-Kilman Conflict Mode Instrument)와 같은 검사를 통하여 확인해 보면 다섯 가지 범주로 구분될 수 있다(Thomas & Kilman, 1974). 이 검사는 자기 주장과 협동심의 수준에 기초하여 갈등에 대한 반응을 다섯 가지 유형으로 구분하였다.

① 유형 I(회피적 유형)

이 유형은 자기주장 수준뿐 아니라 협동심 또한 낮은데 왜냐하면 갈등에 대한 직접적인 대응을 가족들이 수용하지 않기 때문이다. 회피적인 사람들은 자기가 보호받거나 타인의 관심을 받지 못한다고 스스로 지각할 수 있으며, 타인의 요구에도 주의를 기울이지 않는 편이다.

② 유형 II(수용적 유형)

이 유형은 협동심 수준이 높지만 자기주장은 낮다. 이러한 유형의 사람들은 자기의 욕구를 포기하거나 희생함으로써 타인이 원하는 무엇인가를 주려고 노심초사하는 경향이 있다. 때로는 뒤늦게 분개하거나 자기가 약자라고 생각하여 분노하기도 한다.

③ 유형 III(절충적 유형)

이 유형은 협력적인 면과 자기주장적인 면을 반반씩 보이는 중도적 입장을 취하지만 이런 식의 주고받기 거래는 자기나 타인의 욕구에 부합하지 않음으로써 갈등이 생기게 된다.

④ 유형 IV(경쟁적 유형)

이 유형은 대부분 자기주장적이고 승자가 되고자 하는 강한 욕구를 가지고 있으며 갈등상황을 승패의 대결 양상으로 간주한다. 이러한 유형은 경쟁이 필요한 것이라고 여기기 때문에 협력적이지 않으며 항상 첫째, 일인자, 최고가

되기 위해 경계심을 가져야 한다고 생각하는 사람들이라서 뻔뻔함과 오만함 등의 특성을 나타낸다.

⑤ 유형 V(협력적 유형)

이 유형은 자기주장성이 높으면서 동시에 협력적이다. 이에 따라 상대방과 자기, 즉 양측의 욕구가 모두 충족되는 소위 윈윈(Win-Win) 상황이 될 때까지 문제를 해결하고자 노력한다. 가족들의 모든 문제가 처리될 때까지 이러한 방식을 고수해 가기 때문에 때로는 가족 구성원에게 많은 것을 요구한다는 비판을 들을 수도 있다.

2) 결혼생활의 부부 갈등 유형

결혼 문제 전문가들은 갈등을 경험한 부부들이 서로 싸울 때 복잡한 상호작용의 유형을 나타내는 경향이 있음을 보고하고 있다. 윌(Wile, 1993)은 부부 갈등의 유형을 다음과 같이 나누어 설명하였다. 즉, 상호 철회적 유형, 상호 비난/분노 유형, 요구-철회 양극 유형으로 그 경향이 나타난다는 것이다. 대부분의 부부들은 이러한 유형 중 하나에 속하며 싸움과 갈등 상황에서 그 유형이 반복적으로 나타나는 경향이 있다.

윌(Wile, 1993)에 따르면 부부들이 사용하는 유형과는 상관없이 부부들의 싸움에는 다음 세 가지 단계적 방법의 중재가 필요하다고 하였다.

- 1단계: 부부 각자가 가지고 있는 문제가 무엇인지 분명히 결정하여야 한다.
- 2단계: 부부는 각각 어려운 위치에 있으며 여기에는 아무도 승자가 될 수 있는 위치에 있지 않음을 부부들이 이해하도록 도움을 준다. 부부에게 어려운 상황에서 나오는 반응을 이해할 수 있음을 전달한다.
- 3단계: 가족들이 단합할 수 있고 타협할 수 있다는 관점에서 상호 이해할

수 있도록 도움을 준다.

윌이 제시한 단계적 방법에 따라 부부싸움의 해결 유형을 보면 다음과 같다.

① 상호 철회적 유형: 상호 철회적인 유형의 경우, 상담자는 부부 각자가 배우자에게 받은 비난과 비판을 다루는 데 신중하여야 한다. 왜냐하면 이러한 유형에서 배우자의 비난은 각자가 불평, 불만에 대한 호소를 충분히 표현하지 못하게 하며 차단되고 고립된다고 느끼게 하기 때문이다. 이 유형의 부부들은 그들의 진정한 근심이 무엇인지 이야기하는 것이 오히려 부부관계를 더 어렵게 만든다고 믿기 때문에 상담자는 이들이 솔직하게 이야기를 꺼내 놓을 수 있도록 안내하는 것이 중요하다.

② 상호 비난/분노 유형: 분노를 밖으로 표출하며 싸우는 부부들인 경우, 상담자는 그들이 안고 있는 상처, 무능, 수치심 등 여러 가지 혼란스러운 감정들의 배경이 무엇인지 볼 수 있도록 도와주어야 한다. 윌의 접근법에 따르면 그는 오히려 부부들이 원하는 것을 얻을 수 있도록 싸움을 허용하며 싸움으로부터의 회복뿐 아니라 개방적이고 성공적인 싸움을 할 수 있도록 도움을 주어야 한다고 하였다. 가족 구성원들이 논쟁을 보다 명확히 할 수 있도록 도와줌으로써 논쟁을 통해 오히려 큰 안정을 얻을 수 있고 그로 인해 싸움에 대한 욕구가 감소될 것으로 보는 것이다. 윌은 부부간의 논쟁을 권장할 뿐 아니라 보다 완전하고 효율적인 방식으로 싸움을 하여 정의와 공평성을 이끌어 내야 한다고 제안하고 있다.

③ 요구–철회양극 유형: 세 번째 유형을 보이는 부부들은 갈등으로부터 벗어나기 위한 노력의 하나로서 배우자를 추종하거나 아니면 거리를 두는 전략을 사용한다. 또는 상대 배우자에게 요구와 철회 행동의 주기를 반복함으로써 갈등에서 벗어나려는 행동 유형을 보여주는 특징이 있다. 윌은 이러한 유형에서는 상호 비난을 감소시키는 데 초점을 두면서 부부간의 공통점을 찾아내는 데 주력하라고 권고하고 있다.

행동은 상호작용적이며 밖으로 표출되는 것이므로 외현적인 싸움은 변화를 수용할 가능성이 있다는 의미로 볼 수 있다. 이러한 분쟁의 경우에 상담자는 가족들이 보다 생산적인 방식으로 열심히 논쟁을 이끌어 갈 수 있도록 도와주며 가족체계에서 개인적이고 대인관계적인 변화에 대하여 지지를 해주는 것이 중요하다.

3) 가족 분쟁 유형

앞서 살펴본 바와 같이 가족 구성원들은 보통 갈등을 일으키는 특유의 유형을 가지고 있으며 갈등이 일어나는 동안 각자의 역할을 하면서 갈등을 최소화할 수 있는 방법을 찾아내기도 한다. 예를 들면 재혼가정의 경우 계부 또는 계모가 재혼 전에 얻은 각자의 자녀, 즉 의붓자녀들을 비난하거나 나무랄 때 생모/생부가 각자의 자녀를 옹호하면서 거친 싸움이 일어날 가능성이 커진다. 이 경우 부부간의 갈등이 증폭되어 결혼 생활 자체가 위기에 처할 수도 있다. 가족 구성원들이 나타내는 싸움들은 대개 동일한 주제와 결론으로 매번 끝나거나 또는 격렬하게 논쟁을 벌이며 싸우기도 하고 아니면 늘 한 사람의 차가운 침묵으로 끝나기도 한다.

사회적으로 수용되지 않으며 가족 관계에 전혀 도움이 되지 않는 가족 간의 싸움과 갈등 유형은 중재를 통한 개방적인 수용에 의해 변화될 수 있다. 이를 통해 가족들은 상호작용에 중점을 두면서 문제를 해결해 갈 수 있는데, 가장 중요한 상호작용 요소로는 가족관계의 친밀성, 가족 내의 힘과 갈등에 대한 지향성, 의사소통의 방법, 상호작용의 범위, 투명성, 존엄성, 균형과 중립성, 중재자의 행동 모델링 등이 있다(Lang & Taylor, 2000). 가족상담전문가는 가족 구성원들이 그들의 상호작용 유형에 대해 이해할 수 있도록 도움을 줌으로써 무엇이 잘못되었는지 파악할 수 있도록 하며 그로 인해 가족 간의 상호작용 유형을 변화시킬 수 있도록 도움을 주어야 한다.

윌이 제시한 세 가지 갈등 유형에 대한 상담 방법에서 볼 수 있듯이 가족들은 왜, 무엇 때문에, 어떻게 싸우게 되는지를 알게 되며, 반면에 싸우거나 갈등이 일어나지 않는 영역은 가족생활 속에서 어느 것인지에 대하여 서로 터놓고 대화를 나눌 수 있게 된다. 그러면서 보다 건설적인 상호작용의 유형을 받아들이고 지금까지 있어 왔던 고질적인 행동 패턴의 반복을 예방할 수 있게 된다. 가족 구성원들이 건설적인 대화 방식으로 변화되고 그들이 수행하는 역할이 변화될 때 그들의 싸움 유형은 변화될 것이고 그 결과 역시 긍정적으로 변할 것이다.

6. 가족 갈등과 타협

가족 갈등과 분쟁에서는 가족들이 문제를 함께 해결하려는 노력이나 화해 혹은 타협이 필요하다. 가족들은 근본적으로 친밀감과 일종의 동맹의식을 가지고 있기 때문에 가족에게 해로운 조건은 일단 타협 대상에서 제외하려고 한다. 가족의 문제를 해결하기 위해 상담한다는 것은 어떤 의미에서 타협이라는 방식을 시도하는 것이라고 할 수 있다. 그러므로 가족들은 상담자가 타협을 시도할 때 괴변을 늘어놓으면서 방해하지 않아야 하며 다른 사람들은 어떻게 타협하는지를 이해할 필요가 있다. 또한 가족에 따라서는 가족 구성원들이 그동안 지켜 온 가족 규칙들이 오히려 타협을 방해할 수도 있음을 인지해야 한다.

특히 절대적이고 명백한 가족 규칙을 갖고 있는 가족의 경우에는 가족 갈등의 문제를 해결하기 위한 타협을 이끌어 내는 데 어려움을 겪을 수 있다. 예를 들어 "아버지는 늘 최선의 것을 알고 있는 분이다. 그분의 말씀에 토를 달 수는 없다." 혹은 "나이가 많은 언니와 논쟁해서는 안 된다." 등의 확실한 규칙을 갖고 있는 가족은 이러한 규칙들이 오히려 가족 갈등을 쉽게 푸는 데 방해가 되는 어떤 걸림돌이 된다는 것을 알게 될 것이다. 이러한 경우에 가족들은 그들이 타협을 할 수 있든 없든 또는 효율적인 타협이든 아니든 간에 그들 스스로가 서로 패배자라는 내적인 갈등을 겪게 된다.

가족 분쟁을 해결하기 위한 타협은 직접적이면서 통합적이어야 한다. 통합적인 타협에는 어느 한 사람이 승리자도 패배자도 될 수 없으며 손해를 본다는 느낌을 가지지 않는 것을 말한다. 즉 가족 구성원들의 개인적인 목적만을 달성하기 위한 타협이 아니라 가족 공동의 목표를 성취하기 위해 타협이 이루어져야 하는 것이다. 따라서 어떠한 주제로 분쟁이 일어나든지 간에 가능한 한 통합적인 타협을 이끌어 내도록 노력해야 한다.

타협은 의사소통이라는 매개체를 통해 일어나는 것이기 때문에 가족의 의사소통 유형에 맞추는 것이 중요하다. 올슨(Olson, 1993)은 가족의 의사소통 유형을 다음의 여섯 가지 영역을 통해 평가할 수 있다고 하였다.

- 공감과 경청의 기술
- 타인에 대해 말하기보다 자기 자신에 대해 말하는 기술
- 자기 노출의 수준
- 메시지 내용의 명확성
- 의사소통 과정에서 메시지의 연속성 수준
- 타인의 감정과 의견에 대한 존중

위의 영역에서 나타난 것처럼 경청이라든지 메시지의 명확성 등의 기술은 타협의 중요한 요소가 된다. 일반적으로 타협을 하는 동안 의사소통에서 두 가지의 전형적인 오류가 발생하는데, 하나는 의사전달과 상대방을 수용하는 데 있어서 오류가 나타나고, 다른 하나는 내용과 추가적인 전달을 수용하는 데 있어서 오류가 나타난다. 그 밖에도 의사소통을 저해하여 타협에 영향을 미치는 요인들로는 일반화, 예단, 고정관념, 후광효과, 선택적 지각, 타인에 대한 귀인 및 투사 등이 있다(Lewicki, Saunder, Minton, 2001).

가족상담자가 가족 갈등의 해소를 위한 타협을 중재하면서 르위키가 제시한 일

반적 편견이나 고정관념 등을 반영하는 것은 상담관계를 저해하는 요인이 된다.

가족 갈등의 타협과정에서 유념해야 할 또 다른 의사소통의 문제는 타인의 의사를 무시하는 것과 평가절하적인 반응을 하는 것으로 이 역시 원활하지 못한 의사소통을 유발하는 원인이 된다. 그러므로 가족들의 분쟁을 해결하기 위해서는 가족 구성원들 간의 원활한 의사소통을 촉진시키기 위한 상담자의 노력과 함께 통합적인 타협이 필요하다고 하겠다.

7. 가족 갈등과 체면 유지 행동

체면은 개인에 의해 지각된 자아상이다. 체면을 유지하려 하는 것은 개인이 자아상이나 정체감에 도전을 받거나 무시되었을 때 자아상을 회복하기 위해 하는 행동이다. 즉 체면은 관계적인 맥락에서 한 사람의 자아상이 투사된 것으로 모든 문화에서 중요시된다. 체면에 대한 정의와 형성 과정은 문화에 따라 다른데, 서양보다는 한국, 중국, 일본과 같은 동양문화권에서 체면 유지는 더욱 중요시된다. 일반적으로 체면의 상실은 개인에게 깊은 수치심과 단순한 분노, 복수심과 같은 감정을 유발할 수 있다.

폴저 등(Folger, Poole & Stutman, 2001)은 집단 내에서 개인의 체면은 중요하게 다루어져야 한다고 강조하면서 집단 구성원 간의 상호작용은 대개 체면 문제를 해결하지 않고는 진행될 수 없으며 그들이 바라는 자아상이 충분히 확립되었다고 느낄 때까지 계속 걸림돌이 될 것이라고 보았다. 이러한 사실은 가족 구성원의 상호작용에서도 찾아볼 수 있는데 가족 구성원 중 누군가의 체면이 손상되는 상황이 발생했을 때 가족은 더이상 평등한 사회적인 구조의 일원일 수 없게 된다. 이러한 불평등한 구조의 가족관계에서는 가족 간에 갈등이 생겼을 때 개인 중심적인 사고가 나타나는 것이 전형적인 반응이다. 즉, 문제해결에 초점을 맞추기보다는 타인을 비난하고 책임을 전가하며 갈등의 발판을 제공한 사람에게 부적절하고 집중적으로 비난하는 경향이 나타난다.

가족 구성원들이 각자의 가치체계와 판단의 기준 그리고 이를 위한 참조체계에 대해 충분히 탐색하게 되면 가족 구성원 간의 상호작용은 보다 신뢰성 있고 생산적인 것이 된다. 가족에 대한 소속감이 높은 경우에는 비록 갈등에 의해 구성원들의 결속이 망가진다 하더라도 갈등에 대해 자유롭게 이야기하도록 시도해 볼 수 있다. 즉 구성원이 서로 건전한 방식으로 이야기할 수 있도록 격려한다면 그 집단에서는 문제해결을 위해 보다 쉽게 타협을 할 수 있을 것이다. 그러나 만약 체면 유지 문제가 불거져 구성원들의 권위가 위협당한다면 그들의 갈등은 더욱 확대될 것이다.

가족들은 분쟁 상태에 있을 때 체면을 손상시키는 방식으로 행동하는 경향이 높다. 따라서 가족상담자는 가족 구성원들이 자신의 갈등뿐 아니라 다른 구성원의 갈등도 이해하면서 개인적인 문제에 초점을 두기보다는 가족이라는 집단의 문제에 초점을 두는 쪽으로 도움을 줄 필요가 있다. 가족 문제를 해결하기 위하여 갈등의 잠재적인 역동을 이해하고 통합적인 타협을 이루어 나가는 과정에서 개인의 체면이나 존엄성이 상실되었다면 그것은 진정한 문제해결이라고 보기는 어렵다. 따라서 가족 구성원들 모두의 체면이 유지되면서 그들의 갈등이 해결될 수 있도록 이끌어 나가는 것이 보다 바람직한 전문가의 역할이라고 하겠다.

CHAPTER 03

가족상담 이론

1. 구조적 가족상담 이론
2. 경험적 가족상담 이론
3. 해결 중심적 가족상담 이론
4. 보웬 가족치료 이론

CHAPTER

03 가족상담 이론

가족 내에서 발생하는 문제나 갈등은 가족 구성원 개개인의 문제로 간주하고 치료하기보다는 가족 전체의 문제로 접근할 때 보다 성공적인 상담 결과를 얻을 수 있다. 이와 같이 가족 전체를 대상으로 접근하는 가족상담은 전통적인 개인 상담에 비해 길지 않은 역사를 가지고 있다.

가족상담자들은 가족문제는 가족 간의 잘못된 상호작용이나 의사소통과 관련되어 있다고 간주하므로 가족들의 의사소통 방법이나 상호작용의 역기능성을 기능적으로 바꾸는 데 초점을 둔다. 그런 의미에서 가족상담자는 가족의 현재의 문제 상황을 변화시키기 위해 가족문제에 개입함으로써 가족의 심리적 안정과 행복을 창출해 나가는 데 도움을 주고자 한다. 이를 위해 가족상담자는 가족 내 여러 하위체계 간의 관계를 재정립하고 이를 통해 가족이 변화할 수 있도록 적극적이면서도 능동적인 역할을 하게 된다. 이 장에서는 가족상담 분야에서 활용되고 있는 몇 가지 이론들을 살펴보기로 하겠다.

1. 구조적 가족상담 이론

구조적 가족상담이론(Structural Family Therapy)은 벡(Beck)의 인지 치료와 엘

리스(Ellis)의 합리적 정서 치료를 중심으로 발전된 인지 행동적 접근 방법의 영향을 받은 가족상담 모델이다. 인지 행동적 접근법은 가족들의 역기능적인 사고와 행동에 초점을 둔 문제해결적 기법이다. 구조적 가족상담은 가족 내 경계, 구조, 가족규칙, 하위체계 등과 같은 주요 개념을 사용하면서 가족체계적 관점에서 가족관계, 가족기능, 가족문제 등을 구조화하는 데 큰 공헌을 하였다.

스탠턴(Stanton, 1981), 미누친(Minuchin, 1974) 등에 의해 발전된 구조적 가족상담은 짧은 시간 동안의 만남에서 가족문제 및 가족 특유의 양식 등을 파악하여 역기능적 가족 구조의 변화를 꾀하는 매우 역동적인 접근 방법이다. 이 방법을 사용하는 상담자들은 개인을 둘러싼 구조에 관심을 두기 때문에 가족 구조의 변화가 가족과 각 구성원들의 경험의 변화를 초래한다는 기본 가정을 갖고 있다.

구조주의적 관점에서 볼 때, 가족의 병리는 역기능적인 상호작용에 기인하는 것으로 재구조화를 통하여 가족들은 보다 기능적인 상호작용을 할 수 있게 되며 구성원들의 성장을 이끌 수 있다고 본다. 구조적 가족상담은 비행 청소년 가족, 알코올이나 약물 문제가 있는 가족, 부부관계 위기 가족 등의 상담에 적용할 수 있다.

1) 주요 개념

(1) 가족 구조

구조적 가족상담에서 가족 구조란 가족 내의 상호작용을 이해하는 기본 개념으로 가족 구성원들이 상호작용하는 일정한 형태를 의미한다. 상담자는 가족 구조를 통하여 상호작용하는 가족의 행동 등을 파악하고 예측할 수 있다. 각 가족은 나름대로 고유한 구조를 갖고 있는데 가족 구조를 이해하려면 가족 내의 관계 규칙을 파악하여야 한다. 이러한 규칙들을 파악하기 위해서는 가족을 지배하는 규칙을 찾아내야 한다.

(2) 경계

경계란 가족 내의 관계에 대한 규정으로 가족 간의 상호작용 과정에서 구성원 중 누군가가 어떠한 방법으로 관여할 수 있는가에 대한 규약이라고 볼 수 있다. 가족이 적절한 기능을 유지하기 위해서는 하위체계의 경계선을 분명하게 하여 가족 구성원들이 기능을 발휘할 수 있도록 해야 한다. 하위체계를 명확하게 하는 것은 중요하며 명확한 경계선은 가족들에게 안정을 준다.

경계는 밀착과 분리를 양극단으로 하는 연속선상에 위치한 것으로 설명할 수 있으며 명료한 경계, 애매한 경계, 경직된 경계로 구분한다.

① 명료한 경계: 명료한 경계를 갖고 있는 가족은 서로 독립성과 자율성을 인정하며 부모-자녀 간에 상호작용과 의사소통이 잘 이루어지는 건강하고 정상적인 가족이라고 할 수 있다.

② 애매한 경계: 애매한 경계는 연속선상에서 볼 때 밀착된 경계에 가까운데 가족 구성원끼리 행동을 계속 간섭하고 한 구성원이 다른 구성원을 변호해 주는 프라이버시가 거의 없는 상태의 가족이다. 가족 구성원들이 개인적인 손해를 보면서도 집단성이나 소속성을 위하여 밀착된 하위체계에 참여하고 있는 상태이다. 애매한 경계를 유지하는 가족 구성원들은 개인의 자율성을 방해받게 되며 그로 인하여 자아의식이나 책임감 등이 발달되지 못한다.

③ 경직된 경계: 경직된 경계는 분리된 경계라고 볼 수 있는데 상호 의존성을 덜 강조하고 고립되어 있는 개인성을 지지하는 하위체계로서 의사소통이 가장 잘 안 되는 상태이다. 개인 간의 접촉이 적어 가족끼리 마치 관계가 없는 사람들처럼 행동한다.

가족의 건강은 가족 구성원, 가족 전체 그리고 가족 상황이라는 세 가지 요소

체계 간의 경계가 어느 정도로 분명한가에 달려 있다. 따라서 상담자는 가족의 하위체계 내에서 그리고 하위체계들 간에 작용하는 이러한 과정들을 이해하고 파악할 수 있어야 한다.

(3) 하위체계

가족체계는 여러 하위체계로 나누어지고 각 하위체계를 통하여 가족의 전체 체계의 기능을 수행해 간다. 가족 내에는 부부, 부모, 자녀 그리고 형제 등과 같은 여러 하위체계가 있으며 각 하위체계가 가지는 경험의 형태는 모두 다르다. 형제간의 하위체계에서 갖게 되는 경험과 부모-자녀 하위체계에서 갖게 되는 경험과 기능은 매우 다르다. 예를 들면 부부 하위체계에서는 배우자에게 필요한 정서적 환경을 제공하고 서로 상대방의 욕구에 맞추어 상호 만족을 제공하는 데 그 주요 역할이 있다면, 형제 하위체계는 형제들이 가족 외에 다른 사람과 관계 맺는 법을 학습시켜 주는 기능이 있다. 또한 부모 하위체계는 자녀가 발달단계에 맞추어 성장할 수 있도록 도와주며 자녀의 바람직한 사회화를 도와주는 역할을 한다.

가족 내 각 하위체계의 바람직한 발달을 위해서는 가족 구성원의 성장과 발달을 반영하는 상호작용을 하는 것이 매우 중요하다. 가족 구성원이 어느 특정한 발달단계에 이르게 되면 예를 들면, 아동기에서 청소년기로 넘어가면 아동기 때와는 다른 행동을 보여주므로 부모가 자녀에게 제공하는 경험도 달라져야 하는 것이다. 따라서 상담자는 대안적인 상호 교류가 하위체계에서 지지되고 활성화되도록 노력해야 한다.

(4) 제휴

제휴란 가족의 상호작용 과정으로 가족체계의 한 구성원이 다른 구성원과 협력관계를 맺거나 대립적 관계를 가지는 것으로 연합과 동맹이라는 두 가지 형태가 있다. 연합은 두 사람이 제삼자에게 대항하기 위하여 제휴하는 것이고 동맹은 두 사람이 제삼자와는 다른 공동의 목적을 위하여 제휴하는 것으로 제삼자와 적대관계에 있지는 않다.

연합은 제휴와 마찬가지로 가족 구성원이 상호작용하는 과정에서 다른 구성원에게 미치는 영향력을 일컫는 것으로서 힘이라는 개념이 있다. 이것은 절대적인 권한을 의미하는 것은 아니어서 가변적이며 가족 내의 교류 발생 양상에 따라 달라지는 특성이 있다.

(5) 발달

가족은 다른 유기체와 마찬가지로 유지와 변화의 기능을 가진다. 가족체계에는 형태유지 구조와 형태발생 구조가 있는데 전자는 가족의 기능을 보존하는 것이고 후자는 가족의 기능을 변화하도록 하는 것이다. 이때 형태유지라는 개념은 가족 내의 안정성을 확보하기 위한 부분을 의미하고, 형태발생이란 개념은 가족 내에서 발생하는 변화를 말한다.

가족생활의 주기발달은 형태유지와 형태발생의 상호 보완적인 과정을 보여주는 개념적 틀로서 가족문제의 발생은 발달적인 변화에 직면한 가족이 이미 형성된 구조를 변화시키지 않고 계속 유지하려는 데에서 나타나는 것이라고 본다.

2) 기본 전제 및 상담 목표

미누친(Minuchin, 1974)은 구조적 가족상담의 기본 전제로 첫째, 가족 구조는 변화하고 있는 개방된 사회문화적 체계이고 둘째, 가족은 재구조화를 통하여 발달하며 셋째, 가족은 구성원들의 성장을 이끌 수 있는 방법으로 환경에 적응하려고 한다는 것을 제시하였다. 따라서 정상적인 가족이란 가족 내에 긴장이 있을 때 그 긴장을 극복하면서 가족 구성원들 간의 협조와 조화로 상황에 적응을 잘하는 가족이라고 보았다.

구조적 가족상담에서는 기본적으로 가족의 기능 양상에 관심을 가지고 있는데, 역기능적 가족의 경우는 가족 구조의 변화를 통해 문제해결을 하고자 한다. 가족 구조를 변화시키기 위해 상담자는 가족체계에 참여하고, 가족의 경계를 바꾸거나 하위체계를 재정비하기 위하여 가족들 각각의 행동 변화를 촉진시켜 가족들이 문제를 해결할 수 있도록 도와준다. 이를 위해 상담자는 다음의 사항을 고려하는 것이 바람직하다.

① 가족의 유연성에 대한 것으로 가족의 생활주기에 따라 그 기능이 어느 정도로 유연성을 가지고 변화했는지를 살펴보아야 한다.

② 가족들이 여러 가지 사태에 대하여 대응하는 대처방법에 관한 것을 알아보아야 한다.

③ 일관성에 대한 것으로 가족에게 변화가 일어날 때 그 변화가 어느 정도 지속되는지를 파악해야 한다.

구조적 가족상담의 목표는 가족이 서로 지지하면서 구성원 개인의 문제행동을 해결하고 성장하도록 함으로써 이것이 가족체계의 성장으로 이어지게 하는 것이다. 즉 역기능적인 구조를 바로잡아 가족 경계를 명료화하고, 가족 규칙을 재정비하며 하위체계 간 위계질서를 바로잡아 구성원들의 성장을 도와주는 것이다. 또한 가족체계의 상호작용 규칙을 재구조화하는 것 역시 가족상담의 주요 목표이므로 상담자는 가족들의 만족스러운 상호작용을 이끌어 내어 앞으로 발생할 수 있는 갈등과 스트레스에 보다 잘 대처할 수 있도록 하는 것이 중요하다.

3) 주요 기법 및 기술

구조적 가족상담에서는 보다 나은 가족 간 교류를 활성화하고 기능적이 되는 것을 주요 주제로 삼는다. 따라서 상담에서 주로 사용하는 기법은 교류와 관련된 것들로 목적에 따라 교류의 발생, 교류와 합류, 교류의 재구성화 등 크게 세 가지로 나누어 볼 수 있다.

(1) 교류의 발생을 촉진하기

교류의 발생이란 상담에 도움이 되는 정보 등을 얻기 위하여 상담자가 계획적으로 가족 간의 교류를 만들어 내는 기법으로, 가족 간에 어떤 교류를 촉진시킴으로써 치료 효과가 나타날 수 있도록 한다. 여기에는 계획과 실연이란 기법이 있다.

① 계획

구조적 가족상담에서 상담자는 가족들의 문제를 체계적인 관점에서 재정의하여 그들의 행동 변화를 이끌어 내야 하는데, 이를 위해서는 가족문제를 보다 새롭고 건설적인 방향으로 재조명해야 한다. 일반적으로 상담을 진행하기 위하여 상담자는 문제에 대한 가설을 설정하고 그에 따라 상담 목표, 치료 개입을 계획하는 사례 구조화의 과정을 거친다. 이때 상담자는 가족들의 복잡한 특성을 고려하여 보다 적절한 상담 계획을 세우기 위해서 일방경(one-way mirror)이 있는 상담실에서 가족들이 모여 상호교류하는 상황을 관찰하기도 한다.

② 실연

구조적 접근 방법은 경험을 중시하는 모델이므로 상담자는 먼저 역기능적인 가족 유형을 활성화시켜 가족들에게 대안적인 해결책을 경험하도록 해야 한다.

이를 직접 행동으로 표현하는 것이 실연인데 가끔 역할놀이와 개념이 혼돈되어 사용되기도 한다. 실연과 역할놀이를 구분해 보면, 실연이란 상담실에서 가족의 어떤 상황을 실제 행동으로 나타내 보이는 것이라면, 역할놀이는 실제적 또는 가상적인 상황에서 가족 구성원들이 역할을 맡아 해보는 것이다. 즉 실연이란 상담자가 구상하고 있는 상호작용의 방법을 가족들로 하여금 실제로 행동을 통해서 연기하도록 만드는 기법으로 역기능적 가족 구조를 발견하고자 가족들에게 실제 상호작용을 연기하도록 하는 것이다.

실연은 구조적 가족상담의 기본적인 기법으로 상담자가 가족 간의 상호 교류를 지지하고 수정하고 변경할 수 있는 구체적인 기회를 제공해 준다. 상담자는 실연을 촉진시키기 위하여 갈등 상태에 있는 당사자 이외에 다른 가족 구성원을 새롭게 상담에 참여하도록 조직하기도 한다. 예를 들어 부부 간에 자녀양육 문제로 두드러진 의견 차이를 보여 가족 간의 갈등이 불거진다면 상담자는 그 부부를 중심으로 그 외의 가족을 참여시켜 토론함으로써 두드러진 차이점에 대해 서로 일치점을 찾아내도록 이끌 수 있다.

실연은 세 가지 상호작용을 통해서 일어나는데 먼저 상담자는 가족들의 상호작용 가운데 어떤 영역에서 역기능이 있는지를 찾아내고, 다음으로는 어떻게 역기능적인 가족 상호작용을 실연시킬지를 구상한다. 그리고 역기능적인 상호작용을 대체할 수 있는 보다 효율적이고 기능적인 상호작용의 대안을 제시한다. 가족 실연 방법의 한 예로 그림 그리기가 있는데 이것은 백지에 색연필로 가족 구조에 대한 그림을 그리게 하는 것이다. 이것을 통하여 상담자는 가족 구조를 파악할 수 있고 상담 목표를 설정하거나 개입을 위한 계획을 세우는 데 도움을 받을 수 있다. 가족들 역시 나름대로 상담의 일부 과제에 참여하고 있다는 생각으로 보다 상담에 적극적으로 참여하게 되는 동기를 갖게 될 수 있다.

마지막으로 실연을 통해서 얻어지는 치료 효과는 여러 가지가 있으나 미누친과 피시먼(Minuchin & Fishman, 1981)은 다음의 네 가지로 그 효과를 요약하였다.

① 상담자의 요청으로 가족들이 연기하는 과정에서 하나의 팀이 되기 때문에 가족들 간에 치료적인 유대를 갖는다.

② 개인에 대한 문제의식은 실연을 통해 도전받게 되고 문제의 초점이 개인에게 있는 것이 아니라 가족 전체 체계의 역기능에 있음을 알게 된다.

③ 가족들은 심리적 · 신체적으로 안전한 곳에서 새로운 상호작용을 시도해 볼 수 있는 기회를 갖게 된다.

④ 상담자는 가족들끼리 상호작용하도록 지시함으로써 상담자가 가족들의 삼각관계에 끼어들 여지를 피할 수 있다.

(2) 교류와 합류하기

교류와 합류는 상담 목표에 도달하기 위하여 상담자가 가족과의 인간적 교류를 추구하는 것으로 여기에는 합류를 대표적인 기법으로 들 수 있다.

합류란 상담자가 가족의 현재 상황에 참여하여 그 현실을 같이 경험하며 가족들의 변화를 도모하는 것이다.

합류를 통하여 가족들은 그 가족의 독특한 현실을 상담자가 이해하고 있다는 것을 인식하게 되어 상담자와 가족 간에 어색함이 줄어들고 상호 신뢰하는 관계가 형성되어 상담이 원활하게 진행될 수 있다. 상담자와 가족이 상호 교류하는 과정에서 신뢰가 쌓이면 가족은 상담자를 따라가면서 역기능적인 유형을 버리고 새롭게 기능적인 유형을 향해 나아갈 수 있게 된다.

합류는 가족체계를 존중해 줌으로써 그리고 각 구성원의 실체에 반응하고 동조함으로써 이루어지는 것으로 자연스러우면서도 진실된 공감적 이해가 중요한 요소가 된다. 여기에서 동조한다는 것은 가족과 그 주변 세계에 대한 가족 구성원들의 경험에 상담자가 심도 있게 개입하는 것인데 상담자는 동조를 통해 가족을 보다 잘 이해할 수 있게 되며 변화를 촉진시킬 수 있게 된다. 합류를 촉진하기 위해서는 먼저 상담자가 가족들의 의사소통 방식을 유지하도록 지지하면서 함께 따라가는 것이 필요하다. 이때 상담자에게는 경청, 지지적인 반응 그리고 가족들이 말하는 내용의 명료화 등의 기술이 요구된다.

그러나 상담자의 지나친 개입은 오히려 가족들의 저항을 불러일으키기 쉬우므로 유의하여야 한다. 즉, 지나치게 개입하면 가족들이 고통스러워 저항하며 상담을 거부할 수 있고, 상담자가 가족들과 너무 밀착되어 있어서 동조적인 개입을 한다면 이 또한 가족들의 후퇴를 불러올 수 있으므로 상담자는 합류를 통한 개입의 수준에 주의하여야 한다.

(3) 교류를 재구성하기

교류를 재구성하는 것은 역기능적인 가족 구조에서 벗어나 보다 기능적인 가족 구조로 가기 위하여 가족 간의 교류 유형을 변화시키기 위한 기법이다. 여기에는 재구성과 불균형의 기법들을 들 수 있다.

① 재구성 기법

상담자가 가족문제해결을 위하여 대안을 탐색하는 방법으로 현실을 재구성하는 것이다. 이것은 잘못된 가족 구조로 인하여 억압 속에 감추어져 있던 문제의 실체를 드러내도록 하는 것으로 상담자는 그 억압을 드러내어 수정하여야 한다. 이는 가족들이 가지고 있는 현실과 문제가 되는 증상에 도전하여 가족의 경계선을 만들고 수정하는 데 사용되는 기법으로 주로 가족들의 잘못된 상호작용 체계에 대한 분명한 인식을 가능하게 한다.

예를 들어, 엄마와의 분리 불안으로 학교에 가기를 싫어하는 한 아이가 있다고 해보자. 자녀가 보이는 엄마와의 분리 불안은 실제로는 엄마의 분리 불안으로 인한 경우가 많다. 때문에 이런 엄마는 자녀가 학교에 가기 싫어할 때마다 여러 가지 핑계를 찾아 자녀를 집에서 지내게 한다. 이런 상황이 계속되면 학교에 가는 날보다 집에서 보내는 날이 많아져 자녀가 학교에서 유급되는 경우가 생길 수 있다. 이러한 경우 상담자는 아동의 낮은 출석률로 인해 나타나는 여러 문제를 밝혀 내는 과정에서 엄마가 가진 분리 불안 등 직면하지 못하고 감추어져 있던 문제의 실체를 드러내 주어야 한다.

재구성 기법에는 상담자가 가족에게 전달하고 싶은 내용을 반복적으로 전달하는 주제의 반복 기법이 있으며 다양한 방식으로 질문을 하여 가족들의 행동을 촉구하는 방법도 있다. 그 외에 상호작용 방법은 상담자가 가족과 이야기하는 동안에 가족들에게 바람직한 행동을 하도록 직접적으로 지적하는 것이다. 이러한 몇 가지의 재구성 기법들을 이용하여 가족이 자신들의 잘못된 행동 패턴이나 상호작용 등을 발견하도록 한다.

② 불균형 기법

가족상담을 요청하는 대부분의 가족들은 역기능적인 가족 유형을 유지하려고 하기 때문에 그것을 바꾸려는 시도에 다소 저항을 나타낸다. 불균형이란 이러한 가족의 역기능을 바꾸기 위해 사용하는 기법으로, 여기에는 불공평하고 비민주적이라고 생각되는 방법들이 포함된다.

미누친과 피시먼(Minuchin & Fishman, 1981)은 불균형 기법을 다음과 같이 세 가지 범주로 나누어 설명하였다.

㉠ 가족 구성원과의 제휴 기법

가족 구성원과의 제휴는 가족 내의 위계적인 위치를 변화시키기 위하여 가족의 한 구성원과 제휴하는 것이다. 예를 들면 남편보다는 아내에게 가족의 힘이 주어진 경우 주변적 위치에 있는 남편에게 힘을 실어 줄 수 있다. 또는 다른 가족들의 관심에서 소외된 가족 구성원과 제휴할 수도 있다. 이렇듯 상담자는 가족의 역기능적인 구조를 바꾸어 보기 위하여 가족의 한 구성원과 의도적으로 제휴하기도 하는데 이것은 가족들의 내면에 깔린 인간관계를 탐색함으로써 가능해진다.

ⓛ 제휴의 교체 기법

제휴의 교체는 상담자가 가족 구성원 중 한 사람과 제휴하다가 그 대상을 바꾸어 다른 구성원과 제휴하는 것이다. 이 방법은 청소년기 자녀를 둔 가정에 문제나 갈등이 있을 때 적절하게 사용될 수 있다. 상담자는 잠시 부모와 제휴하여 부모는 자녀에 대해 권위를 갖고 통제할 수 있는 규칙을 가질 수 있다고 지지한 다음에, 방향을 바꾸어 자녀 편에 서서 자녀들이 자율성을 갖기 위하여 부모와 타협할 권리가 있다고 지지해 줄 수 있다.

ⓒ 가족 구성원의 무시 기법

가족 구성원 무시는 상담자가 가족 구성원 중 누군가가 마치 없는 것처럼, 상담에 참여하지 않은 사람처럼 무시하는 것이다. 당연히 이러한 무시는 상담자의 계획된 의도로서, 무시를 당한 구성원은 상담자의 주의를 끌기 위하여 어떠한 형태의 행동이든 할 것이라고 기대된다.

불균형 기법을 시도할 때 같이 사용될 수 있는 것으로 역설적 강요라는 것이 있다. 이것은 상담자가 가족체계에 어떤 메시지를 전달하는 것인데, 여러 가지 방법으로 표현될 수 있지만 보통 치료 효과를 높이기 위하여 상담자는 가족의 불쾌감을 고조시키는 행동을 취한다. 상담자의 역설적 강요로 인하여 가족들의 불쾌감이 높아지면 가족들은 짜증을 내고 화를 내기 시작하는데 바로 이러한 상황이 현재의 가족 상태를 깨뜨릴 수 있게 된다. 이때 상담자는 가족들을 면밀히 관찰하면서 피드백을 민감하게 받아들여야 한다.

불균형과 역설 기법은 상담자에 의해 가족의 위기가 촉발되어 가족의 현재 상태가 깨어지고 새로운 가족 구조를 형성시키려 할 때 사용되는 기법이다.

2. 경험적 가족상담 이론

전략적 가족치료 이론(Strategic Family Therapy)은 1950년대 베이트슨을 중심으로 한 정신분열증 환자의 대화 형태에 관한 연구에 기초하고 있다. 이 연구에 참여하였던 사람들에 의하여 발전된 전략적 가족치료 이론은 가족들이 갖고 있는 여러 형태의 역기능적인 대화를 연구하여 가족문제를 해결하는 독특한 전략들을 개발하였다.

이들은 크게 네 가지 범주로 나뉘는데 새티어, MRI(Mental Research Institute), 헤일리와 마다네스, 그리고 밀란 그룹이다. 여기에서는 경험 중심적이며 인본주의적인 접근 방법에 기초한 새티어의 이론에 대하여 살펴보겠다.

1) 주요 개념

새티어(Satir, 1972)는 기본적으로 인간은 보다 나은 사람으로 성장할 수 있는 잠재력과 생명력을 가지고 있다는 인본주의적인 철학을 기초로 가족상담 모델을 개발하였다. 새티어는 자신의 치료적 접근을 상담자와 가족이 함께 가족의 건강한 교류를 촉진하여 올바른 성장을 자극하는 목표를 가진 일종의 성장 모델로 설명하였다. 즉 이 모델은 정서적으로 깊이가 없는 상호작용을 하는 가족들에게 그들의 내면에 숨겨진 진실된 감정을 솔직하게 표현하도록 도와줌으로써 보다 성숙한 인간이 되도록 안내하는 치료적이면서도 성장지향적인 모델이다.

새티어 모델은 다음의 네 가지 전제를 기초로 한다.

첫째, 사람들의 모든 행동에는 합리적이거나 적절한 동기가 있다.

둘째, 모든 사람들의 문제는 치유될 수 있으며 상담 과정을 통하여 치유될 수 있다. 그러기 위하여 상담자는 일관된 행동으로 바람직한 의사소통을 해야 한다.

셋째, 마음과 신체는 서로 연결되어 있는 체계의 한 부분이다.

넷째, 자존감과 효과적인 의사소통과는 서로 밀접한 관련이 있다. 자존감과 효과적인 의사소통 능력은 정비례한다.

기본적으로 새티어는 인간의 성장을 강조하는 이론을 추구하였기 때문에 사람이란 심리적으로 성장하고 발전하고자 하는 욕구가 있고 또한 그러한 능력을 가진 존재로 보았다. 그리고 개인이 성장하기 위해서는 다양한 차원에서의 변화가 일어나야 하는데 이러한 변화는 경청하는 과정에서 일어난다고 보고 있으며 변화를 통해 자신의 현재 상태를 극복하여 자아 존중감이 높아지도록 도와주는 데 초점을 두고 있다.

새티어 모델의 주요 개념은 대화체계, 자기 존중감, 개인의 성장 등으로 그 내용을 살펴보면 다음과 같다.

① 대화체계

대화체계는 가족의 기능성을 알 수 있는 중요한 기준이다. 가족 간의 상호작용이 활발하게 일어날 때 그 가족은 열린 체계라 할 수 있으며 가족 간의 대화가 분명해서 상대방에게 의사전달이 쉽게 이루어지는 상태를 말한다. 이러한 가족들은 서로의 의견을 존중하며 가족 구성원 모두 가치 있고 사랑받고 있다고 느끼며 융통성 있고 건설적인 문제해결 능력을 가지고 서로의 성장을 돕는 특징이 있다.

반면에 닫힌 체계의 가족들은 가족 간의 대화가 분명하지 않아 상대방을 혼란스럽게 만드는 역기능적인 방식으로 대화가 진행된다. 역기능적 관계를 유지하는 가족들은 낮은 자존감, 자기비하와 불만감을 가지게 된다. 이들은 자기 감정이나 느낌에 충실한 상태에서 대화를 하지 못하기 때문에 역기능적 대화가 발생하는 것이며 흔히 대화 내용을 이중으로 전달하여 상대방을 혼란스럽게 만든다.

② 자기 존중감

새티어는 자존감과 자기가치를 주요 개념으로 삼고 있다. 새티어는 자존감이 높은 사람은 자신을 소중하게 여기고 타인을 존중하며 책임감이 큰 사람으로 어려운 상황도 잘 견디고 극복할 수 있는 사람이라고 보았다. 그러므로 새티어의 가족치료는 가족들의 자아 존중감을 높이고 인생에 대한 자기 선택권을 돕는 개인 성장을 목표로 상담을 통하여 낮은 자존감을 회복시키고 자신의 가치를 인정할 수 있는 자원들을 찾아내도록 도와주는 것이다. 이를 위해 상담자는 가족체계에 변화가 일어나도록 노력을 기울이게 된다. 상담 과정에서 가족들은 다른 사람들 앞에서 자신의 느낌이나 생각을 분명하게 말할 수 있어야 하고 가족 각자의 차이점을 인식해야 하며 의사결정을 할 때 강요가 아닌 협상을 통해 이루어지도록 이끌어야 한다.

③ 개인의 성장

경험주의적 상담자들은 문제의 증상 치료보다는 개인의 성장에 유념한다. 개인의 성장은 연쇄적 변화를 가져와 가족들을 변화시켜 가족을 성장하게 한다. 개방적인 가족체계에서는 자신의 생각을 자유롭게 말할 수 있고 현실과 타협하며 개인적으로 성장할 수 있다. 이에 따라 상담자들은 가족들의 개방적인 자기 표현을 격려하고 개인의 성장을 발달시키는 데 역점을 둔다.

2) 상담 목표

새티어 가족상담 모델의 기본 목표는 첫째, 개인의 표출된 행동과 내면의 경험이 일치하도록 함으로써 개인의 경험이 통합되도록 돕는 것이며, 둘째, 개인의 선택에 대한 자유와 함께 보다 독립적인 태도를 갖게 하는 것이다. 즉 가족 구성원들이 가지고 있는 욕구와 감정에 좀더 관심을 가지게 하며 가족 내에서 상호간 감정을 공유하게 하는 것이다.

새티어는 기능적인 의사소통과 자아 존중에 초점을 두며 증상을 극복하는 과정과 성장 과정을 강조하였고, 가족들의 억압된 감정에 많은 관심을 두었다. 따라서 새티어는 상담을 통하여 가족 구성원이 기능적인 개인이 되도록 도와주는 데 초점을 두었다. 그가 생각하는 기능적인 개인은 다른 사람을 자신과는 다른 독특한 존재로 대하고 자신의 생각이나 의견을 명백하게 알릴 수 있으며 현재의 관점에서 사람이나 상황을 파악할 수 있는 사람이다.

새티어의 가족상담 모델은 가족들에게 새로운 희망과 꿈을 갖도록 하며 자기가치나 자아 존중감을 향상시키도록 한다. 이를 위해 가족 구성원들 간에 적합한 의사소통을 할 수 있도록 변화시키며 가족 규칙을 명확하게 하고 행동에 책임을 질 수 있도록 가르친다. 이 모델을 따르는 가족상담자들은 가족의 기능 향상이라는 목표 달성은 각 구성원들의 성장과 감수성의 증진을 통해 이루어지는 것으로 여기기 때문에 경험을 중시한다. 따라서 경험주의적 가족치료에서는 가족 구성원들 각자가 정서적 감수성을 회복하여 다른 사람과의 관계에서 정서적으로 깊이 있는 관계가 되도록 도와주는 것이 목표라고 할 수 있다.

3) 상담 기법

인본주의적인 관점을 견지했던 새티어는 가족관계의 친밀성과 상담자의 따뜻하고 온화한 태도를 강조한다. 친밀한 가족관계를 위해 부모는 자녀의 말을 경청하고 동시에 자녀들은 부모들의 입장과 관점을 이해하도록 하는 데 중점을 두면서 가족상담을 진행한다. 결국 상담자는 가족 기능의 향상이라는 목표를 달성하기 위하여 변화하는 가족의 모델을 제시하게 되는데 새티어는 주로 가족조각기법이나 은유, 재정의 같은 기법들을 사용하였다.

(1) 가족 조각기법

가족 간의 문제와 갈등이 역기능적인 대화 형태에서 비롯된 경우 대화의 언어적인 측면과 비언어적인 측면을 일치시키는 것이 곧 실질적인 상담 목표가 된다. 가족 조각기법은 정상적인 의사소통을 촉진시키는 방법으로 주로 사용되는데, 가족 조각이란 어느 한 시점을 선택하여 그 시점에서 대인관계와 타인에 대한 느낌 등을 동작과 공간을 사용하여 표현하는 비언어적 기법을 말한다. 즉 이것은 가족 구조 내에서 개인이 갖고 있는 위치를 보여주는 것으로 가족의 의사소통 유형이나 경계선, 규칙, 소속감, 가족체계의 융통성 정도를 파악할 수 있다. 이 기법을 사용하는 목적은 가족 구성원 각자가 자신의 내면적 감정에 솔직해짐으로써 실제의 자기자신을 알아가며 문제상황에 대면하는 새로운 대처방법을 찾아보게 하기 위한 것이다. 가족 조각을 할 때는 먼저 가족 구성원들이 어떤 대화의 유형을 갖고 있는지 찾아야 한다. 새티어는 보통 가족 조각을 하는 데 있어서 역기능적인 의사소통 유형으로 위로자, 비난자, 계산자, 혼란자를 들었다(32쪽 〈표 1-1〉 참조).

먼저 위로자는 타인들을 기쁘게 해주면서 자신을 위로하며 늘 타인의 말에 긍정하고 사과하고 미안해 하는 마음 약한 모습을 보인다. 반면에 다른 사람을 비난함으로써 타인을 통제하려고 하는 비난자 유형은 타인의 잘못한 점만을 찾아내려는 듯이 말하며 쉽게 타인과 싸우고 행동도 거칠다. 또, 쉽게 흥분하며 다른 사람들의 잘못이 부각되어야 편안해 한다. 계산자 유형은 조용하며 말할 때 억양의 변화가 별로 없고 바른말을 하고 정보를 수집하는 방식으로 대화를 하기 때문에 타인들과 감정적으로 연결되는 데에 불편함을 갖는다. 마지막으로 혼란자 유형은 다른 사람들을 무시하며 대화의 초점을 흐리게 하여 상대방을 혼란스럽게 만든다. 그리고 다양한 몸짓과 억양의 변화를 보여주어 다른 사람들을 어리둥절하게 만든다.

이러한 네 가지 대화 유형 중에서 가족 구성원들은 자신에게 맞는 타입을 찾아야 하는데 자신에게 가장 편안하고 적합한 느낌이 드는 것이 바로 자신의 대화 유형이다. 그 다음에는 자신의 대화 유형 외 다른 가족들의 대화 유형도 시도해 보도록 한다. 만약 위로자 타입이었다면 비난자 타입도 시도해 보고 돌아가면서 상대방에게 다른 대화 타입을 시도해 보는 것이다. 이러한 방법을 통하여 가족들은 여러 가지 대화 형태를 이해하고 자신의 대화 유형이 무엇인지 분명하게 인식하게 되고 상대방의 대화 타입을 시도해 봄으로써 자신이 그러한 방식으로 이야기할 때 상대방이 어떻게 느끼는지 이해하도록 한다. 여기서 상담자는 가족들이 서로 다른 대화 유형을 통해서 느끼는 감정들을 언어로 표현하는 과정에서 자신들의 행동을 조절하고 변화시켜 갈 수 있도록 대화의 진행자 및 조정자로서의 역할을 해야 한다.

(2) 재정의

재정의는 부정적인 의미를 긍정적인 것으로 바꾸기 위하여 사용하는 기법으로 행동, 감정, 사고에 내재한 긍정적 의미를 제시하는 것으로도 볼 수 있다. 상담자가 긍정적인 측면에서 행동의 의미를 강조하고 내담자가 긍정적인 측면에서 자신이나 상대방의 행위를 볼 수 있도록 의미를 재정의하는 것은 곧 내담자의 문제에 새로운 의미를 부여하는 것이다. 이는 내담자로 하여금 행동을 조절할 수 있다는 생각을 가지게 함으로써 긍정적으로 변화될 수 있다는 기대감을 갖게 해주는 것이다.

예를 들면 현재의 힘들고 어려운 상황 때문에 모든 것을 자포자기한 내담자에게 현재 겪고 있는 혼란과 고통은 성장과 발전을 위해 치러야만 할 어려움이라고 재정의해 줄 수 있다. 이러한 재정의를 통해서 내담자는 자신의 혼란스러운 감정을 받아들일 수 있게 되고 긍정적으로 변화될 수 있다는 희망을 갖게 된다.

(3) 은유

새티어는 개인의 내적인 과정을 표출해 내는 은유적인 방법으로 빙산기법을 활용한다. 이것은 사람들의 대부분의 경험이란 물 위에 떠 있는 빙산 아래의 수면 밑에서 이루어진다는 의미이다. 상담자는 내담자의 변화를 촉구하기 위해 표면적인 경험뿐 아니라 잠재되어 있는 내적 과정도 다루어 역동적으로 변화시켜야 한다. 이 방법을 통해서 내담자는 자신의 내면의 감정을 느껴 보고 이를 표현하며 소용 없는 기대들을 버리는 과정을 거친다. 이것은 내담자에게 힘을 주게 되어 스스로 선택하여 성취하고 책임을 질 수 있도록 이끈다.

[그림 3-1]에서 제시된 새티어의 개인 빙산 모델을 살펴보면, 상담 초기에는 내담자의 표면적 행동인 빙산의 윗부분을 다루지만 점차로 내면적 부분인 빙산의 아래 영역을 탐색하여 변화를 이끌어 나간다. 빙산을 탐색하는 과정에서 상담자는 내담자의 감정을 다루면서 변화시키기 위해 여러 가지 질문을 한다. 즉 내담자의 행동에 대한 질문, 우울이나 무력감, 두려움, 분노 등과 같은 부정적인 정서를 표면화시키는 감정에 대한 질문, 자신이나 타인에 대하여 어떻게 생각하는지를 알아보는 지각에 대한 질문, 원하는 것이 무엇인지 알아보는 기대에 대한 질문, 인정받고 사랑받기를 원하는 욕구에 대하여 알아보는 열망에 대한 질문, 그리고 책임감이나 삶의 조화에 대하여 알아보는 자기에 대한 질문 등을 할 수 있다.

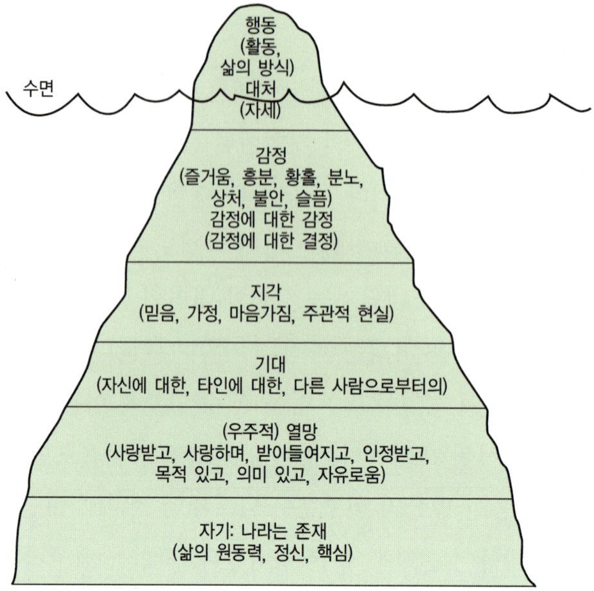

[그림 3-1] 새티어 모델의 개인 빙산

출처: Banman(1995) 재인용.

3. 해결 중심적 가족상담 이론

해결 중심 모델은 MRI(Mental Research Institute), 즉 정신연구소의 전략적 치료 모델을 토대로 성장하였다. 이후 1978년에 설립된 밀라오키(Milawaukee)의 단기 가족상담 센터를 중심으로 드 샤저(de Shazer)와 인수 김 버그(Insoo Kim Berg) 부부가 중심이 되어 쌓은 훈련과 경험을 기초로 하여 해결 중심적 가족상담 모델을 발전시켰다. 이들은 알코올 · 약물 · 마약 중독자, 우울증 · 노이로제 · 거식증 · 식욕 부진증 환자 등 다양한 증상의 내담자들을 다루고 있다.

이 모델의 기본 전제는 무엇보다도 내담자의 잠재적인 변화 요구를 중요시하고 문제해결 능력을 인정한다는 것이다. 즉 내담자는 진심으로 지금의 모습과는 다른 모습으로 살아가기를 원하기 때문에 미래에 대한 기대와 보다 나은 삶을 살 수 있는 자원이 개인 내면에 있다고 보는 것이다. 그러므로 이 모델에서 상담자와 내담자는 상호 협력적 관계로서 상담자는 내담자에게 지시적으로 가르치기보다는 내담자들이 자신의 목표를 알도록 상황을 제시해 주고 성공할 수 있다는 자신감을 심어 주는 역할을 하게 된다. 내담자의 문제는 내담자가 상담자보다 많이 알고 있다고 보기 때문에 내담자 스스로 해결 방안과 최선의 방법을 찾을 수 있도록 함께 노력해 가는 것이다.

1) 기본 철학

해결 중심 모델에서는 내담자들이 스스로 문제를 해결할 수 있는 자원을 가지며 진정으로 변화되기를 원한다는 기본 전제가 있다. 이러한 전제를 바탕으로 상담에 대한 철학이나 방향을 다음 몇 가지로 제시하고 있다.

첫째, 이 모델이 갖고 있는 기본 철학은 병리적인 문제보다는 건강하고 긍정적인 면에 초점을 두는 것이다.

즉 내담자의 부정적이고 역기능적인 측면에 관심을 두기보다는 성공한 것이나 잘하고 있는 긍정적인 측면에 초점을 둔다면 내담자가 스스로 바람직한 변화를 촉진시킨다는 것이다. 이때 내담자는 자신의 장점, 강점, 자원 등을 발견하여 치료에 사용하게 된다. 내담자들은 낮은 자존감이나 열등감으로 자신의 에너지를 소모하는 경우가 많다. 상담자는 그런 내담자들을 보다 긍정적인 모습으로 변화시키기 위해 그들이 갖고 있는 에너지나 자원들을 활용할 수 있도록 안내해 주는 것이다.

둘째, 변화는 불가피한 것이고 항상 일어난다는 입장을 갖고 있다.

상담자는 늘 가족들의 변화에 민감해야 하며 작은 변화라도 놓치지 않아야 한다. 작은 변화는 큰 변화를 일으킬 수 있다는 신호이므로 작은 변화에서의 성공은 보다 큰 변화도 가능하리라는 기대와 희망을 줄 수 있기 때문이다.

셋째, 이 모델에서는 내담자가 바로 자신의 문제에 대한 전문가라고 보고 상담자와 내담자는 서로 협력하는 동료관계로 가정한다.

상담자와 내담자가 함께 문제해결을 위하여 목표를 세우고 목표 달성을 위하여 함께 노력해 가는 것이다.

해결 중심 모델은 내담자들이 스스로 문제를 해결할 수 있는 능력을 갖고 있다는 인간에 대한 믿음을 기본 철학으로 하며 상담 기법들은 기본 가정과 철학을 실현시키기 위한 방법들이 되는 것이다. 상담 과정은 문제 중심적인 이야기에서 벗어나 해결 중심적인 방향으로의 변화를 강조한다. 그리고 여러 가지 질문지 척도를 사용하여 막연하고 불분명한 생각을 구체화시키고 내담자가 해야 할 일을 결정하고 해결 방안을 만들어 내게 하는 데에 초점을 둔다.

2) 상담 목표

해결 중심 모델에서는 상담을 효과적이고 능률적으로 이끌 수 있는 목표를 구체적으로 설정하는 것이 상담을 성공적으로 이끌 수 있는 가장 중요한 요건으로 본다. 따라서 상담의 목적을 강조하고 내담자와 협동하여 상담 목표를 잘 설정하는 것을 중요시한다. 즉 상담자는 내담자가 성취할 수 있는 목표를 설정할 수 있도록 도와주어야 한다. 상담의 목표 설정에 도움이 되는 원칙을 소개하면 다음과 같다(김혜숙, 2003).

① 가족들에게 가장 중요한 것, 원하는 것을 상담 목표로 한다

가족이 모두 동의한 것을 전제로 가족들에게 가장 의미 있고 변화되어야 할 것을 목표로 삼는다. 목표는 구체적이고 행동적이어야 하며 성취된 목표는 직접 관찰이 가능하여야 한다. 목표를 설정하는 과정에서 상담자와 내담자는 서로 협동적인 관계를 이루어 나가고 목표가 설정되었을 때 내담자는 상담자에게 신뢰하는 마음을 갖게 된다. 이것은 상담자가 내담자의 입장을 이해하고 수용해 주었다고 여기고 상담의 필요성과 성취 가능성에 대하여 기대와 희망을 갖게 되었기 때문이다.

② 가족들이 설정하는 목표는 가능한 한 작고 구체적으로 묘사되어야 한다

작은 변화가 큰 변화를 이끄는 것이므로 쉬운 것부터 시작해야 실패의 가능성이 줄어들어 더 큰 목표를 향해 자신감을 갖고 나아갈 수 있다. 즉 달성 가능한 상담 목표를 세웠을 때 가족들이 쉽게 성취하고 성공에 대한 새로운 희망과 동기가 강화된다.

③ 구체적이고 행동적인 것을 목표로 한다

가족들이 제시하는 목표들은 대부분 막연하고 추상적인 표현들로 이루어져 있다. 상담자는 이때 실제 생활에서 관찰이 가능하고 구체적이고 명확한 행동적 언어로 목표를 설정하도록 도와주어야 한다. 목표를 명확하고 구체적인 행동으로 설명하였을 때 가족들은 성공에 대하여 즉각적으로 인정할 수 있게 되며 성취하지 못한 이유를 파악하고 대체 방안을 모색하는 것이 용이해진다.

④ 가족들이 목표를 설정할 때는 가족들이 하지 말아야 할 것을 목표로 정하기보다는 할 수 있는 것을 목표로 정하는 것이 더 효과적일 수 있다

가족들에게 문제가 되는 행동을 없애기보다는 가족에게 장애와 문제가 있다는 것에 관심을 두고 긍정적인 단어로 목표를 설정하였을 때 보다 효과적이다. 즉 상담 목표는 하지 말아야 할 것을 설정하기보다는 대신 해야 할 것에 관하여 긍정적이고 목표 지향적으로 설명해 주어야 한다. 이것은 가족들이 할 수 있는 일에 관심을 두고 의논하며 실제 생활 속에서 할 수 있는 일을 찾아내어 목표로 설정하는 것이다.

⑤ 목표를 시작으로 간주한다

가족들은 대부분 그들의 문제와 목표에 대하여 알고 있으나 막연하고 혼돈되어 있는 경우가 많다. 현재의 단계에서 구체적으로 무엇을 시작해야 할지 모를 수 있으므로 아주 작고 긍정적인 것에서부터 시작하여 변화를 꾀하는 것이 필요하다.

⑥ 가족들의 실생활에서 현실적이고 성취 가능한 것을 목표로 한다

목표가 비현실적일수록 상담은 성공과 거리가 멀어진다. 가족들이 실제 생활에서 성취 가능한 것을 목표로 삼는 것이 중요하다. 가족들의 목표가 비현실적이면 상담자가 실생활에서 실현 가능한 것을 찾아내도록 돕고 현실적 성취가 가능한 목표를 삼도록 조정해 주어야 한다.

⑦ 가족들에게 목표를 실행하는 것은 어렵지만 가치 있는 일임을 알려준다

가족들은 아무리 쉽고 성취 가능한 목표라도 변화를 시작하는 것 자체가 어려운 일이라는 것을 알아야 한다. 새로운 것과 변화를 시도하는 것은 내면의 많은 에너지를 필요로 하는 어려운 일이다. 그러나 결과가 어떠하든지 목표를 향해 변화하는 것이 힘든 일이었기에 수행 후 가족들의 성취감과 자존감은 향상될 것이다.

3) 주요 개념

해결 중심의 가족치료 모델에서 사용되는 주요개념은 다음과 같다.

(1) 기본적 신뢰

해결 중심 모델은 인간에 대한 기본적 신뢰를 바탕으로 한다. 대부분의 가족들

은 실제 생활에서 성공한 경험들이 있으므로 그것을 근거로 하여 문제를 해결할 수 있는 잠재 능력을 갖추고 있다고 본다. 이 모델을 지지하는 상담자들은 문제의 원인을 알아내기보다는 문제가 해결된 것을 어떻게 알 수 있는가를 아는 것이 더 중요하다고 생각하기 때문에 문제의 내용보다는 해결 방안에 관심을 둔다. 즉 가족과 상담자가 함께 문제해결책을 구축하는 데 초점을 두기 때문에 과거의 실패보다는 성공을 찾아내어 강화하는 것이 치료적인 의미가 있다고 여긴다.

(2) 체계의 변화

해결 중심 모델에서는 한 부분의 변화가 전체 체계의 변화를 가져올 수 있다는 체계론적인 견해를 옹호하므로 가족 내 한 구성원의 변화가 가족 전체의 변화를 도모할 수 있다고 생각한다. 가족들은 변화를 진심으로 바라고 있으므로 가족에게 긍정적인 변화가 일어나도록 조장하는 것이 바로 상담자의 역할이라고 보았다. 만약 가족들이 변화 과정에서 저항을 나타낸다면 그것은 상담자의 개입 방법이 자신들하고 맞지 않다고 느끼기 때문이며 보다 적합한 개입 방법을 찾아내야 한다고 생각한다.

(3) 최소단위 행동

가족들의 문제가 아무리 복잡하다고 해도 그것을 해결하는 방법은 아주 작은 단위의 행동에서 출발해야 한다고 강조하고 있다. 이것은 작은 수준에서의 변화로 성취감을 맛보면 보다 큰 변화에도 도전할 수 있는 힘이 생겨 문제해결에 도움이 된다고 보기 때문이다. 상담자는 가족들이 문제를 해결할 수 있는 잠재력이 있다고 믿기 때문에 그들이 갖고 있는 자원을 활용하여 스스로 문제해결을 할 수 있도록 도와주어야 한다. 즉 상담자는 가족들이 아직 잘 사용하지 못하는 능력을 발견해 주어 문제를 잘 해결해 갈 수 있도록 이끌어 주어야 한다.

4) 상담 기법

해결 중심 모델에서는 가족들에게 하는 질문들이 문제해결에 도움이 된다는 믿음을 가지고 있기 때문에 상담을 통하여 가족이 과거에 성공적이었던 경험을 근거로 자신들의 능력을 인정하고 무언가를 성취하고 있다고 느낄 수 있는 질문을 한다. 따라서 이 모델에서는 상담 과정에서 문제해결을 위한 방안을 수립하는 데 필요한 질문기법을 개발 · 발전시켜 왔다. 일반적으로 해결 지향적인 질문에는 다음 다섯 가지가 널리 활용된다.

(1) 면담 이전의 변화를 알아보는 질문

흔히 가족들은 문제가 가장 심각할 때 상담을 신청하여 그후 상담 날짜가 잡혀 실제로 만나보면 문제의 심각성이 많이 완화되어 있는 경우를 볼 수 있다. 해결 중심 모델에서는 이러한 상담 이전의 변화를 관심 있게 관찰하여 이것을 근거로 가족의 잠재능력을 찾아내어서 가족들이 발견하지 못한 해결 방안을 제시하고자 한다. 이때 상담자는 심각했던 문제가 어떻게 완화되었는지를 가족들 스스로 확인할 수 있는 질문을 하여 그들이 실시한 방법에 대하여 인정을 해주고 도움 없이 스스로 해결한 점을 칭찬해 주며 그것을 확대 적용할 수 있도록 격려한다.

(2) 예외 질문

예외 질문은 성공 경험과 현재 잘 기능하고 있는 점을 발견하는 질문으로 문제해결을 위해 우연이지만 성공적이었던 방법을 찾아내어 의도적으로 물어보는 것이다. 특히 문제에 관하여 부정적인 사고로 이를 제거하려고 몰두하는 것보다 해결 방안을 찾으려는 방법에 더 많은 관심을 집중시키는 질문이 예외 질문이다. 가족 구성원들은 일상생활에서 성공적으로 잘하고 있으면서도 이를 의식하지 못하거나 우연히 하게 된 대처행동이 효과적인 결과를 가져온 경우가 많다. 여기서는 그것을 발견하여 성공적인 행동을 의식적으로 강화시키는 방안으로 이 질문기법을 활용한다.

(3) 기적 질문

기적 질문은 현실 변화의 구축과 가능성에 대한 자아상을 형성하는 것으로 문제가 해결된 상태를 상상해 보고 해결되기 원하는 것들을 구체화시켜 상담 목표를 설정하는 데 도움을 주는 기법이다. 질문 과정에서 해결 상황에 대한 그림을 작은 것에서부터 점차로 확대해 가도록 한다. 가족들은 이 질문을 통하여 기적을 만드는 사람은 바로 자신들임을 깨닫게 되며 문제해결을 위해 작은 일부터 시작해야 함을 알게 된다. 또한 변화된 상황을 구체적으로 상상해 보며 이것 자체가 상담 목표임을 인식하게 되는데 바로 이러한 내적인 과정이 변화의 근거가 된다.

기적 질문기법은 문제와 분리하여 해결을 상상하게 하는 것인데 이것은 상담을 통하여 변화되기 원하는 것을 설명하게 하며 문제에 대한 집착에서 벗어나게 한다. 일반적으로 사용하는 질문은 무엇을 보면 기적이 일어났다고 생각할 수 있는지, 기적이 일어난 것처럼 하려면 무엇부터 시작해야 하는지 등을 물어본다. 처음에는 가정해서 물어보지만 점차로 내담자들의 의지에 관하여 질문하며 내담자가 긍정적으로 응답하도록 질문하는 것이 중요하다. 그리고 이를 위해 실제 생활에서 실행할 수 있는 것은 무엇인지에 대하여 질문함으로써 현실생활과 연결시키도록 해야 한다.

(4) 척도 질문

척도 질문은 가족문제의 심각성 정도를 평가하거나 상담의 달성 정도를 평가하는 데 유용하게 활용되며 해결 방안 구축과 관련된 정보를 제공한다. 그리고 변화에 대한 동기를 강화하고, 다음 단계로 가기 위해 무엇을 해야 하는지를 확인한다. 이것은 수치로 내담자의 수준을 표현할 수 있는 단순한 척도이기 때문에 어린아이부터 노인에 이르기까지 쉽게 사용할 수 있다. 질문 내용으로는 문제해결에 관한 전망이나 동기에 관한 것, 자아 존중감에 관한 것, 진전 상태와 관계를 평가하는 것 등이 있다.

(5) 대처 극복 질문

이 질문은 만성적인 어려움과 위기로 절망하며 비관적인 상황에 있는 내담자들을 다룰 때 유용하게 활용될 수 있다. 어려운 상황에 처한 내담자에게는 약간의 성공감을 느끼게 해주는 이러한 질문이 도움을 줄 수 있는데 내담자의 경험을 활용하여 새로운 힘을 갖게 하고 자신의 자원을 찾아내도록 하는 데 도움이 된다.

내담자들은 상담자가 던지는 질문에서 자신들이 어려운 상황에서 가까스로 대처해 온 방법이나 어쩔 수 없이 해온 행동에 대하여 답하는 동안 자신의 능력을 발견하게 되고 해결 방안을 구축하게 된다. 처음에는 이러한 질문에 당황스러워하지만 점차 부정적인 자아상에서 벗어나 자신의 잠재능력을 수용하게 되며 이러한 과정 속에서 보다 잘될 것이라는 기대와 희망을 갖게 된다. 상담자는 이때 내담자가 어려운 상황에서도 해결을 위해 노력한 점 등을 칭찬해 주며 내담자가 극복할 수 있는 힘과 능력이 있음을 확인시켜 준다.

위의 다섯 가지 질문 외에 치료 효과의 유지와 강화를 위한 질문들이 있으며,

변화가 없거나 상황이 더 나빠졌다고 생각할 때 사용하는 질문들이 있다. 치료 효과와 관련된 질문의 경우 지난번 상담 이후 변화한 것을 이끌어 내는 질문, 긍정적인 변화에 대한 질문, 그리고 내담자의 긍정적인 변화를 인정해 주며 가치를 확인하는 질문을 한다. 상황이 나빠진 경우에는 나빠진 상황을 극복할 수 있는 방안이나 조금이라도 도움이 된 것은 무엇이었는지를 찾아보는 질문을 한다.

4. 보웬 가족치료 이론

1) 보웬 이론의 기본 특징

보웬 가족치료의 창시자인 보웬(Murray Bowen)은 1946년부터 1954년까지 미국의 메닝거 연구소에서 일하면서 가족치료에 대한 연구를 하기 시작하였으며 1954년에 국립정신 보건원으로 옮긴 후 그곳에서 그의 이론적 기초를 확립하였다.

보웬 이론에서 가장 중요한 개념은 분화인데 그는 이 개념을 정신분열증 환자 가족에 대한 연구를 통해 도출해 내었다. 분화란 자극에 대하여 어느 정도로 감정을 조절할 수 있는가와 관련된 개념으로 분화가 잘 이루어진 사람은 쉽게 화를 내지 않으며 감정 반응행동을 잘하지 않는 사람이라고 할 수 있다. 삼각관계 개념 역시 보웬 이론에서 중요하다. 보웬(Bowen, 1978)은 어머니와 아이들 간에 불안정한 애작관계가 형성되면 불안정해진다고 하였다. 불안정한 애착이란 결국 분화가 이루어지지 않은 관계라는 것을 발견하면서 만들어 낸 개념이다. 즉 불안정한 애착관계를 형성한 사람은 자신을 유지하고 지탱하기 위하여 다른 사람과 관계를 맺으려고 하는데 이것이 삼각관계이다.

보웬의 가족치료 이론은 진화 모델, 연속 모델, 감정 모델이라는 특징을 가지고 있는데, 간략히 설명하면 다음과 같다.

(1) 진화 모델

진화 모델로서 보웬 이론은 다윈의 진화 이론을 토대로 인간은 진화의 최고 산물인 지적 기능을 활용하여 생존해 나가야 한다고 가정한다. 진화론에서는 적자생존의 원리에 따라 생명체들은 생존을 위해 환경에 적응해야 하며 그렇지 못한 생명체들은 도태된다고 본다. 생명체들은 환경 적응을 위해 노력하는 동안에 적응 기제를 습득하게 되는데 인간의 경우엔 가족이 바로 진화 과정에서 만들어진 적응 기제인 것이다.

인간의 경우엔 개인 생명의 보호와 생존을 위해 가족이란 체계가 필요하다. 가족을 통해 인간은 생명을 보존하고 자녀를 낳고 대를 이어가면서 인류가 계속 유지될 수 있도록 한다. 인간은 진화 과정에서 가장 발달된 지적 능력을 통해서 다른 생명체들을 지배하고 통제할 수 있게 되었으며 스스로 발전을 꾀하며 환경을 변화시키는 능력을 갖게 되었다. 보웬은 인간의 이러한 지적 능력을 충분히 발전시켜야 한다고 강조한다. 인생을 성공적으로 살아가려면 자신의 지적 체제를 활용하여 환경을 통제하고 지배할 수 있어야 한다는 것이다. 인생을 살아가는 데 어려움을 경험하는 사람들은 자신의 지적 체제를 충분히 활용하지 못했기 때문이며 그로 인해서 자신의 독자적인 기능을 제대로 발휘하지 못하므로 문제가 나타난다고 보았다.

(2) 연속 모델

보웬 이론은 또한 연속 모델의 특징을 갖고 있다. 가족은 다양한 기능과 상호작용이 발생하는 복잡한 체계인데 이는 환경에서 생존하기 위한 하나의 방편으로 생각해 볼 수 있다. 모든 생물들의 체계와 인간의 가족이란 체계는 모두 생존과 도태라는 연속선상에 놓이게 되는데 보웬은 그의 이론에 이러한 개념을 적용하고 있어 연속 모델이라 불리고 있다. 특히 보웬 이론에서는 기존 이론들의 이분법적인 사고를 배제하고 연속적인 사고를 강조하고 있다.

예를 들면 보웬 이론에서는 정신분열증도 정상과 비정상의 이분법적 구분을 적용하기보다는 모든 사람들이 어느 정도는 정신분열증을 갖고 있다고 가정하고 있다. 즉 정신분열증이란 증상을 연속선상에 놓고 볼 때 인간은 누구나 그 어딘가에는 위치한다고 보는 것이다. 또한 가족체계의 특성을 보면 항상성과 변형성을 통해 환경에 적응해 가는데 이때 환경에 적응을 못하면 부적응적 증상을 갖게 되는 것이고 이 증상 역시 적응이라는 연속선상에서 이해될 수 있는 것이다.

(3) 감정 모델

마지막으로 보웬의 가족치료 이론은 감정 모델의 특징을 갖고 있는데, 감정이란 생명체가 생존하는 데 있어 가장 중요한 힘의 원천으로서 감정이 없이는 인간은 생존하기 어렵게 된다. 감정에 의해 움직이는 개인들이 일정한 체제를 만들어 갈 때 이를 감정체제라 하며 이는 개별성과 연관성에 의해 조작된다. 이 두 가지 힘은 사람들 사이에 발생하는 감정 과정을 일으키는데 이것은 감정에 의해 연결되거나 독립하는 과정을 말한다.

인간은 감정 과정에 의해서 가족을 형성하는데 이 가족체계는 서로 감정적으로 연결되기도 하고 또는 독립을 하려고 하는 복잡한 과정을 갖는 체계가 된다. 가족관계는 가족 구성원들이 감정적으로 공허해지고 어려울 때 서로에게 감정적으로 연결되는 관계를 가지려 하며 반면에 어느 정도 감정이 채워지면 서로에게서 독립하여 자신의 삶을 찾으려고 한다.

위에서 설명한 세 가지 이론적 모델에 이어 보웬은 그의 중요한 개념들을 가족치료 이론에 포함하고 있다.

2) 주요 개념

(1) 분화

보웬의 가족치료 이론에서 가장 핵심적인 개념은 분화이다. 분화란 감정 조절의 문제와 관련되어 있는데 이를테면 낮은 분화 수준을 가진 사람은 타인과의 관계에서 쉽게 짜증을 내고 화를 잘 내는 특성을 보인다. 반대로, 자신의 감정을 잘 조절하여 쉽게 화를 잘 내지 않는 사람은 분화가 잘 되어 있는 사람이다. 분화는 자아 형성을 통해 이루어지는데 보웬 이론에서는 자아를 두 가지 형태로 나눈다. 하나는 다른 사람과의 관계로 인해서 변화되지 않는 특성을 지닌 진짜 자아이고, 다른 하나는 다른 사람과의 관계로 인해 쉽게 변하는 특성을 지닌 가짜 자아이다(Hall, 1991). 분화의 개념에서 보면 진짜 자아의 비중이 큰 사람은 다른 사람의 영향에 대해서 감정 반응행동을 적게 하는 반면에 가짜 자아의 비중이 높은 사람들은 타인의 행동이나 환경의 변화에 따라 감정 반응행동을 많이 한다고 볼 수 있다. 즉 진짜 자아 비율이 높을수록 분화 수준이 높아지고 가짜 자아가 차지하는 비율이 높을수록 분화 수준은 낮아진다.

1에서 100까지의 숫자상에 분화 상태를 놓고 본다면 100의 위치는 지적 능력을 충분하게 사용하여 행동하는 상태로 가장 분화된 상태이고, 0의 위치는 가장 분화되지 않은 상태로 완전히 감정적으로 반응행동을 하는 상태이다. 다음의 〈표 3-1〉은 분화 상태를 수치로 표현하여 그 특성들을 요약한 것이다.

〈표 3-1〉 분화지수와 특성들

행동(action) 100	진짜 자아(solid self)
강한 목표 지향 활동 (high goal directed activity)	• 높은 불안을 다룰 수 있는 능력이 있다. • 높은 불안 속에서도 목표 지향 활동을 한다. • 자신의 내면에서부터 결정된 삶을 산다. • 자신에 대한 분명한 믿음을 가지고 산다. • 지적체제와 감정체제의 상호작용이 활발하다.
75	
약한 목표 지향 활동 (low goal directed activity)	• 낮은 불안 속에서 목표 지향 활동을 한다. • 불안이 높으면 일시적으로 융해하려는 경향이 생긴다. • 지적체제는 감정체제에 의해서 일시적으로 영향을 받는다. • 어느 정도 목표 지향 활동을 한다.
50	가짜 자아(pseudo self)
증상 회복 늦음 (symtom recovery slow)	• 감정체제에 의해서 삶을 살아간다. • 감정에 의한 융해관계가 생기는 경향이 있다. • 다른 사람의 인정과 사랑을 구한다. • 자신에 대한 확신과 믿음이 부족하다. • 다른 사람의 인정을 받지 못하면 감정 반응행동을 한다.
25	
만성 증상(chronic symtom)	• 자신의 생각을 말하기 어렵다. • 감정에 의해서 결정되는 삶을 산다. • 대부분 감정 반응행동을 한다. • 강한 융해관계를 갖는다. • 자신에 대한 신념이나 확신을 거의 찾아보기 어렵다. • 일상생활을 거의 유지하지 못한다.
반사 행동(reaction) 0	자신이 없음(no self)

출처: 김용태(2004).

(2) 삼각관계

가족 내의 양자관계 체제는 상황에 따라 변할 수 있는 불안정성을 가지고 있기 때문에 삼각관계를 만들어 안정을 구하려 한다. 세 사람이 관계하게 되면 불안은 그만큼 낮아지고 서로 안정된 상태에서 관계를 맺을 수 있기 때문에 불안정한 양자관계를 가지고 있을 때 다른 사람이 그 관계에 들어오면 그만큼 불안이 감소되어 안정된 관계를 만들 수 있게 된다.

가족은 얽혀 있는 감정체계로서 서로 맞물려 있는 삼각관계들로 인해서 복잡한 양상을 띠게 된다. 보통 삼각관계는 부모와 자녀 사이에서 발생된다. 이를테면 부부가 갈등 상태에 있을 때 아들이나 딸이 부모와 삼각관계를 형성하게 되거나 부모 중의 한편과 나머지 자녀들이 삼각관계를 맺는다.

보통 가족들은 가족의 상황에 따라 또는 문제의 종류에 따라 다른 방식의 삼각관계를 갖게 되는 유동적인 특징이 있다. 현재의 삼각관계 형태가 고정되는 것이 아니라 상황에 따라 다른 삼각관계의 형태로 변할 수 있다. 그러나 때로 분화 수준이 낮은 부모는 고정된 형태의 삼각관계를 유지하고 이런 삼각관계를 맺고 있는 자녀들이 불안정한 증상을 나타내기도 한다. 그것은 분화 수준이 낮은 사람들이 서로에게 의존하려는 성향으로 인하여 계속 갈등을 일으키게 되며 이로 인해 제대로 된 관계를 맺는 것이 어렵기 때문이다.

삼각관계는 사람이 아닌 술이나 일과 같은 대상물과의 관계를 통해서도 형성된다. 부부 간의 갈등이 심할 때 그 관계에서 안정을 찾고자 술이나 약물 또는 일에 의존할 수 있다. 이럴 경우 대상물에서 안정을 찾고자 의존하는 사람은 그 대상물에 중독될 가능성이 높다고 볼 수 있다.

(3) 핵가족 감정체제

핵가족 감정체제란 가족들이 갖고 있는 감정적인 연결의 강도가 어느 정도인지를 나타내는 개념으로 감정 상태의 질을 뜻한다. 핵가족 감정체제의 강도가 높다는 것은 가족들의 분화 수준이 낮아 서로 감정적으로 밀착되는 것을 의미하며 반대로 감정체제의 강도가 약하다는 것은 가족들의 분화 수준이 높아 서로 감정적으로 독립적인 것을 말한다. 다시 말하면 분화 수준이 낮은 가족일수록 감정적으로 더욱 강하게 연결되고자 하므로 불편한 감정들을 제대로 견디지 못하기 때문에 작은 자극에도 쉽게 다른 사람들과 연합하여 감정적으로 묶이려 한다. 반면에 분화 수준이 높은 가족은 불편하고 힘든 감정을 잘 조절할 수 있으므로 불안한 상황에서도 목표지향적인 활동을 계속 유지할 수 있기 때문에 다른 사람들과 감정적으로 묶이려 하지 않는다.

핵가족 감정체제의 강도가 강한 가족은 대부분 부부 사이에 갈등뿐만 아니라 감정 반응행동이 많은데 부부 간의 문제를 자녀들에게 투사하는 경우가 많다. 즉 자신들의 불안을 다른 가족에게 전가하는 투사 방어기제가 나타난다는 것이다. 주로 부모와 감정적으로 친밀한 관계에 있는 자녀가 투사의 대상이 되는데 투사의 대상이 되는 자녀는 건강한 발달을 이루기 어려우며 분화 수준이 낮은 상태에서 자라게 된다. 즉 이러한 자녀는 부모와 삼각관계를 형성하게 되며 자신의 독립적인 의사 대신 부모의 간섭대로 행동하게 되어 정서적으로 부모에게 의존하는 사람으로 성장한다. 분화 수준이 낮아질수록 핵가족 감정체제의 강도가 강해지기 때문에 자녀들의 분화 수준은 부모보다 낮아질 수 있으며 세대가 내려갈수록 분화 수준은 더욱 떨어지게 된다고 볼 수 있다.

자녀들의 출생순위도 분화 수준과 관련이 있는데 보통 장남이나 장녀들이 주로 부모와 삼각관계를 형성하게 되며 감정체제의 강도가 강해지기 쉽다. 이들은 불안이 높으며 쉽게 좌절하고 그로 인하여 상대방을 규칙으로 통제하려는 경향이 강해진다. 반면 부모의 기대 수준이 낮은 자녀들은 부모와 삼각관계를 형성하지 않게 되어 자신의 독립적인 생각과 의사에 따라 행동하게 된다. 즉 그만큼 분화 수준이 높아질 수 있는 것이다.

(4) 감정 단절

감정 단절이란 사람들 간의 관계가 단절된 상태인데 두 가지 양상으로 나타난다. 하나는 가까운 거리에 있으면서 서로 자주 접촉하고 만나지만 정서적으로 단절되어 있어 서로에게 관심이 없으며 서로의 관계에 아무런 영향을 주고

받지 않는 것이다. 다른 하나는 사는 곳이 너무 멀리 떨어져 있어 만날 기회가 없으며 기회가 있어도 정서적으로 연결되려 하지 않는 경우이다.

사실 감정 단절이란 하나의 방어 형태라고 볼 수 있는데 너무 가까워지면 서로의 정체성을 잃을 것 같은 불안 때문에 아예 감정을 단절하려는 것이다. 물리적 거리에 관계없이 감정적인 관계를 단절하려는 것은 자신을 잃지 않으려는 하나의 방편으로 볼 수 있다.

가족들 간에 자주 오해가 발생하여 갈등을 빚게 된다면 그것은 그들의 관계가 제대로 이루어지지 않고 있다는 신호이다. 의사소통이나 정서적으로나 정상적인 흐름을 갖는 가족들은 오해로 인한 갈등을 거의 겪지 않지만 그렇지 않은 가족들은 제대로 된 관계를 갖지 못하여 가족들 간에 서로 감정적으로 지지하는 행동을 하기 어렵다. 가족에게 어떤 일이 벌어졌을 때 오해가 잦은 가족들은 그 일에 대한 서로의 생각들을 쉽게 이해할 수 없기 때문에 감정을 연결하기 어렵게 된다. 오해 역시 가족 간의 감정 단절을 시사하는 지표가 된다.

(5) 가족의 역기능

감정적으로 밀착되고 의존되어 서로의 독립성을 방해하는 가족은 건강하지 못하며 이러한 가족들은 여러 가지 역기능적인 모습을 드러내게 되는데 그 중 하나가 가족들의 불안 수준이 높다는 것이다. 가족들이 서로 밀착될수록 서로에게 예민해지며 그로 인해 불안 수준이 높아지게 된다. 따라서 역기능적인 가족들은 서로에게 밀착된 관계를 보이기 때문에 불안이 가중될수록 상대에게 더욱 밀착하려고 한다.

많이 불안한 사람들은 다른 사람의 행동에 민감하기 때문에 자신의 의사를 독립적으로 나타내지 못하며 자신을 포기하게 된다. 이것은 곧 가짜 자아가 많아진다는 의미인데 감정적 반응행동을 하게 만들며 불안 수준을 높이게 된다. 삼각관계 역시 불안이 많고 감정 반응행동이 많이 나타날 때 제삼자의 힘을 빌려 안정된 상태를 찾으려는 것이므로 삼각관계에 포함된 아이들은 가짜 자아를 많이 형성하게 된다.

타인과 과도한 밀착관계를 형성한 개인은 자신의 독립성이나 정체성을 잃어가게 되며 합리적인 생각을 통해서 관계를 만들어 가기보다는 감정에 의해 행동하게 된다. 또한 지적인 힘에 의해 독립적으로 관계를 맺기보다는 감정에 치우친 반응적인 행동으로 상대방에게 의존하는 행동을 보이게 된다. 그러므로 역기능적인 가족들은 서로에게 밀착되어 있어 독립적이지 못하고 감정 반응행동이 많으며 전반적으로 불안이 많은 가족이라고 볼 수 있다.

이러한 역기능에서 벗어나 기능적인 가족으로 변화하는 것이 치료의 목적이라고 볼 수 있다. 잘 기능하는 가족들은 구성원들이 사고와 감정을 구분할 수 있으므로 부부관계이든 부모-자식관계이든 모든 관계에서 독립적인 관계를 갖는다. 따라서 개인의 내적인 느낌이나 생각들을 서로 나누며 삼각관계에서 벗어나 개인의 인생 목적을 추구하는 데 있어서도 보다 독립적일 수 있다.

3) 치료의 목표

보웬 이론의 치료 목표는 가족 구성원의 불안을 감소시키고 가족들의 분화 수준을 높이는 것이다. 상담자는 이를 위해 가족 구성원 개개인들이 자기자신을 분리시켜 정체감을 형성하고 자기 충동적인 사고와 행동에서 벗어날 수 있도록 도와주어야 한다. 상담을 통해 가족의 분화 수준을 높이는 것이 필요한데 이는 가족들이 삼각관계를 맺지 않도록 하는 것이다.

일반적으로 분화 수준이 낮으면 즉흥적이고 즉각적으로 반응하게 되므로 이를 방지하기 위해서 개인의 자율성과 독립성이 신장되어야 한다. 불안한 상황에서도 개인의 자율성과 독립성을 유지하게 되면 다른 사람에게 의존하지 않고 객관적으로 자신을 유지할 수 있게 된다. 불안을 스스로 받아들이고 효과적으로 처리할 수 있는 사람들은 감정 반응행동을 하지 않게 되어 분화 수준이 높아지게 되는 것이다.

보웬 가족상담에서는 인간관계에서 개인적인 분화를 이루게 하는 것이 치료의 목적이므로 상담자는 가족 구성원들이 가족의 습관적인 삼각관계의 틀에서 벗어나 보다 높은 수준의 분화를 이루어 미성숙한 가족 자아로부터 자유스럽게 존재할 수 있도록 이끌어 주어야 한다. 이것을 보다 구체적으로 설명하면 다음과 같다.

첫째, 가족 자아 집합체로부터 자신을 분화시키기 위해 불안 수준을 감소시키고 자아 분화 수준을 높인다.

둘째, 가족 구성원 각자의 변화를 통해서 가족 정서체계의 구조를 변화시키며 가족 상호 간에 얽혀 있는 삼각관계의 유형을 변형시켜 개인이 체계에 반응할 수 있도록 한다.

셋째, 가족 구성원만이 지속된 정서적 삼각관계를 깰 수 있다는 것과 한 개인이 변화하면 다른 사람도 변화할 것이라는 것을 인식시켜 가족문제를 체계적 관점으로 보게 한다(김규수 · 오현숙, 2005).

결국 가족치료를 통해 가족 중 한 사람이 높은 수준의 분화를 이루면 그 변화를 통하여 다른 가족들도 분화가 이루어질 것이라고 보기 때문에 인간관계에서 개인적인 분화를 돕는 것이 치료의 목표가 된다. 보웬은 개인적인 자아 분화가 인간관계를 변화시키고 가족체계를 바꾸어 놓을 수 있으므로 가족 중 한 사람이 높은 수준의 분화를 이루면 가족들이 갖고 있던 건강하지 못한 삼각관계가 와해되며 그로 인해 감정적인 반발이 감소되어 가족체계 전체에 치료적인 영향을 미칠 수 있으리라고 본 것이다.

4) 치료 기법

보웬의 가족치료 이론에서는 치료 과정을 크게 세 단계로 나눈다.

● 1단계: 가계도의 작성과 변화전략의 구상

가족문제가 무엇인지 정의하고 가족의 배경을 파악하기 위해 가계도를 작성하게 된다. 가계도란 가족에 대한 도표로서 가족들의 관계를 나타내는 것인데 모든 가족의 이름과 나이, 중요한 사건들과 그에 대한 설명, 여러 세대에 대한 정보 등이 포함된다. 보통 삼 세대 이상 걸친 가족들에 대한 정보와 그들의 관계가 도표로 작성되기 때문에 복잡한 가족 유형을 한눈에 살펴볼 수 있다. 가계도를 그릴 때는 가족이 갖고 있는 문제가 무엇인지 파악하기 위하여 가족 모두가 참여할 것을 격려해야 하며 이때 치료의 목표들을 가족과 함께 설정한다. 상담자는 가계도를 통하여 가족들의 상호작용뿐 아니라 그들의 주요 삼각관계를 파악할 수 있으며 삼각관계의 유형이 세대 간에 어떻게 지속되는지를 확인함으로써 그것을 변화시킬 전략 등을 구상할 수 있게 된다.

● 2단계: 변화의 연습과 실행

가족의 변화를 돕는 단계로 가족들이 치료 목표에 따라 변화되도록 연습하고 실행하는 일을 한다. 여기서는 낯선 새로운 방법들이 가족들에게 위협이 될 수 있으므로 예상되는 감정 반응행동을 미리 짐작하여 연습하게 하고 그 장면에 익숙하도록 이끌면서 여러 상황에 따라 가족들이 감정체제를 다루기 위한 활동을 하게 한다. 보웬이 지향하는 치료 방법은 강한 정서적인 표현 대신에 조용하면서도 직접적인 치료이다. 대결하고 직면하는 기술 대신 부드러운 질문을 통해 감정을 완화시키고 어려움을 일으킨 원인에 대하여 생각하게 한다. 여기에서 보웬은 가족 중에 두 사람과 상담자가 삼각관계를 갖도록 하면서 치료를 해나가는 기법을 사용한다.

● 3단계: 변화에 적극적 참여

가족 구성원들이 치료자의 지도에 따라 이끌리는 역할에서 벗어나 적극적으로 가족들을 변화시키는 역할을 하게 된다. 가족들은 구성원들이 모두 모이는 시간을 계획하고 이때 치료자 역할을 하는 가족 구성원은 계획을 세워 가족들이 모두 만나 이야기하며 변화에 노출될 수 있도록 꾸미는 것이다. 여기에서 상담자는 치료자 역할을 하는 가족 구성원을 도와주는 보조 역할을 하게 된다.

(1) 치료적 삼각관계

치료적 삼각관계란 가족들의 삼각관계 유형을 변화시키기 위하여 상담자가 포함되는 다른 유형의 삼각관계를 만드는 것이다. 이를 통해서 상담자는 지금까지 가족들이 가지고 있던 상호작용과 다른 종류의 상호작용이 있음을 보여준다. 이 방법은 가족들에게 익숙하지 않은 다른 종류의 상호작용을 보여주는 것이기 때문에 상담자에게 비난의 화살이 쏟아질 수 있다. 그러므로 상담자는 불안을 견딜 수 있는 능력을 갖추고 있어야 하며 객관적인 자세를 유지할 수 있어야 한다. 치료적인 삼각관계를 통해서 가족들은 그들 가족이 갖고 있는 불안의 정체를 이해할 수 있게 되며 자신들의 삶 속에 있는 불안을 지적인 사고와 행동으로 통제할 수 있게 된다. 즉 불안을 감소시켜 분화 수준을 높임으로써 역기능적인 모습에서 벗어나 보다 기능적인 가족의 모습으로 변화할 수 있도록 이끌 수 있다.

(2) 코치

보웬 이론에서 코치란 상담자를 뜻한다. 이는 상담자가 가족 구성원들에게 몇 가지 기본이 되는 행동의 원리를 가르쳐서 가족들이 자발적으로 행동하도록 하는 것을 말한다. 상담자는 가족들의 행동을 지시할 수도 있지만 주로 가족들이 스스로 상호작용할 수 있도록 돕는 진행자의 역할을 한다. 가족들의 문제를 언제, 어떻게, 무엇을 변화시킬지를 계획하고 이 변화가 어떠한 감정 반응행동을 불러일으킬지를 예상하고, 예상되는 반응에 맞추어 연습을 하며, 변화되는 과정을 경험하게 한다. 가족들이 스스로 변화의 주체가 되어 자신들을 통해 가족들이 변화될 수 있도록 노력하며, 상담자는 협조자나 진행자의 역할을 맡아 가족들이 스스로 자신들의 행동을 조절할 수 있도록 도와주는 역할을 하는 것이다.

(3) 질문하기

질문하기는 보웬의 치료에서 중요하게 사용되는 기법 중의 하나이다. 치료과정에서 가족들의 불안 수준이 높아지면 상담자는 무엇 때문에 불안한지를 질문하여 가족들이 다른 사람의 행동이 아닌 자신에게 초점을 두고 생각하게 하는 것이다. 질문을 통해서 가족들이 생각을 하도록 만들면서 목표지향적인 활동을 하게 되고 따라서 분화 수준이 높아지게 된다. 즉 불안이란 감정은 분화 수준과 관련되어 있으므로 질문을 통해서 자신들의 분화 수준을 보게 하는 것이다.

질문하기는 생각을 유도하기 때문에 지적 활동을 가능하게 해준다. 질문을 통해 지금 화가 난 상태라는 것을 인식한다면 화가 난 이유가 무엇인지 그리고 화가 났을 때 어떻게 행동해야 하는지 등을 탐색하도록 할 수 있다. 즉 감정대로 행동하기보다는 스스로 감정을 통제할 수 있는 능력을 갖도록 도와줌으로써 감정에 대응하는 여러 가지 대안 방법들 중에서 선택의 가능성을 확대시킬 수 있는 것이다. 또한 감정을 처리할 수 있다는 것은 감정을 객관화해서 볼 수 있다는 의미이므로 객관적인 입장에서 상황을 볼 수 있게 된다. 따라서 질문을 통하여 감정을 객관적으로 생각할 수 있게 되며 그에 따라 자신의 감정을 통제할 수 있으며 객관적으로 자신을 바라보고 이해할 수 있게 된다.

질문 기법은 또한 구체적으로 가족들이 자신의 가족체계를 이해하도록 도와줄 수 있다. 가족들 간의 상호작용의 형태, 예를 들면 세대 간에 일어나는 전이현상이나 전이 과정, 가족의 투사적 방어기제, 가족 내 삼각관계 등 여러 형태의 상호작용에 대하여 이해할 수 있도록 해준다.

(4) 교육

교육 역시 보웬의 치료에서 널리 쓰이는 기법으로서 질문하기를 통하여 가족들이 구체적인 수준에서 가족체계를 이해할 수 있다면, 교육을 통해서는 체계에 대한 일반적 형태 체계를 이해할 수 있다. 보웬은 인간의 지적 능력을 강조하며 지적인 활동을 위해서는 이해라는 행동이 필요하다고 보았다. 가족들의 이해를 높이기 위해서는 교육이 필요한데, 교육을 통해서 새로운 개념들을 배우고 그것을 통하여 새로운 행동을 할 수 있다는 것이다. 즉 새롭게 배운 개념들이 가족들에겐 하나의 참조체제가 되어 가족들의 행동 방향을 결정하는 데 도움을 줄 수 있는 것이다.

예를 들면, 교육 방법으로 가계도 그리기를 실시하기도 한다. 가족들이 가진 정보를 통하여 가계도를 그리면서 가족들의 상호작용을 파악할 수 있으며 그들의 문제와 갈등을 알아낼 수 있다. 가능하면 가족 구성원 모두가 참여하여 가계도를 그리도록 하며 다 그려진 가계도는 가족들을 교육하는 데 사용한다. 가계도를 통하여 가족들의 감정체제를 설명할 수 있으며 어떤 문제행동이나 정신신체적 증상을 보이는 가족 구성원이 있다면 그의 문제가 무엇 때문인지 이해시킬 수 있고 가족들의 삼각관계 유형에 대해서도 명확하게 설명해 줄 수 있다. 즉 교육을 통하여 가족들이 서로를 보다 잘 이해할 수 있도록 도와주어 그들의 문제가 무엇인지 생각해 보게 하고 그에 따라 해결책도 함께 모색하도록 이끌어 줄 수 있는 것이다.

이상에서 살펴본 보웬 가족치료 이론은 결혼상담, 가족상담과 치료분야에서 널리 알려져 있으며 가족갈등과 위기를 다루는 데 효과적임이 연구를 통해 입증되고 있기도 하다.

CHAPTER 04

가족상담의 절차와 기법

1. 가족상담의 절차

2. 가족상담의 주요 기법

CHAPTER

04 가족상담의 절차와 기법

가족문제는 문제행동을 보이는 구성원의 개인적인 문제라기보다는 가족관계의 문제로 이해되어야 한다. 따라서 가족상담에서는 가족 중 어느 한 사람이 문제행동을 보이면 이를 가족체계의 문제를 드러내는 것으로 보고 상담적 접근을 시도하게 된다. 이렇듯 가족상담은 일반 상담과 구별되는 기본 철학을 가지고 있다. 그러나 역사적으로 볼 때 초기의 가족상담이나 가족치료가 개인상담에서 출발하였기 때문에 상담의 절차나 기법면에서 개인상담과 많은 부분을 공통적으로 가지고 있다. 이 장에서는 가족상담의 기본적인 절차와 기법들에 대하여 살펴보고자 한다.

1. 가족상담의 절차

가족상담은 상담의 시작부터 종결까지 상담자와 내담 가족이 여러 번의 만남을 갖는 과정이다. 간혹 한두 번의 짧은 면담으로 상담이 종결될 수도 있지만 보통은 그 이상의 만남이 요구되며 상담 횟수는 가족이 처한 상황에 따라 달라질 수 있다. 여기에서는 가족상담의 절차를 가족평가에서 시작하여 초기 상담부터 종결까지의 내용을 살펴보고자 한다.

1) 가족평가

가족상담은 가족문제가 무엇인지 알아보기 위하여 가족을 평가하는 일에서부터 시작된다. 가족을 평가하는 일은 효과적인 상담 계획을 세우는 데 중요한 기초 자료를 제공한다. 가족평가는 가족문제와 관련된 변인을 파악하고 관련 정보 수집을 용이하게 해준다. 또한, 평가를 통하여 얻은 정보는 상담의 기초 자료로 활용할 수 있다.

가족상담이 상담현장에 도입되기 시작한 초기에는 평가에 대한 비중을 크게 두지 않는 경향이 있었으나, 점차적으로 가족평가와 가족특성의 측정 및 검사에 대한 관심이 고조되어 다양한 평가도구를 개발하고 사용하는 추세이다. 가족상담에서 사용되는 평가는 크게 주관적인 평가와 객관적인 평가로 나누어진다. 앞 장에서 살펴본 가계도나 가족화, 가족 조각기법 등이 대표적인 주관적인 평가 방법이라고 볼 수 있고 객관적인 평가로는 다양한 종류의 질문지들이 있다. 이 책의 마지막 장에서는 객관적 가족평가도구에 대하여 자세하게 소개하고 있다.

2) 가족상담의 초기 단계

상담자는 가족평가를 통하여 가족문제에 대한 정보를 수집하고 문제에 대한 가설을 세우고 상담의 다음 단계를 진행한다. 그 다음에 가족들과의 관계 형성 및 상담을 어떻게 이끌어 가야 할지에 대하여 계획을 세우고 상담의 진행 방향에 대하여 가족들과 협의한다.

(1) 접수 상담

접수 상담 시 상담자는 신청 내담자와 면담을 진행하게 된다. 이때 유의할 점은 상담을 신청한 가족 구성원이 제공하는 정보에 대해 편견을 갖지 않는 것이다. 상담자는 약속 날짜와 시간, 장소 그리고 참석 인원의 범위에 대해 알려주며 첫 상담에 가능한 한 가족 구성원 모두가 참여할 것을 권유하는 것이 좋다. 그 이유는 가족 구성원 모두가 참여하여야 가족의 역동성 및 상호작용을 보다 정확하게 파악할 수 있기 때문이다.

가족상담에서는 가족의 문제를 드러내거나 호소하는 내담자가 가족을 대표해서 가족이 안고 있는 문제의 증상을 앓고 있는 것이기 때문에 가족 전체를 대상으로 치료가 이루어져야 한다는 기본 전제를 가진다. 그러므로 접수 상담 시 상담자는 전 가족 구성원의 상담 참여가 중요하다는 점을 가족들에게 잘 알려주는 것이 필요하다. 특히 가족에서 중요한 위치를 차지하는 부모들은 반드시 상담에 참여하여야 하며, 가족문제와 관련된 친지가 있다면 그들도 참여하도록 한다.

대부분의 내담자들은 가족 전원의 상담 참여에 부담감을 가지며 거부하거나 소극적인 태도를 보이게 된다. 이때 상담자는 가족 전원이 참여하여야 상담이 원활히 진행되며 문제해결에 도움이 된다는 장점 등을 초기 면담에서 자세하게 설명하고 설득하는 노력을 기울여야 한다. 부득이한 사정으로 상담에 불참하는 가족을 위해서는 상담 내용을 녹음하여 보내주는 것도 좋은 방법이 될 수 있다. 초기 면담 이후에는 가족 중 누가 참여할 것인지에 대해 서로 의논할 수 있음을 알려주며 가능한 한 가족 전원의 참여가 중요함을 강조한다.

(2) 첫 면담: 문제의 명료화

앞서 언급하였듯이 첫 면담은 모든 가족 구성원의 참여가 중요하다. 때로 가족 상담을 신청한 가족 구성원이 가족 중의 어느 한 사람을 상담에서 제외하자고 제안하거나 상담을 거부하는 가족 구성원이 있을 수도 있다. 이때 상담자는 가능한 한 첫 면담에 가족 구성원 모두가 참여하도록 노력을 기울여야 한다. 가족 구성원 모두가 참여하는 첫 회기에서 상담자는 가족문제뿐 아니라 상담방법

및 절차에 대하여 방향을 잡을 수 있으며, 가족들은 상담자에 대한 신뢰감과 함께 상담에서 무엇을 어떻게 해야 할지에 대하여 알게 된다. 첫 면담을 진행할 때 상담자가 유념해야 할 점은 다음과 같다.

첫째, 첫 면담은 가족들이나 상담자 모두 어색하기 마련이다. 이때는 가벼운 일상적인 이야기를 시작하면서 분위기를 부드럽게 만들 필요가 있다. 어색함과 긴장이 어느 정도 해결되면 상담자는 본론으로 들어가 상담을 받으려는 이유를 묻기 시작한다. 상담자는 가족들의 이야기를 들으면서 그들의 문제를 명료화하여야 하며 언급된 갈등이나 문제 이외의 것들은 없는지 세심하게 살펴보아야 한다. 이 과정에서 가족들의 문제가 보다 확실하게 드러나면 가족들은 자신들이 어떻게 현재의 문제에 개입되게 되었는지 그리고 현재의 상황은 어떠한지에 대하여 보다 잘 알게 된다.

둘째, 첫 면담에서 상담자는 주로 가족력을 수집하고 치료 계획을 세우며, 가족들이 왜 여기에 모이게 되었는지를 알게 하며, 가족들끼리 적극적으로 이야기하도록 격려하여 무엇이 문제이고 무엇이 변화되기를 원하는지 밝히도록 도와주어야 한다. 이때 상담자는 가족들이 모호한 표현 대신에 구체적이고 명확한 행동적인 단어로 의사 표현을 하도록 격려해야 한다.

셋째, 첫 회기 상담이 진행되는 동안 상담자는 가족 중에 가장 힘이 있는 사람은 누구인지, 누가 이야기의 주도권을 가지는지, 방해하는 가족원은 없는지, 또는 서로 연합하는 가족들은 없는지 등을 관찰함으로써 가족의 역동성을 파악하여야 한다. 첫 회기를 통해 상담자와 가족들은 상당히 많은 양의 중요한 정보를 얻을 수 있기 때문에 첫 회기는 향후 상담의 성공 여부에 깊은 영향을 미친다고 볼 수 있다.

넷째, 첫 회기에서 상담자는 다음과 같은 점을 다루어야 한다.

① 상담 기간 동안 가족들이 자유롭게 상호작용하면서 지켜야 할 몇 가지 규칙에 대해서 분명하게 알려주어야 한다.

② 상담 과정에서 욕이나 공격적인 행위, 지나친 비난 등을 삼갈 것, 상담실

에서 이야기한 내용에 대해서는 비밀을 지킬 것, 상담실에서 주고받은 이야기로 집에 가서 싸우지 않을 것과 같은 기본 규칙에 대해 다짐을 받거나 약속 또는 계약을 맺는다.

③ 지나치게 비효율적인 의사소통을 하는 가족의 경우에는 기본적인 의사소통에 대한 규칙을 가르치는 것도 바람직하다. 예를 들면 상대방의 말을 중간에 방해하지 않기, 남의 생각을 추측하거나 넘겨짚어 말하지 않기, 여러 주제를 동시에 말하지 않기, 비난을 줄이기 등의 기본적인 규칙을 가르쳐 주어 효율적인 의사소통을 할 수 있도록 도와줄 수 있다.

(3) 관계 형성

상담의 중요한 요소 중 하나는 상담자와 내담자 간의 친밀하고 신뢰 있는 관계이다. 상담자와 맺어진 인간적인 존경, 신뢰, 편안함이 있는 관계는 내담자의 심리적인 성장을 촉진한다. 상담자와 가족 간에 서로 공감하고 신뢰하는 관계가 상담 초기에 잘 형성될수록 상담 진행이 원활하게 되고 바람직한 상담 결과를 얻을 확률이 커질 것이다. 이를 위해 상담자에게 요구되는 것은 수용, 공감적 이해, 진실하게 내담자를 이해하려는 마음가짐과 태도이다.

상담자를 찾는 가족들은 그들의 문제를 해결하기 위하여 전문가의 도움이 필요함을 알고 있지만 대부분의 경우 불안해 하거나 방어적인 태도를 보인다. 이들의 불안이나 방어를 풀어주기 위하여 상담자는 상담 과정이나 목적, 가족상담의 의미 등에 대하여 상세하게 알려주는 것이 바람직하다. 때로 첫 면담에서 자신들의 문제가 무엇인지 어떠한 형태의 도움이 필요한지에 대해 강하게 의견을 내놓는 가족들도 있다. 이런 경우 상담자는 어느 정도 가족들의 관심주제를 들어줄 수 있다. 상담자와 가족 간 신뢰감 형성에 일차적인 목표를 두고 어느 정도 신뢰가 형성된 이후에 상담자의 견해를 나타내는 것이 상담을 보다 원활하게 이끌어 갈 수 있는 방법이다.

그 밖에 가족들과의 바람직한 관계 형성을 위해서는 전문인으로서의 상담자의 확실한 안내와 충고가 중요하다. 가족들은 전문가의 조언과 안내를 기대하는 상황이므로 상담자가 명확한 어조로 설명하고 상담을 진행시켜 나가는 것은 가족들이 상담자를 신뢰하게 만드는 중요한 요소가 된다.

(4) 가족의 상호작용 탐색

상담자는 가족들이 그들의 문제에 대하여 어떻게 인식하고 있는지 표현할 수 있는 기회를 주어 가족 간 상호작용 유형을 관찰할 수 있다. 이 과정을 통하여 가족들의 의견이 불일치할 때 어떻게 대처하는지, 해결을 위해 어떻게 노력하는지 등을 파악할 수 있다. 가족문제에 대해 가족 구성원 각자가 다르게 인식하거나 추상적이고 애매한 문제 개념을 가질 수도 있다. 그러므로 상담자는 가족 구성원 모두가 그들의 문제가 무엇인지 말하는 과정에서 가족들이 보는 문제의 유사점과 차이점, 그리고 가족들 간의 제휴관계를 확인할 수 있다.

가족들의 이야기를 경청함으로써 상담자는 가족 구성원들이 가지고 있는 문제와 그들의 상호작용 방법과 유형을 이해할 수 있는데 이때 다음과 같은 점을 유념하며 들어야 한다. 먼저 상담자는 가족들에게 상담실을 찾은 이유와 그들의 문제에 대하여 질문하면서 문제행동을 보이는 사람(Identified Patient: I.P.)에게는 가장 마지막에 질문하는 것이 방어적이 될 가능성을 줄일 수 있음을 유념한다. 그러므로 무엇에 대하여 어떻게 느끼는지를 묻기보다는 사실과 의견만을 수집하며 충고나 해석이나 비평을 해서는 안 된다.

또한 상담자는 상담하러 오게 된 직접적인 동기를 확인하면서 최근에 가족들이 경험한 문제를 중심으로 가족 구성원들의 상호작용의 유형을 구체적이면서 세부적인 것까지 서서히 탐색해야 한다. 이때 내담가족이 문제해결을 위해 시도했던 방법과 그 결과에 대해서도 알아보며 가족의 강점을 찾는 일에 노력을 기울여 가족들에게 잠재되어 있는 회복 가능성을 확인하는 일에 주력하도록 한다.

(5) 상담 목표 설정

무슨 일이든 목표의 설정이 명확하다면 성공할 가능성이 높다. 적지 않은 수의 사람들이 관여되어 진행되는 가족상담 역시 구체적이면서도 명료한 목표 설정이 매우 중요하다.

가족들의 문제가 확인되면 상담 목표를 설정하여야 한다. 상담 목표는 내담자가 상담을 통하여 성취하려는 결과를 나타내는 것으로 상담 과정의 방향을 제시해 주고 상담에 적극적으로 참여하려는 동기 부여의 기능까지 갖고 있다. 상담자는 가족들이 원하는 변화와 상담 목표를 파악하여 상담 계획을 수립하게 된다. 이때 가족들의 목표가 서로 다르다면 일치시키도록 도와주어야 하며 목표가 모호하고 비현실적이면 구체화시키도록 안내하여야 한다.

그러나 가족 간의 갈등이 심화되어 있어 불일치가 심하고 문제가 복잡할수록 가족 간 합의를 통한 목표 설정이 쉽지 않다. 성공적인 상담을 위해서는 반드시 명확한 목표를 세워야 하므로 가족들 간의 합의된 목표를 이끌어 내는 것이 상담자가 해결해야 할 중요한 일이다. 명확하면서도 구체적인 목표 설정은 상담의 방향과 초점을 명료하게 해주기 때문에 상담자나 가족 모두 안정감을 갖고 상담에 몰두할 수 있게 만든다. 초기 면담에서 가족 모두가 참석한 가운데 가족들이 변화하고자 하는 것이 무엇이며 상담을 통해서 얻고자 하는 것이 무엇인지 등에 대하여 구체적으로 표현하도록 하여 상담 목표를 설정해야 한다.

상담자는 초기 면담에서 상담 목표를 설정할 뿐 아니라 가족관계와 역동을 파악하게 되며 앞으로 진행될 상담에 대한 계획을 세우게 된다. 그리고 다음 상담에 참여할 가족의 범위, 상담 시간 등에 대한 스케줄 등이 이때 모두 정해지게 된다.

(6) 상담 계약 및 구조화

상담자는 본격적인 개입에 들어가기 전에 가족들과 일종의 계약을 맺게 된다.

계약을 협상하는 과정에서 상담자는 가족의 역동을 관찰할 수 있는 기회를 얻게 되며 가족들 또한 자신들의 문제해결에 적극적으로 참여할 동기를 얻게 된다.

계약 내용에는 일반적으로 상담 목표, 상담 횟수, 회기의 빈도와 길이, 상담 시간, 참석할 가족 수, 관찰자 참석 여부나 비디오테이프 사용 여부, 기록의 보관 그리고 상담 비용 등이 포함된다. 그 외에 가족 전체가 모여 집단적으로 상담이 이루어지지만 간혹 개인상담이 필요한 경우에 대해서도 계약 내용에 포함되어야 한다. 이때 중요한 것은 개인적인 이야기에 대해서 비밀을 지켜야 하는 경우가 있음을 계약 시 명확하게 하는 것이다.

가족상담의 계약 시 가족 모두가 상담을 통하여 무엇을 얻으려고 하는지를 명확하게 하고 상담자와 가족들이 무엇을 성취해야 할 것인지에 대하여 방향과 목표를 일치시키는 것 역시 중요하다. 가족문제에 대하여 이미 동의가 이루어져 그것만 해결하는 것을 목표로 삼고자 할 때는 계약 과정이 간단해지지만 만약 문제에 대한 동의가 이루어지지 않고 각 구성원이 추구하는 목표에 차이가 있을 때는 상담을 통하여 목표를 조정해 가는 것이 바람직하다.

상담 관계를 효율적인 방향으로 이끌어 가기 위하여 상담 계약 시 상담자는 면담 시간과 내담자의 행동 규범에 대하여 구조화할 필요가 있다. 먼저 상담 진행 회기의 시간과 예상되는 상담 횟수를 분명히 하여 내담자의 상담 참여 동기와 책임감을 고취시켜야 한다. 다음으로는 내담자의 행동과 관련된 규칙을 설정한다. 예를 들면 공격적인 언어 표현이나 행동 및 물건 파괴 등에 대하여 규제를 해야 한다. 특히 가족 내의 의사소통에 문제가 있는 경우 바람직하고 구체적인 의사소통의 규칙을 정해주는 것도 필요하다. 마지막으로 상담자 역할의 범위와 한계에 대해서도 분명하게 밝혀야 한다.

계약 과정을 통해 상담자는 가족들의 문제에 대해서 그리고 상담 계획에 대해서 보다 확실한 통찰을 얻을 수 있고 가족들 역시 자신들이 변화할 수 있고 변화를 통해 문제가 해결될 수 있다는 희망을 가지게 된다.

이상으로 상담의 초기 단계에서 이루어지는 내용에 대하여 살펴보았다. 다시 한번 상담자가 점검해야 할 내용들을 요약해 보면 다음과 같다.

- 가족들의 주요 갈등과 문제를 확인하고 그 문제들이 해결되지 못하고 있는 원인에 대하여 하나의 가설을 세운다.
- 가족들의 상호작용을 파악하고 가족 갈등과 문제에 영향을 미치는 각 구성원들의 행동에 대하여 인식하도록 한다.
- 가정에서나 상담실에서 가족 모두가 변화를 시도하도록 도와준다.

3) 가족상담의 중간 단계

이 단계에서 상담자는 가족이 가지고 있는 문제의 성격에 맞추어 상담에 필요한 기법이나 전략 등을 선택하여 개입을 시도하게 된다. 상담자는 가족들이 오랜 기간 습관적으로 사용해 왔던 역기능적 상호작용 패턴에서 벗어나 보다 바람직한 모습으로 변화하도록 도와주어야 한다. 이때 상담자는 변화를 촉진하는 역할을 담당하고 가족들이 자율적으로 문제를 해결할 수 있도록 이끌어 주어야 한다. 상담자는 가족들이 서로 비난하지 않으며 대화를 통해 원하는 것들을 자유로이 말할 수 있도록 장려하고 자신들의 잘못이 무엇인지 인식하도록 돕는다.

가족상담의 중간 단계에서 상담자가 유념해야 할 사항은 다음과 같다.

첫째, 상담자는 가족 구성원들의 관계 개선을 위하여 스스로 해결책을 찾도록 적절한 도움을 제공했는지, 그리고 관계를 개선하려고 한 노력이 그들의 문제해결에 바람직한 영향을 미친다는 것을 강조하였는지를 확인하여야 한다.

둘째, 가족들의 문제를 직면시키면서 문제에 대하여 그들 각자의 책임과 상호 이해를 촉진하였는지를 살펴보아야 한다. 즉, 가족들이 문제에 대해 이야기할 때 각자가 그 문제에 대하여 어떤 역할을 했으며 어떤 영향을 주었는지를 깨닫게 하고 서로 이해할 수 있도록 이끌어 주어야 한다.

셋째, 전 가족 구성원을 만나지 않는 상황에서도 가족 전체에 대한 시각을 유지하며 상담을 진행시켰는지 그리고 공평성을 유지하며 개입했는지 등을 확인해 보아야 한다.

이 단계는 가족문제를 치료하기 위해 본격적인 개입에 들어가는 시기이므로 상담자의 전문성에 따라 이 장의 뒷부분에서 소개하고 있는 여러 기법과 기술들을 활용하게 된다.

4) 가족상담의 종결 단계

가족상담의 경우 일반적으로 상담 횟수가 8회에서 20회 정도로 이루어진다. 보통 가족의 불평이나 문제 증상이 사라지고 가족들이 서로 만족해 하며 가족 간 경계가 보다 융통성 있게 변하면 상담을 종결한다. 이때 가족들은 스스로 노력하여 문제를 해결할 수 있는 방법을 찾아내며 바람직하지 못한 행동들을 변화시킬 수 있게 된다.

가족들은 여러 가지 단서를 통해 상담을 종결할 시기가 되었음을 알려주는데 그 기준들을 보면 다음과 같다.

① 가족들이 만족할 만한 수준으로 목표가 달성되었을 때
② 가족들이 새롭게 습득한 대처 양식을 수용하여 문제 상황에 만족스럽게 대처할 수 있다는 자신감이 생겼을 때
③ 가족 구성원들의 의사소통 기술이 발전되어 서로 솔직하게 표현하고 타협할 수 있을 때
④ 가족들의 문제 행동과 병리적 증상이 감소되며 서로 바람직한 상호작용이 이루어질 때
⑤ 가족의 경계와 규칙들이 보다 융통성 있게 변할 때

위와 같은 경우에 가족상담은 종결을 하게 된다.

대부분의 경우 라포가 형성된 상담관계를 종결하는 것은 상담자나 가족들 모두에게 쉬운 일이 아니다. 따라서 종결에 대한 이야기는 상담 초기에 명확히 하는 것이 좋으며 종결에 대한 토의는 상담에 참여한 가족들이 모두 모인 자리에서 하는 것이 바람직하다. 종결을 앞두고 상담자 역시 종결에 대한 힘든 감정에 직면하지 않고 방어적 자세를 취한다든가, 사무적인 태도를 갖는다든가 또는 허둥대며 성급하게 종결을 재촉하는 태도를 보일 수 있으므로 상담자의 종결 준비 자세 또한 중요하다고 할 수 있다.

가족들도 종결을 앞두고 종결에 대한 불안한 감정을 슬픔이나 상실감, 분노 등으로 나타낼 수 있으므로 상담자는 이러한 정서적인 반응에 잘 대처할 수 있도록 준비해야 한다. 이러한 경우 종결에 대한 감정들을 이야기로 나누는 것이 모두에게 도움이 될 수 있으므로 상담자는 종결을 준비하면서 나타나는 감정들을 표현할 수 있도록 도와주는 것이 필요하다.

만약 가족들이 약속된 종결 시기 이전에 조기 종결을 원할 경우 상담자는 그 원인을 파악하고 가족들이 최선의 방향으로 나아갈 수 있도록 도와주어야 한다. 보통 이러한 경우 찾을 수 있는 원인으로는 상담의 진전이 없을 때, 변화를 거부하고 두려워할 때, 또는 가족들이 상담자의 어느 특정한 언행이 마음에 들지 않아 불쾌감을 가졌을 때 등이다. 상담자는 가족들에게 조기 종결이 언제나 가능하다는 것을 인정하며 가족들과 그 이유에 대하여 솔직하게 표현할 수 있는 기회를 마련하는 것이 좋다. 이러한 기회를 통해 가족문제가 미해결 상태로 끝나더라도 지금까지 달성된 목표는 무엇인지, 아직 해결되지 않은 문제는 무엇인지에 대하여 서로 정리하면서 상담을 마무리할 수 있다.

가족상담이 종결된 후 가족의 상황에 따라 이루어지는 추후 상담은 면담 형식이나 또는 전화 연락으로 가능하다. 면담을 하는 경우는 상담이 종결된 지 한 달 정도 후에 만남을 가짐으로써 가족들이 외부의 도움 없이 스스로 잘해 나가고 있는지에 대한 불안감을 덜어줄 수 있다. 이때 상담자는 가족들이 계속 잘해 나가고 있는 부분들에 대해 충분한 격려를 해주는 것이 필요하다.

2. 가족상담의 주요 기법

일반 상담과 마찬가지로 가족상담 역시 바람직한 방향으로 상담을 이끌어 가고 긍정적인 결과를 얻기 위해 요구되는, 상담자가 갖추어야 할 기본적이면서도 필수적인 기법들이 있다. 대부분의 기법들이 이미 개인상담 영역에서 개발되고 활용되는 것들이어서 새로운 기법은 아니지만 여기에서는 그중 기본이 되는 몇 가지를 제시해 보기로 하겠다.

1) 주의 집중과 경청하기

상담이 원만하게 진행되려면 내담자가 상담이 위협적이지 않고 안전하다는 신뢰감을 가지고 자신의 문제를 솔직하게 표현할 수 있도록 분위기를 조성해 주는 것이 중요하다. 주의 집중과 경청하기가 바로 그러한 분위기를 만드는 데 도움을 주는 기법 중의 하나이다.

경청이란 내담자로 하여금 편안하게 그들의 감정이나 생각을 탐색해 보도록 하는 기본적인 기술이다. 이는 내담자가 전달하려는 언어적 · 비언어적인 메시지들을 상담자가 잘 포착해서 이해하는 것이라고 볼 수 있다. 경청을 잘 하려면 주의 집중이 요구되는데 상담자가 주의 집중하고 있다는 것을 내담자가 인식하게 되면 상담자가 자신의 이야기를 듣기 원한다는 것을 알게 되고 그로 인하여 자신의 생각이나 느낌을 말로 표현하려고 노력하게 된다.

주의 집중을 하는 방법으로 보통 눈 마주치기, 고개 끄덕이기, 미소 띤 얼굴 표정이나 중요한 내용을 메모하기 등의 비언어적인 행동으로 나타내기도 하고 또는 "아, 예." 등의 격려와 인정을 표현하는 짧은 말을 사용하거나 침묵을 통하여 내담자가 자신의 진술에 대하여 생각할 시간을 주는 것 등이 있다.

상담자는 다양한 방법으로 주의 집중을 시도할 수 있지만 결국 자신에게 가장 편안하다고 생각되는 방법을 사용하는 것이 바람직하다. 내담자가 말하는 것을 주의 깊게 듣는 것은 내담자가 어떻게 생각하고 느끼는지를 알 수 있기 때문에 중요하다. 상담자는 내담자의 언어적 표현뿐 아니라 비언어적인 행동, 즉 팔짱을 끼고 있는 자세, 시선의 위치 등에 대해서도 주목해야 한다. 내담자는 비언어적인 행동을 통해 상담에 대한 태도나 방어, 거부, 동의 등을 나타내기 때문이다.

상담자가 주의 집중해서 잘 경청할 때 내담자는 상담 상황에 대해 안정감과 편안함을 갖고 자신의 문제에 대해 순조롭게 이야기할 수 있을 것이다. 그러나 상담자가 정보를 얻으려는 듯한 폐쇄적인 질문을 많이 하거나 자신의 말을 많이 하고 경청하지 않으며 충고를 자주 한다면 내담자는 자신의 문제가 이해되지 못하고 있다고 느끼게 된다. 이러한 경우 상담관계의 필수 요건인 기본적인 신뢰 형성을 방해받게 된다.

가족상담에서 상담자는 가족 구성원 각 개인과 라포를 형성하는 것이 바람직하며 일단 라포가 형성되면 효과적으로 개입할 수 있으며 상담 결과 또한 긍정적일 것이다. 미누친(Minuchin)은 가족상담에서 상담자와 가족 구성원들 간의 라포 형성을 합류(joinning)라고 하였다. 가족상담에서 상담자는 어느 특정인의 이야기만 경청하는 것이 아니라 가족 모두의 이야기를 경청하고 이해해야 하는데 이 과정에서 가족 구성원 각 개인과 원만한 연합을 형성할 수 있고 나아가 전체 가족체계나 가족 하위체계와도 연합할 수 있게 된다. 가족상담에서 참여 가족 구성원 각각이 모두 존중받는나고 여겨지고 전체 가족체계와 동시에 하위체계도 마찬가지로 존중받는다는 느낌을 가지는 것이 중요하다. 상담자는 경청하기를 통하여 상담 초기에 가족 규칙을 파악하고 가족이 나타내는 중요한 행동양식을 존중해 주며 하위체계들을 잘 연결시켜 주어야 한다.

2) 비언어적인 행동의 이해

많은 경우 사람들은 말보다는 비언어적인 행동으로 자신을 표현하기도 한다. 상담실에 들어온 내담자가 상담자와 제대로 눈을 맞추지 못하거나 안절부절못한다면 우리는 그 내담자가 불안해 하고 있다고 추측할 수 있다. 혹은 내담자가 의자 뒤로 몸을 기대어 앉거나 팔짱을 끼는 자세를 취한다면 방어적인 태도를 보이는 것으로 간주할 수 있으며 반대로 상담자를 향해 몸을 앞으로 기울이고 활기차게 이야기한다면 그 내담자는 편안한 상태에 있다고 볼 수 있을 것이다. 그러나 이렇게 쉽게 이해될 수 있는 비언어적인 행동보다는 보통 말로 표현하려는 것과 다른 의미의 행동들을 나타내는 경우가 많은데 예를 들면 고통스러운 경험을 이야기하면서도 웃는 표정을 짓고 있다든지 긍정적인 감정을 나타내면서도 주먹으로 책상을 치는 등의 모순되는 행동을 보이는 경우이다.

이러한 경우 상담자가 비언어적인 행동을 관찰하고 그 의미를 이해한다고 해도 실제로 나타나는 그 행동에 대하여 직접적으로 해석하지 않는 것이 중요하다. 오히려 나타난 행동을 그대로 묘사해 주는 것이 바람직하다. 즉, 슬픈 이야기인데도 웃고 있는 내담자에게 두 가지 메시지 중 어느 쪽을 내담자가 믿기를 원하는지를 물어보고 비언어적인 행동의 의미에 대해서 내담자가 직접 표현하도록 하는 것이 바람직하다.

또한 상담자는 내담자들의 경험에 대하여 성급하게 가정하기보다는 내담자들이 스스로 비언어적 행동의 의미를 탐색하고 인식하도록 이끌어 가야 한다. 만약 비언어적인 메시지를 함부로 직면시키거나 무시하면 상담에 대한 신뢰가 떨어지게 된다. 상담자가 내담자의 비언어적인 행동을 잘 이해하려면 그 행동의 세부적인 것에 집착하기보다는 현재의 문제 상황과 연관시켜 주목하는 것이 필요하다.

3) 재진술

재진술은 상담자가 내담자의 이야기 내용이나 의미를 반복하거나 바꾸어 말하는 것으로 내담자의 진술보다는 구체적이고 분명하다. 즉, 내담자가 말하는 것을 그대로 옮겨 말하는 것이 아니라 가장 중요한 것에 초점을 두고 내담자가 말한 것보다 짧고 간결하게 말하는 것이다. 재진술을 통해서 내담자는 자신의 문제를 보다 깊게 탐색할 수 있으며 특히 내담자의 이야기가 두서없고 애매할 때 문제의 핵심을 알 수 있게 해준다.

내담자가 자신의 문제로 혼란스럽거나 갈등을 느낄 때 재진술을 통하여 자신의 문제가 타인에게는 어떻게 이해되는지 알 수 있고 자신의 생각을 재평가할 수 있도록 해준다. 즉, 재진술을 통하여 내담자는 자신이 가장 불확실했던 부분이나 아직 탐색하지 못한 것, 이해하지 못한 것 등을 인식할 수 있게 된다. 이러한 과정을 거치면서 내담자는 이전에 생각해 보지 못했던 방향으로 자신의 문제를 새로운 관점에서 살펴볼 수 있게 된다. 일례로 상담의 매 회기마다 마무리 부분에 하는 요약이 일종의 재진술이라 할 수 있다. 요약을 통하여 상담자는 내담자의 이야기를 경청하고 있었음을 알려줄 수 있고 내담자에게는 여러 가지 뒤섞인 자신의 생각들을 명백하게 정리할 수 있는 기회를 갖게 해준다.

상담자 역시 재진술을 통하여 자신이 들은 것이 정확한지를 검토해 볼 수 있는 기회를 갖게 된다. 재진술은 상담자가 내담자의 이야기를 충분히 이해해야 하고 내담자가 주는 메시시의 본질을 파악하여 진술해야 하기 때문에 쉽지 않은 기술 중의 하나이다. 재진술을 할 때 상담자는 내담자가 아직 탐색하지 못하고 있는 부분은 무엇인지 또는 불확실해 하는 것은 무엇인지 등을 파악하도록 노력해야 한다. 상담자의 생각이나 다른 사람의 생각보다는 지금 말하고 있는 내담자의 생각을 강조하고 거기에 초점을 두도록 이끌어야 한다. 재진술의 목적은 결국 내담자가 자신의 문제에 집중하여 더 깊게 살펴볼 수 있도록 도와주는 데에 있는 것이므로 상담자는 내담자에게 비판적이거나 이미 이해하고 있다는 식의 반응을 나타내는 것은 적절하지 못하며 내담자의 이야기를 주의 깊게 듣고 탐색을 도와주는 데 집중해야 한다.

4) 공감

공감이란 다른 사람의 주관적인 경험을 같이 느끼고 다른 사람의 눈을 통해 그들의 세계를 보고 이해하는 것을 말한다. 즉 상담자가 마치 내담자의 입장에 있는 것처럼 내담자의 관점에서 그를 이해하는 상담자의 능력이라 할 수 있다. 내담자들은 비판이나 판단 없이 상담자가 자신들의 문제에 공감하고 있다고 느낄 때 자신의 내면에 깊이 감추어진 갈등이나 문제를 드러내게 된다.

정확한 공감적 이해를 위해서 상담자는 내담자와 함께 하며 그의 감정을 파악하고 그것에 정확히 반응해 주어야 한다. 이것은 표면적으로 드러난 내담자의 감정에 반응하는 것이다. 또한 내담자의 마음속 깊은 곳에 자리하고 있는 감정을 파악하고자 하는 상담자의 이러한 공감적 이해로 인하여 내담자는 자기이해와 통찰력을 발달시킬 수 있다. 공감은 신뢰할 수 있는 상담관계를 만드는 데에 필요한 요소로 상담자는 공감을 방해하는 행동들인 거침없이 말하기, 전혀 반응하지 않기, 부적절한 질문하기, 비판적인 판단을 하며 방어적으로 반응하기 등을 삼가야 한다. 공감은 내담자를 지지하고 있다는 것을 표현하는 중요한 방법이기 때문에 내담자는 자신의 문제에 대해 해답이나 조언을 받기보다는 오히려 상담자가 자신의 문제를 같이 이해하고 있다는 것을 알게 될 때 더 많은 위안을 얻을 수 있다.

5) 감정의 반영

감정의 반영이란 내담자의 감정을 명확하게 이해하여 말해 주는 것인데 내담자의 감정은 내담자의 이야기나 비언어적인 행동으로부터 추론될 수 있다. 상담자가 감정의 반영을 하는 목적은 보통 내담자가 자신의 감정을 보다 심도 있게 탐색하고 명확하게 이해하도록 하는 데에 있다. 또한 감정의 반영을 통하여 내담자가 정서적 정화를 하고 자기 통제를 잘할 수 있도록 하여 감정에 대처하는 법을 알게끔 도와줄 수 있다. 결국 감정의 반영은 내담자가 스스로 자신을 명료화하고 설명할 수 있도록 도와주는 것이다.

많은 내담자들이 사실은 자신의 감정을 탐색하고 이해하고 받아들이는 데에 어려움을 갖는다. 감정을 경험하고 표현한다는 것은 말처럼 쉬운 일이 아니며 힘들고 고통스러울 수 있다. 상담자 역시 감정의 반영을 하려면 내담자를 이해하려는 적극적인 태도를 가져야 하며 상담자 관점에서 벗어나 내담자 관점에서 감정을 파악하도록 노력하여야 한다. 명확한 감정의 반영은 상담자와 내담자 간에 긍정적이고 신뢰로운 관계 형성에 도움을 준다.

상담자는 또한 내담자들이 다른 사람의 감정에 대해서도 지각할 수 있도록 도와주어야 하는데 그러기 위해서는 상담자 자신이 내담자들의 감정을 잘 반영해 주어야 한다. 언어화되어 있지 않은 부분들도 놓치지 않고 세심하게 그 의미를 파악하여 내담자에게 전달해 주어야 한다. 즉 한숨 쉬는 행동이나 침 삼키는 동작 또는 얼굴을 붉히는 행동들이 내담자의 감추어진 감정을 대신하는 경우가 많으니 주의 깊게 살펴보아야 한다. 가족상담의 경우에는 일반적인 상담에 비하여 가족 구성원들 간에 정서적으로 복잡하게 얽혀 있는 관계이므로 감정의 반영을 할 때는 좀더 소심스러워야 한다. 보통 가족의 상호 역기능적인 상태를 바꾸는 데 필요하다고 판단될 때 감정의 반영을 사용한다.

6) 진실성과 자기노출

진실성이란 상담자가 내담자의 이야기를 내적으로 수용할 수 없으면서도 수용하는 척하지 않는 것을 말한다. 즉 내담자의 이야기를 공감하고 있으며 이해하고 있다는 것을 전달하기 위하여 공감하는척 꾸민 듯한 행동을 하지 않는다는 것이다. 진실성은 자기노출과 긴밀한 관계를 갖고 있는데, 상담자는 자신을 내담자에게 노출시키고 보여줌으로써 내담자들이 스스로 자신의 감추어진 문제들을 더 드러내놓고 표현할 수 있도록 이끌 수 있다.

그러나 자기노출에서 개방적인 행동은 상담자의 사적인 삶을 모두 공개하라는 의미는 아니며 내담자들의 문제와 관련된 상담자 자신의 생각이나 느낌을 내담자와 공유할 수 있다는 것을 의미한다. 상담자가 진실하고 적절하게 자신을 방어하지 않고 노출한다면 내담자들도 그들의 문제와 갈등에 대하여 노출하고자 하는 열린 마음을 갖게 될 것이다. 상담자는 자신에 대한 사실을 개방함으로써 개방이 수용될 수 있다는 본보기를 보여주는 것인데 지나친 개방은 비전문가로 보일 수 있으므로 주의해야 한다.

내담자의 문제를 탐색하는 단계에서 유용한 자기노출의 방법은 바로 감정의 개방이다. 상담자가 자신의 느낌을 표현함으로써 내담자에게 다른 사람들도 비슷한 감정을 갖고 있다는 것을 인식할 수 있게 해준다. 즉 감정 노출은 내담자로 하여금 자신의 감정을 인식하고 표현하도록 자극하기 때문에 특히 죄책감이나 수치심 같은 감정을 두려워하는 내담자에게 도움이 될 수 있다. 대부분의 사람들은 타인들도 자신과 비슷한 방식으로 느낀다는 것을 알면 위로가 되기 때문에 감정 노출은 내담자로 하여금 혼자만 부적절하다는 느낌에서 벗어나게 해줄 수 있다.

7) 개방형 질문

개방형 질문이란 내담자들의 대답이 “예, 아니오.” 또는 한두 마디의 대답처럼 간단하게 끝나는 형태의 질문이 아니라, 내담자들이 갖고 있는 관심사를 드러나게 하고 명료하지 않은 생각들을 명확히 하도록 이끄는 질문 형태이다. 다시 말하면 내담자로부터 명확한 답을 요구하는 것이 아니라 내담자의 생각이나 느낌들을 분명하게 하고 탐색하도록 하기 위한 것이다. 즉 내담자가 자신의 관심사를 표출하고 탐색하도록 돕기 위하여 사용되며 특히 대화 내용이 산만하고 명료하지 않을 때 집중하도록 격려하고 자신의 부적절한 생각을 명확히 할 수 있도록 도와줄 수 있다.

개방형 형태의 질문은 보통 "그것에 대하여 어떻게 느끼는지 이야기해 주세요."와 같이 무엇인가를 더 이야기해 달라는 형식을 갖는다. 그러므로 개방형의 질문을 할 때 상담자는 심문하는 듯한 어조나 태도를 보여서는 안 되며 비판적이지 않게 격려하며 지지하는 태도를 보여야 한다. 개방형 질문을 효과적으로 하기 위해서는 먼저 상담자는 내담자에게 주의를 깊이 기울여야 하며 질문은 가능한 한 간단하고 명료하게 하여야 한다. 또한 내담자의 느낌이나 감정이 과거 사건에 대한 것을 나타내더라도 지금, 현재에 초점을 두고 질문을 하여야 한다. 상담자는 보통 내담자가 어느 부분에 대하여 가장 많은 감정을 갖고 있는지 파악하여 그 부분에 집중하게 된다. 개방형 질문을 통하여 내담자의 내부에 있는 것들을 밖으로 표출하도록 할 수 있으며 내담자가 무언가 말을 하고 설명해야 하는데 말이 막히고 정리가 되지 않을 때 개방형 질문으로 도움을 줄 수 있다.

8) 직면

내담자에게 관심을 표현하는 방법 중의 하나인 직면하기는 내담자들의 말과 행동 사이의 불일치나, 언어로 표현한 내용과 비언어적인 표현 간의 불일치를 살펴볼 수 있게 해준다. 직면하기를 통하여 내담자들은 지금까지 보지 않고 피하려 했던 자신들의 모습을 직접 대면할 수 있는 경험을 할 수 있으므로 내담자가 자신의 문제에 대한 통찰을 가질 수 있게 된다. 직면하기에는 두 가지 유형이 있는데 하나는 내담자가 표현하는 말이나 행동의 핵심적인 측면을 이야기해 주는 것이고, 다른 하나는 내담자 쪽의 모순이나 불일치(말과 행동 간의 불일치, 행동과 행동 간의 불일치, 내담자가 말한 두 가지 말 사이의 불일치, 언어적 행동과 비언어적 행동 사이의 불일치 등)를 지적해 주는 것이다.

상담자가 보이는 관심 어린 직면은 직선적인 공격과는 다르기 때문에 상담관계를 보다 신뢰하게 만들 수 있고 오히려 고착된 상담관계를 개선시킬 수 있다. 내담자들 또한 직면한 문제에 대해 상담자에게 솔직하고 사려 깊은 태도로 부정적인 감정과 생각을 표현할 수 있게 된다. 즉 상담자는 내담자들에게 직면하기를 통하여 직접적이면서도 세련되게 대화할 수 있는 방법을 가르쳐 줄 수 있으며 그에 따라 내담자들은 솔직하지만 배려하는 태도로 직면하기를 할 수 있게 된다.

9) 해석

해석이란 상담자가 내담자로 하여금 자신의 문제를 잘 살펴보고 이해할 수 있도록 새로운 참조체제를 제공하는 것이다. 어떠한 상담이든지 효과적인 해석은 내담자가 자신의 문제를 파악하고 나아가 해결책을 찾도록 도와주는 데 중요한 역할을 한다. 즉 해석을 통하여 내담자는 자신과 자신의 문제에 대하여 새로운 각도로 볼 수 있게 된다. 해석을 통해 상담자는 내담자가 이야기한 내용이나 인식하고 있는 것을 뛰어넘어서 행동이나 감정에 새로운 의미를 부여하게 되고 표면적으로 연결되어 있지 않은 이야기들을 연결한다. 이러한 해석은 궁극적으로 내담자의 행동이나 감정을 이해하기 위한 새로운 틀을 제공하는 것이라고 할 수 있다. 따라서 해석은 내담자를 통찰로 이끄는 기술로서 내담자가 자신의 동기에 대하여 보다 잘 이해하도록 하고 감정이나 행동 뒤에 숨겨진 원인에 대해 인식하도록 하여 자신에 대해 새로운 이해를 할 수 있도록 도와주는 것이다.

상담 초기에는 주로 상담에 대한 잘못된 기대나 내담자의 불명확하고 미온적인 태도를 해석하게 되는데 이때는 상담 과정에 대하여 명료하게 밝혀주고 내담자가 노력해야 할 부분에 대하여 제시해 준다. 상담이 진행될수록 내담자의 문제에 대한 생각, 느낌이나 방어기제에 대하여 해석해 주며, 내담자가 자각하지 못하고 있는 것을 알게 해주어 문제에 대한 통찰을 하도록 도와주게 된다. 상담 종결 부분에서는 상담자가 하는 해석의 빈도를 줄이면서 내담자 스스로 해석할 수 있도록 격려해 줄 수 있다.

해석을 할 때 주의할 점은 해석이 내담자에게 위협적일 수 있다는 것이다. 내담자가 해석을 받아들이지 않을 때 저항이 일어날 수 있고 그로 인하여 자신에 대해 탐색하는 것을 멈출 수 있다. 따라서 해석은 상담자와 내담자 간의 신뢰 관계가 확실히 성립되었을 때 실시하는 것이 바람직하다.

해석을 통하여 내담자는 자신의 문제에 대하여 새로운 이해를 하게 되며, 여러 가지 방법으로도 해결되지 않았던 문제나 갈등들이 해결 가능한 새로운 문제로 다가오게 된다. 대부분의 내담자들은 해석에 대하여 긍정적인 태도를 갖게 되는데 그 이유는 상담자가 내린 적절한 해석은 상담자가 자신들의 문제를 잘 이해하고 있다는 의미이며 나아가 그들의 문제가 해결될 수 있으리라는 희망을 갖게 되기 때문이다.

이상에서 살펴본 기법들이 가족상담과 치료에서 효율적으로 활용될 수 있으려면 이에 대한 상담자의 수준 높은 훈련과 함께 내담자의 문제해결 능력에 대한 깊은 신뢰가 무엇보다도 중요하다.

CHAPTER 05

새로운 가족상담 접근법

1. 단계이론 접근법
2. 문제해결적 접근법
3. 치료적 접근법
4. 개인 변화 중심 접근법
5. 이야기 접근법
6. 상호작용적 접근법
7. 통합적 접근법

CHAPTER

05 새로운 가족상담 접근법

이 장에서는 가족 갈등과 문제해결에 사용되는 단기 가족상담 접근법에 대하여 살펴보려고 한다. 단기 가족상담은 상담자들이 실제 사례를 다루어 가면서 변화 · 발전된 것이라고 할 수 있다. 최근 심리상담 및 치료는 많이 대중화되었다. 이는 초창기 상담에 비해 상담의 효율성과 접근성을 높이기 위해, 상담기간은 단축하면서 효과적으로 문제를 해결하려는 노력의 결과로 볼 수 있다.

단기 상담의 목표는 내담자들이 심리치료를 받게 된 문제들이나 불편함을 극복하도록 돕는다는 일반적 목표를 벗어나지 않는다. 즉 내담자들이 겪는 고통이나 불편을 단기간의 가족상담을 통해 해소하려는 것이 주요 목표라고 할 수 있다. 따라서 상담은 보다 문제 지향적이고 지시적인 특성을 띠게 된다.

단기적 접근법을 적용하는 상담자의 역할은 보다 적극적이다. 단기 상담은 시간이 제한되어 있어 매 회기를 보다 건설적으로 사용할 것이 요구된다. 따라서 상담자는 매 회기 진행할 활동 계획을 용의주도하게 세울 필요가 있다. 이를 통해 상담자는 가족의 흥미나 이해를 적극적으로 탐색하고 안내해 주며 행동계획을 세우고 문제해결 방법을 제시하거나 가르치게 된다.

가족상담 접근법은 현재 상담자가 실행하고 있는 상담에 대한 일반적인 견해나 조망을 말한다. 상담자들이 가족들을 돕는 방법인 가족상담의 실제적 접근법은 상담자가 가진 학문적 이론에 기초한 가족상담에 대한 신념, 정의, 믿음 같은 추상적 개념들로 구성되어 있으며 이를 토대로 한 상담자와 내담자의 협동작업에 의해 만들어진다. 가족 개념을 무엇이라고 한마디로 정의하기 어렵듯이 가족상담을 위한 실제적 접근법 또한 다양하다고 볼 수 있다.

각 접근법은 서로 다른 신념과 이론을 기초로 하고 있으며 차별적인 기법이나 방법, 활용 영역을 가지고 가족상담 실행의 길잡이 역할을 한다. 일반적으로 초보 상담자들은 비교적 구조화된 접근법에서 상담의 절차를 배운다. 또 상담자들은 사례를 다루어 가면서 그들이 선택한 접근법을 평가하고 더 많은 연구가 필요하다고 생각하며 보다 적합한 접근법을 개발하기 위해 노력하게 된다.

장기 상담에 비해 단기 상담에서는 상담자에게 보다 많은 유형의 활동이 요구된다. 상담자는 개인적인 선호와 신념, 그리고 가족들의 구체적 문제나 요구에 따라 절차나 방법을 결정하게 될 것이다. 이때 상담자가 절충적일수록 상담자의 활동은 그 폭과 범위가 넓어질 것이다.

1. 단계이론 접근법

심리치료의 최근 경향 중 하나는 심리치료 지침서의 등장이다. 단계 접근법은 상담의 시작부터 마무리까지 구조화된 지침을 따라가는 접근법이다. 이 접근법에 기초한 가족상담의 매 회기는 연속되는 과정이며 각 회기마다 이루어야 할 특별한 과업이 있다는 가정하에 초기, 중기, 말기로 진행된다. 단계 접근법은 초보 상담자에게 유용한데, 그 이유는 이 방법이 마치 길을 찾을 때 이용하는 지도처럼 상담의 진행 단계를 제시해 주기 때문이다.

단계 접근법에서는 만약 상담자가 모든 단계들을 정확하게 실행한다면 상담에 성공하게 될 것이라고 가정한다. 반대로 정해진 일련의 단계들을 제대로 거치지 않거나 각 단계를 정확하게 실행하지 않았다면 그 상담은 성공하지 못할 것이라고 본다.

여기서 가족상담자는 바로 각 단계마다 실행이 요구되는 과업이 적절하게 달성될 수 있도록 가족들을 이끌어 가는 지도자, 또는 촉진자로서의 역할을 담당한다. 단계 접근법은 성공적인 결과를 도출한 사례들에서 공통적으로 드러나는 현상이나 양상에 대한 기술을 기초로 상담진행의 지침을 도출한 것이라고 할 수 있다.

단계 접근법은 모든 상담 단계를 연속성을 띤 일련의 통합적인 과정으로 가정한다. 학자에 따라 상담의 단계를 순환 메커니즘으로 보고 상담이 어느 정도 진행되었더라도 초기 단계로 되돌아갈 수 있다고 주장하고 있다. 하지만 대부분의 단계 접근법은 상담의 시작부터 종결 단계까지를 일방향으로 진행되는 단선형 과정으로 가정하며 각 단계는 성공적인 가족상담을 위해 필요한 과정이라고 본다.

폴버그와 테일러(Folberg & Taylor, 1984)는 가족상담의 일곱 단계 모델을 아래와 같이 제시하였다.

- 라포 형성과 사례 구조화
- 사실 확인과 문제 구별하기
- 대안적인 방법 찾기
- 협상과 결정내리기
- 명료화와 계획 짜기
- 법적으로 처리할 문제들을 살펴보기
- 실행하기, 새검토하기 그리고 수정하기

초기 다섯 단계에서는 상담자의 중립적인 역할이 중요하며, 여섯 번째 단계는 경우에 따라 생략될 수 있는 단계로 법적 절차가 주요 문제인 경우, 자문 변호사나 판사 또는 다른 전문 관련인의 조언을 받아 이루어진다. 마지막 단계는 가족에 의해 전적으로 이루어지는데 처음 다섯 단계에서 보여주었던 상담자의 노력에 따라 영향을 받게 된다.

무어(Moore, 1996)는 상담의 흐름을 다음 열두 단계로 설명하였다.

- 가족들과 관계 확립하기
- 상담접근법의 설정
- 정보를 수집하고 분석하기
- 상담을 위한 구체적인 계획 세우기
- 신뢰와 협조체제 구축하기
- 상담 회기 시작하기
- 문제를 정의하고 계획표 만들기
- 가족들의 감추어진 관심이나 흥미 밝히기
- 해결을 위한 방안 세우기
- 세운 방안들을 평가하기
- 마지막 계약하기
- 형식적인(formal) 해결에 도달하기

무어의 열두 단계를 보면 앞의 다섯 단계는 나중의 일곱 단계를 실시하기 위한 준비 단계로 실제적인 상담은 여섯 번째 단계부터 시작됨을 알 수 있다. 각 단계들이 계획대로 진행되면 가족 갈등이 해결되어 결과가 만족스럽게 끝날 것이라고 가정하기 때문에 순환적인 절차는 제안하지 않는다. 따라서 이 접근법은 상담 종결 이후의 추수활동을 포함하지 않는다.

슬라이케(Slaikeu, 1996)는 상담의 진행에서 다루어야 할 실제적인 다섯 가지 중요 사항을 다음과 같이 제안하였다.

- 초기 접수면담
- 본격적인 상담 모임 시작
- 상담 시 개인상담의 활용
- 상담 회기들을 연결하여 이끌어 가기
- 종결

이 접근법은 가족상담 접근법으로 활용되기 이전에 기업 경영 자문 영역에서 사용되고 있는 접근법으로 주로 문제해결 중심의 단기 상담에서 활용된다.

앞에서 밝힌 세 가지 모델은 가족상담자들에게 기초적인 절차를 명시하여 제공하고 있다. 하지만 위와 같은 단계적 접근법은 가족 역동성을 어떻게 다루어야 하는지 또는 한 회기에서 다음 회기로의 전환은 언제 어떻게 이루어져야 하는지에 대해 다루고 있지 않다는 제한점이 있다.

단계 접근법의 특징은 가족상담자에게 상담 과정이나 진행에 대한 일반적인 설명과 기본적인 이해의 틀을 제공해 준다는 것에 있다. 상담의 진행 과정과 방법을 제시해 주기 때문에 특히 초보 상담자들에게 유용하다. 이 접근법은 관찰자의 견지에서 상담 과정을 설명하고 있다. 따라서 가족 갈등 상태에서 일어나는 상호작용에 대한 구체적인 내용을 담고 있지 못하다는 제한점 때문에 가족상담을 이끄는 일반적인 지침 수준에서 활용되는 것이 바람직하다고 본다.

헤이네스(Haynes, 1994)는 이혼 분쟁에 휩싸인 가족과 같은 문제해결이 요구되는 상담의 단계를 다음의 다섯 가지 순환적인 단계로 설명하였다.

- 정보 수집하기
- 정보로부터 문제를 정의하기
- 문제해결에 대한 여러 대안들을 제시
- 개별적 관심에서부터 상호적인 관심으로 문제를 재정의하기
- 상호 동의에 도달하기 위한 여러 제안들을 협상하기

그는 문제해결 중심의 가족상담은 가족 분쟁의 원인이 되는 여러 복잡한 문제들에 대한 마지막 결론이 도출될 때까지 위의 단계들이 순환되어야 한다고 주장한다. 이혼상담 사례로부터 고안된 이 접근법은 상담자들에게 실제적인 가이드라인을 제공해 주는 이점이 있다.

단계 접근법이 가족상담자들에게 상담 실행의 기본적인 틀을 제공해 주는 이유는 상담의 방향을 잘 기술하고 있기 때문이다. 그러나 앞서 말했듯이 단계 모

델은 상담이 진행되는 동안 역동적인 유기체로서의 가족 내에서 발생 가능한 가족의 요구나 역동성을 고려하고 있지 못하다는 제한점이 있다.

2. 문제해결적 접근법

단기 가족상담은 가족 내에서 발생하는 다양한 갈등 상황들을 가능한 한 유연하게 해결할 수 있도록 도움을 제공하는 것에서부터 출발하였다.

1980년대 초 미국에서는 가족 분쟁을 법적으로 처리하기보다는 협의에 의한 해결을 장려하는 경향이 생겨나기 시작하였다. 이러한 분위기는 법정 판사들이 가족의 특수한 역동성을 이해하지 못하고 있다는 자각에서 시작되었다. 이후 단기적 문제해결 접근법을 훈련받은 상담자들이 증가함에 따라 판사를 대신해 상담자들이 가족문제에 도움을 줄 수 있게 되었다.

이에 따라 상담자들은 가족 분쟁 시 법정 싸움을 시작함으로써 야기되는 복잡하고 불필요한 절차 및 분배 위주의 판결에 따르는 대신에 좀더 유연한 방법을 채택할 수 있도록 가족들을 돕는 역할을 담당하게 되었다. 가족상담자들은 어떻게 하면 지금의 가족문제를 좀더 효율적이고 상호 수용 가능한 방안으로 해결해 나아갈 수 있는지에 대해 정보를 주거나 교육을 제공하게 되었다. 이를 기초로 한 문제해결 접근법은 많은 가족상담 사례에서 활용되고 있다.

또한 문제해결적 방법은 이혼가정에 대한 법정 판결 과정에도 영향을 미치게 되어 가족들의 심리적 건강 측면을 좀더 고려할 수 있도록 하는 변화를 가져 왔다. 다시 말해, 판사나 법관이 법적인 절차에 심리학적 지식이나 이해를 적용해야 한다는 움직임이 시작되는 계기를 제공하였다고 볼 수 있다.

가족문제 해결에 어떠한 것들이 필요한지를 결정하기 위해서는 가족들과 보다 심층적으로 작업하는 것이 요구된다. 문제해결 중심의 가족상담자의 역할은 가족들이 좀더 바람직한 방법으로 문제해결 과정을 거칠 수 있도록 도와주는 것이다.

이 접근법에서는 가족문제가 무엇인지 규명하고, 문제를 조정하거나 해결하기 위해 논리적인 문제해결 방법을 제공하는 상담자의 역할을 강조하였다. 이러한 문제해결 모델은 1970~1980년대에 상담이나 심리치료 분야에서 널리 활용되었다.

폴저와 풀(Folger & Poole, 2001)은 효과적인 문제해결을 위해 상담자와 가족은 아래의 사항에 유의해야 한다고 보았다.

- 상담 결과에 관심 가지기
- 도움이 되는 협조자 찾기
- 상담 참여자들이 갈등을 해결할 수 있다는 믿음 가지기
- 협상을 할 때, 상담을 종결하기 위해 양보하는 것이 아니라 실제적인 이해사항을 챙기기
- 상대방이 옳을 수 있다는 생각 가지기
- 상대방의 견해를 이해하고 함께 노력하는 가운데 불신을 줄여갈 수 있다는 생각 가지기

문제해결의 의미는 회피, 타협, 경쟁 등과 같은 갈등에 대한 전형적인 반응을 보이는 대신 갈등에 대해 좀더 원칙적으로 반응하는 것이다. 그리고 상담자는 문제해결을 위해 갈등을 겪고 있는 가족들이 좀더 협조적인 태도로 변해 갈 수 있도록 도와주는 일을 하는 것이다. 상담자가 가족의 어느 편에도 치우치지 않는 중립적 자세를 유지하며 그들의 공동문제를 해결하는 데 초점을 맞춘다면, 상담에서의 문제해결 노력은 성공적으로 진행될 것이며 좀더 신뢰할 수 있는 결과를 가져올 수 있을 것이다.

문제해결 접근법에 대한 이러한 가정은 가족 중 한두 명이 문제해결을 위해 필요한 행동을 협조적으로 실행하지 않을 때 의도했던 방향으로 진행되지 않을 수 있다. 문제해결을 위해 노력하지 않는 가족 구성원이 있다면 상담자는 갈등

을 해결하기보다 유지하는 것이 그들에게 어떤 보상이 되는지를 탐색해 보아야 한다. 어떤 가족 구성원은 문제의 유지에 의해 이차적인 보상을 얻거나 가족 내에서 자신의 역할을 유지하는 것이 쉬울 수도 있기 때문이다.

가족문제가 돈, 시간, 물건, 자원들에 대한 분배와 관련된 경우 성공적인 가족상담은 가족들 간에 직접적인 문제해결과 협상이 어느 수준에서 이루어졌는지에 달려 있다. 오직 분배와 통합에 기초한 문제해결은 가족상담의 복잡성과 역동성에 비추어 보면 충분치 않다고 볼 수 있다. 협상에 근거한 문제해결 방법은 단순한 가족 분쟁에는 해결책을 제시해 줄 수 있겠지만, 좀더 복잡한 분쟁에는 효과를 보장하기 어려운 접근법으로 볼 수 있다.

대부분의 이혼 분쟁은 자녀양육 문제에 대한 결정이 따르게 된다. 이때 가족들은 여러 가지 갈등과 좌절을 겪게 되는데 해결 중심의 가족상담은 이러한 과정에 개입하여 보다 긍정적이고 바람직한 결과를 만들도록 돕는다.

문제해결 접근법의 주요 내용은 상담을 통해 가족문제에 대한 가족들의 관점을 탐색하고 적절한 개선 방안을 선택하는 데 초점을 두고 에너지를 사용하게 하는 것이다. 여기서 상담자는 각기 다른 시각으로 문제를 보는 가족 구성원들을 중재하는 역할을 한다.

변화에 저항하는 가족들을 다루기에 해결 중심 접근법은 역부족으로 좀더 치료적 접근법이 요구된다. 다시 말해, 문제해결 접근법은 가족상담의 기본적인 모델이라 할 수 있지만 복잡한 가족문제를 다루기에는 효과성이 떨어진다고 볼 수 있다 .

3. 치료적 접근법

가족과 가족 구성원이 보다 기능적으로 변화하려면 가족 시스템 전체가 변화해야 한다.

전략적 · 구조적 가족치료는 가족문제와 가족 구성원에 대한 이해를 증진시키는 데 도움을 주었다. 치료적 접근법 가운데 가장 종합적이고 절차가 명확한 단기적 모델 중의 하나는 어빙과 벤저민(Irving & Benjamin, 1995)이 20년 이상의 임상 경험을 바탕으로 개발한 것이다. 이 모델들은 한 사례당 16~32시간이 소요되며 앞서 밝힌 문제해결 접근법이 가진 한계점을 보완할 수 있는 방법으로 활용될 수 있다.

가족상담자들은 가족들을 보다 잘 이해하고 그들을 재구조화하는 데 도움을 주기 위해 노력하게 된다. 전략적인 가족상담의 기본 신념은 상담자는 가족끼리 해결하기 어려운 가족문제에 개입하여 가족문제를 재정의하고 재구조화하는 것을 도와주는 것이다. 문제 가족 구성원이 나타내는 행동적이고 물리적인 징후는 가족문제를 상징적으로 표현하고 있는 것으로 보고 그 문제들을 해결하기 위한 치료적인 접근을 강조한다. 전략적 접근법에서는 상담자가 가족의 구조와 패턴을 변화시키기 위해 직접적이고 지시적인 기법들을 활용하기도 하는데 예를 들면 상담에 참여한 가족이 상호작용하는 법을 바꾸도록 변화를 모색하는 것이다. 이 접근법에서는 가족들이 자신과 타인을 구별하여 문제를 바라볼 수 있도록 하기 위해 개별상담 시간을 활용하거나 공동 상담자를 활용하기도 한다.

전략적이고 구조적인 모델은 보웬(Bowen)의 이론에 근거하고 있다. 전략적이고 구조적인 접근법의 기본 전제는 궁극적으로 가족상담에 참여한 가족 구성원 각자의 개별성과 힘을 신장시킨다는 것이다.

예를 들어 가정폭력과 부부 갈등은 자녀들에게 정서적인 손상을 입히게 된다. 부모의 갈등이 너무 심해서 상담 개입이 힘든 가정들의 역기능적인 역동은 자녀들에게 매우 큰 상처를 주게 된다.

존슨(Johnson, 1997)은 가족 내에 갈등이 발생했을 때 그 갈등을 고조시키는 악순환에 빠져든 부모는 자녀의 요구나 필요에 반응할 수 있는 능력을 상실하고 있다는 것을 연구 결과를 통해 확인하였다. 그는 가족 갈등에 빠져 있는 아동의 피해를 좀더 효율적으로 줄여나갈 수 있는 치료적인 상담 방법을 모색하게 되었다. 갈등으로 혼란 상태에 있는 부모는 그들의 갈등을 고조시키고 있는 개인의 내적인 문제를 처리할 생각도 못하고 자녀들에게 적절한 관심도 보여주지 못하는 상태에 놓이게 된다. 이러한 상황이 지속되는 것은 여러 가지 가족 내의 상황을 위태롭게 만들 수 있다. 이때 이 접근법의 목표는 자녀들의 요구나 필요에 대해 반응할 수 있도록 부모를 교육시키는 것이고 가족 갈등과 역동성을 좀 더 잘 다룰 수 있도록 도와주기 위해 부모와 자녀들에게 직접적인 치료적 상담을 제공하는 데 있다.

이 접근법에서는 가족에게 일어나는 문제를 다음 세 가지 수준으로 분류한다.

① 가족 구성원 각 개인의 내적인 역동

② 분쟁을 겪고 있는 가족 구성원 간의 상호작용

③ 갈등을 겪고 있는 가족과 가족 바깥의 외부 세계 간의 외적인 역동

대부분의 가족문제는 위의 세 가지 수준 중 한 가지 또는 두세 가지 수준에 있게 된다.

결단 지향적 상담은 직접적인 치료와 문제해결 중심 상담을 혼합해 놓은 형태이다. 이 접근법은 두 가지 형태로 진행될 수 있는데 하나는 한 가정이 순차적인 상담을 받는 것이고, 다른 하나는 집단 가족상담으로 보통 다섯 가정에서 많게는 여덟 가정이 25~35시간에 걸쳐 상담 과정을 거치는 것이다.

이 접근법은 다음 네 가지 과정으로 진행된다.

첫 번째 단계는 상담 개입을 계획하는 단계이다. 즉, 아동을 관찰하고 부모와 아동이 상호작용하는 것을 관찰하는 평가 과정(6~8시간 정도)이다. 임상적인 관찰이 표준화된 평가 과정에 포함되기도 하며 관찰의 순서는 다음과 같다.

- 갈등
- 부모의 개인적 발달 상황
- 결혼 또는 관계의 와해

• 아동의 발달단계
• 갈등이 아동에게 미치는 영향

두 번째 단계인 사전 협상 상담 단계로 들어가면 각 부모는 치료적인 개입을 따로 받게 된다. 집단 과정 형태로는 부모를 위한 과정과 아동을 위한 과정이 따로 제공되는데 전자에는 두 명의 상담자가, 후자에는 한 명의 상담자가 배치된다. 이 단계에서 상담자는 가족의 기능 향상을 위해 개입하는 치료자 역할을 하게 된다. 여기서 개입이란 부가적인 치료나 개입이 필요한지, 일정을 변경해야 하는지 등과 같은, 아동이 원하는 것이 무엇인지 파악하고 그들의 입장을 보호 및 지원해 주는 것부터 시작해서 직계 가족들과 관계 있는 친족까지 구성원들을 확대해 접촉하는 것까지 그 범위가 넓다. 이 단계에서 상담자는 부모를 교육하는 일을 담당하고 아동이 말하고 있는 내용을 잘 파악해서 직접적인 피드백을 제공해 주며 상담에 필요한 중요한 타인이 있을 때 그들을 상담 과정에 포함시키는 일 등을 수행한다. 만약 부모가 계속 고집스럽게 변화를 거부한다면 상담자는 좀더 현실 검증적 접근 방법을 사용하기도 한다. 이것은 부부가 법정으로 갔을 때 그곳에서 일어나는 일들을 상세하게 실연하는 일종의 역할극을 해보는 과정이다. 이러한 현실 검증 방법은 법적인 충고와 달리 이 과정이 자녀들에게 미치는 피해를 잘 인식할 수 있도록 초점을 맞춘 것이다. 이 두 번째 단계가 가장 긴 시간이 소요되는데 보통 12~16시간 동안 진행되며 만약 가족이 필요하다고 여기면 연장할 수도 있다.

세 번째 단계는 협상과 갈등 해결 단계인데 이때 이전에 가정폭력 상황이 없었다면 전형적인 문제해결 과정을 전개하며 이전 단계에서 확인된 것들을 마무리해 나가는 데 역점을 둔다. 폭력 상황의 발생과 같은 안전에 대한 염려가 있을 경우, 상담자는 양측을 오가며 왕복상담을 하기도 한다. 이것은 상담을 성공적으로 이끌어 가기 위해 정서적인 긴장이 악화되지 않도록 서로 동의한 가운데 종결을 향해 나아갈 수 있게 하는 것으로 한두 회기 정도의 짧은 단계로 나누어진다.

마지막 성취라고 불리는 네 번째 단계에서는 각 부모가 서로 동의한 것을 명백히 하고 종결짓는 데 필요한 과업을 확실히 하도록 도와준다. 이 단계에서 가끔 치료나 법적인 서비스를 제공해 줄 수도 있고 위기 상담 요청을 받을 수도 있다. 아동의 필요나 요구에 대한 것들이 잘 시행되고 있는지 또한 동의 내용들이 잘 지켜지고 있는지 등을 알아보기 위해 종결 후 6개월, 그리고 2년 후에 추수 확인 상담이 있다.

피드백 과정에서는 아동의 위기와 부모의 요구들을 다루고, 또한 부모가 아동의 요구를 확인하고 그것에 따라 상담을 마무리할 수 있도록 교육이 이루어진다. 이때 부모는 그들이 동의한 것을 실행하도록 도와주는 지역사회 서비스와 연계된다.

거부와 상실에 대한 고통을 가진 부모의 경우나 충격적인 결별 경험이 있는 가족들의 경우, 이 결단 지향적인 접근법이 가장 효과적인 것으로 여러 연구 결과에서 밝혀졌다. 또한 우울 증세를 보이는 아동들 그리고 부모가 서로 분쟁에 열중하여 자녀들을 보살피지 못해 위험에 노출된 아동들에게도 좋은 방법인 것으로 나타났다. 그러나 존슨에 따르면 부모가 심각한 성격장애를 가졌거나 가족폭력, 특히 아동에게 폭력이 행사되는 가족의 경우 그리고 심각한 가족 내 역기능이 있는 경우에는 이 모델의 사용을 제한해야 한다고 주장하였다. 또 다른 연구에서는 결단 지향적인 모델은 법적인 개입이 같이 시행될 때 가장 효과적이라는 결과를 제시하기도 하였다.

4. 개인 변화 중심 접근법

이 접근법은 가족 내 역기능 해소보다는 개인적 변화를 강조한다. 가족 역기능 해소를 중심으로 상담이 진행되다 보면 문제를 정의하고 해결과 동의를 모색하는 과정에서 모든 가족 구성원의 온전한 합의를 이루기 어렵고 몇몇 구성원에게는 강제성을 띨 여지가 있다. 이럴 경우 자칫 상담이 가족들의 진정한 관심이나 능력을 벗어나거나 이로 인해 지속성이 떨어지는 결과를 이루어내도록 압박할 수 있다.

가족의 개인적 변화를 목표로 하는 상담은 다음과 같은 기본가정을 토대로 진행된다.

① 첫 회기는 항상 많은 것을 말해준다: 상담자의 역할에 대해 설명하고 '가족 인식의 확대'와 기능강화(empowerment)에 입각하여 목표를 기술하기
② 궁극적으로 중요한 것은 가족들의 선택이다: 결과에 대한 책임을 가족에게 맡기기
③ 최상의 것은 가족들이 안다: 가족들의 견해와 결정을 판단하지 말기
④ 가족들은 얻어야 할 것을 갖는다: 가족들의 경쟁과 갈등의 원인과 동기에 대해 긍정적으로 생각하기
⑤ 느낌 안에 사실들이 있다: 가족들이 정서 표현을 하도록 권장하고 거기에 반응하기
⑥ 명확성은 혼란으로부터 나온다: 불확실한 것에 대한 탐색을 격려하기
⑦ 실행의 시작은 바로 지금, 현재에 있다: 갈등이 서로 상호작용하는 지금-여기(here and now)에 초점 두기
⑧ 논의되고 있는 과거는 현재 어떤 의미를 가지는지가 중요하다: 과거 사건에 대한 진술에 반응하기
⑨ 갈등은 장기적인 사건이 될 수 있다: 연속적인 갈등의 상호작용에서 개입을 하나의 중요 변화 요인으로 간주하기
⑩ 작은 부분들도 중요하게 탐색한다: 갈등의 의미에 대한 새로운 인식과 의미 찾기로 힘을 회복하게 되었을 때 그 정도가 미약하더라도 성공으로 인식하기

이 접근법은 상담 과정에서 가족에 의해 발생하는 예측하기 힘든 상호작용과 흐름들을 긍정적으로 재조명하고 변화를 촉진하기 위한 개입 요소로 삼는다.

개인 변화 중심 접근법은 가족의 진정한 관심을 다루기 위해 가족들이 가진 힘을 믿는 민주적인 철학에 기초하고 있다. 그런 이유로 가족들이 자발적으로 자신의 상담 과정을 결정하도록 강조하며, 상담자는 무엇이 중요하고 어떻게 진행하여야 하는지에 대한 자율적 결정을 돕고 개입을 최소화하는 입장을 취한다.

5. 이야기 접근법

이야기 접근법에서 상담자는 권위적인 전문가가 아니라 가족과 함께 하는 협력자로 간주된다. 상담자와 가족은 어떻게 하면 가족들이 잘 지낼 수 있을지에 대해 새로운 이야기를 공동으로 만들어 나간다. 상담자는 가족들이 말하고 있는 갈등을 담은 이야기에 동참하고 그들이 원하는 변화가 무엇인지 볼 수 있도록 도와주며 갈등에 관한 대화에 참여하도록 이끈다. 이때 상담자는 주어진 가족 갈등을 다른 각도에서 보고 해결하도록 도와주는 역할을 한다. 이야기 접근법에서 상담자의 주요 과업은 갈등에 대한 가족들의 이야기에 가족들이 몰두할 수 있도록 안내하고 그들의 이야기에 희망이나 평화, 협동 같은 개념을 첨가하여 이야기를 새롭게 재구성하는 것이다. 이야기 접근법은 다음과 같은 특징을 가진다.

- 가족들이 구성한 갈등에 대한 이야기 듣기
- 갈등 중심 이야기와 존경, 협동, 이해, 평화에 대한 이야기의 명확한 분리
- 가족들이 그들의 갈등 이야기를 대화를 통해 밖으로 표현하도록 하기
- 문제에서 벗어나기 위한 하나의 방법으로 개선될 수 있는 이야기 선택

이야기 상담은 다음의 세 가지 주요 단계를 거치면서 진행된다.

① 가족들을 끌어들이기

② 갈등이 포함된 이야기를 표현하고 해체시키기

③ 갈등을 변화시키거나 감소시키는 대안적 이야기 만들기

상담자는 위의 세 가지 단계에서 능동적인 역할을 해야 하고 상담자의 이러한 역할은 각각의 단계가 보다 원활하게 진행될 수 있도록 도움을 줄 것이다.

이야기 상담 과정은 가족들이 서로 마음을 열고 대화함으로써 그동안의 갈등적인 이야기와는 다른 새로운 이야기로 현실을 재구성하는 것이다. 여기에서 가족들은 색다른 결과를 낳을 수도 있다는 희망 아래 서로 다른 이야기들을 말할 수 있게 된다. 예를 들면 이혼가족이 구성하는 이야기는 이혼이란 자녀에게 정서 및 행동 문제를 유발시키고 배우자는 정서적 · 경제적 · 사회적 어려움을 겪게 될 것이며 아동 양육에 대한 책임감이 가중될 것이라는 내용을 담게 된다. 가족들은 결혼과 이혼에 대해 갈등으로 가득 찬 그들 자신의 이야기를 구성하기 시작하며 그것이 바로 진실이라고 믿는다. 그러나 갈등적인 이야기를 서로 털어놓고 이야기할 수 있으면 파국으로 치닫는 결과 대신 다른 결과를 얻을 수도 있다. 여기에는 가족 구성원들의 협동과 긍정적인 이야기를 구성하려는 의지나 욕구가 있어야만 한다.

이야기 접근법에서 상담자는 가족들을 중재 노력에 끌어들이기 위해서 따뜻한 분위기, 상호 신뢰와 존중, 문제해결 의욕 등을 불러일으켜야 한다. 해결 중심 접근법과 달리 이야기 접근법에서는 상담자가 제삼자의 입장을 견지하면서 동시에 가족들과 친밀한 관계를 유지할 것이 강조된다. 상담자는 가족에게 직접적으로 지시하거나 가족과 거리를 두는 전문가적인 위치가 아니라, 능동적으로 대화를 격려하기도 하고 필요에 따라 무시하기도 하는 공동 협력자의 역할을 한다.

상담자는 가족들이 이야기를 내어놓을 수 있도록 격려하고 그들의 문제를 밖

으로 표출시켜 객관적으로 볼 수 있도록 대화를 유지하는 데 힘써야 한다. 상담자는 가족들이 이야기만 열거하게 하는 것이 아니라 그들 이야기에 나타난 문제들이 그동안 서로에게 어떤 영향을 주었으며 가족 구성원 각자가 그 문제에 어떤 영향을 끼쳤는지, 갈등을 만드는 데 어떻게 기여했는지를 문제들마다 이름을 붙여 보고 큰소리로 되새겨봄으로써 자각하고 이해할 수 있게 한다. 이 방법의 기본 가정은 사람이 문제가 아니라 문제가 바로 문제가 된다는 것이다.

이 방법은 가족과 상담자가 함께 문제에 관한 이야기를 해체시키는 것으로 시작해서 다른 대안적인 이야기를 만들 수 있도록 이끄는 작은 희망을 찾는 일을 하는 것이다. 가족들은 그들이 갈등적인 이야기를 지속하기 원하는지 아니면 대안적인 이야기를 원하는지 생각해 봐야 하며 만약 후자의 것을 원한다면 그것이 어떻게 이루어질 수 있는지 심사숙고하여 새로운 이야기를 만들어야 한다. 사실 대부분의 가족들은 갈등적인 이야기에 깊이 빠져 있기 때문에 거기에서 벗어나고 싶어한다. 이때 상담자는 다른 대안적인 이야기 구성이 가능하다는 것을 알려주고 가족들이 계속 희망을 갖고 나아갈 수 있게 안내해 주어야 한다.

이야기 접근법에서 상담자의 중요한 활동과 기법은 가족들이 대안적인 이야기를 구성할 수 있도록 반영적인 질문을 하는 것이다. 상담자는 필요에 따라 참여자 각 사람의 의견을 충분히 존중하며 가족 구성원들이 스스로 바람직한 결정을 내릴 수 있도록 도와주어야 한다. 여기서 상담자는 필요에 따라 가족 구성원들이 좀더 완전한 이야기를 새로 구성할 수 있도록 각자 개인적인 시간을 갖도록 권고할 수 있다.

상담자는 또한 가족들의 대화와 이야기에서 나타나는 변화를 지속적으로 기록해야 하는데 이야기와 글쓰기는 이 방법에서 매우 중요한 요소이며 이것은 대안적인 가족관계를 잘 구성해 갈 수 있도록 확신을 갖게 해준다. 이야기 접근법에서 상담자는 이 모델이 갖는 철학적 기초와 반영적인 기법들을 자기 것으로 완전히 수용해야 상담을 잘 이끌어 갈 수 있다. 이야기 접근법은 상담자와 가족이 서로 협력적 파트너 관계를 맺고 공동으로 상담을 이끌어 가는 것이라고 볼 수 있다.

이야기 접근법은 상담 과정에서 가족을 이야기의 공동 저자로 인정하고 이들이 가진 견해의 다양성을 수용하는 내담자 중심적 특성이 있어 가족상담의 접근법으로서의 이점이 있다.

이야기 접근법은 많은 상담자들에게 적합한 모델이라고 할 수 있는데 특히 민주적 성격의 내담자 중심적 상담자에게 적합한 접근법이다.

6. 상호작용적 접근법

상담자는 가족들의 상호작용을 모니터링하고 평가하는 것이 중요하다. 상담자는 상담 과정에서 적절한 협상과 의사소통 방법을 보여주며 중립적인 입장에서 상담이 원활히 진행될 수 있도록 하는 한편 독특하게 상호작용을 하는 체계의 한 구성원이기도 하다. 상담자가 상담 회기 내에 반영을 통해 반응하는 것은 가족 간 상호작용에 영향을 주며 변화를 가져오기 위해서다. 따라서 상담자는 자신에 대한 인식 수준이 높아야 하며 상호작용 과정에 민감해야 한다.

상담자는 회기 내에서 다음과 같은 가족 간 상호작용에 주의를 기울여야 한다.

- 관계 맺기: 가족들은 어떠한 관계를 맺고자 하는가, 그리고 현재 관계특성은 어떠한가 등을 확인하기
- 힘과 갈등에 대한 지도: 가족들이 서로 경쟁적인가 또는 회피적인가, 그리고 그들이 서로에게 어떤 형태의 힘을 주고 있는가, 그 힘을 잘 사용하고 있는가를 이해하기
- 의사소통: 가족들의 의사소통이 어떻게 방해받고 있으며 그것을 어떻게 해결하고 있는가, 그들 간에 일관된 주제를 갖고 있는가, 있다면 그것들을 서로에게 어떻게 전달하고 있는가 등을 이해하기
- 상호작용 범위: 가족들은 자신을 표현하는 데 자유로운가 또는 제한받고

있는가 그리고 서로 존중하는가를 확인하기

- 투명성: 가족들이 얼마나 개방적이고 정직한가 또는 서로에게 얼마나 자연스러운가를 확인하기
- 존중: 가족들이 서로에게 공감을 표현하는가 아니면 방어와 무시하는 태도로 서로를 대하고 있는가를 확인하기

상호작용적인 접근 방법의 기본 가정은 모든 가족은 좀더 긍정적인 형태로 상호작용할 수 있는 자원을 가지고 있다고 가정하기 때문에 상담 진행 과정 중에 발생하는 다양한 사태를 가족의 상호작용을 변화시키는 자원으로 활용한다. 즉, 가족들에 의해 일어나는 상호작용들이 갈등을 조정하고 해결하는 데 어떻게 작용하는지 또는 보다 긍정적인 상호작용을 어떻게 이끌어 낼 수 있는지에 대한 단서를 안고 있다는 것이다.

이 접근법의 기본 전제는 만약 상호작용 과정이 부정적이라면 긍정적인 상담 결과는 있을 수 없다는 것이다. 상담의 일차적 목표는 가족들을 새롭게 변화시키는 것이 아니라 가족 간에 상호작용하는 방법을 변화시키는 것이다. 상호작용적 접근 방법의 또 다른 기본 전제는 만약 가족들이 좀더 긍정적이고 개방적인 태도로 상호작용을 한다면 이 변화가 갈등해결 능력 향상에 도움을 준다는 것이다. 그러므로 상담자는 사람을 변화시키는 것이 아니라 상호작용하는 방법, 즉 가족 간 상호작용을 변화시킬 수 있는 행동이나 사고, 느낌들의 변화를 돕는 것이다. 상담자 자신이 상호작용을 변화시키는 새로운 등장인물이므로 상담자는 항상 가족 구성원 간의 역동성 변화에 주의를 기울여 상담을 진행시켜야 한다.

이러한 관점에서 상담자는 상호작용이 일어나는 동안 어떤 일들이 일어나고 있는지를 인식하고 그것을 바탕으로 최상의 개입을 선택하고 실시해야 한다.

상호작용적 모델의 특징은 다음과 같다.

가족 갈등과 문제의 성격에 따라 상담 전략은 달라진다. 예를 들어, 상담자는 사례의 특성에 따라 가족들에게 오직 그들의 과업에만 집중하도록 상호작용을

통제하거나 아니면 반대로 좀더 편안한 상태에서 그들의 문제를 다루도록 융통성을 주기도 한다. 상담자가 내리는 선택은 사례에 대한 그의 가정이나 전제, 적절한 상호작용에 대한 그의 감각 그리고 그가 사용하는 방법에 달려 있다. 사례의 특성을 반영하여 적절하게 융통성 있는 기법을 적용하기 위해서 상담자에게 요구되는 중요한 장치는 수퍼비전이다. 상담자는 자신의 상담 활동에 대해 수퍼비전 기회를 많이 가질수록 상담의 효율성과 효과성을 높일 수 있게 된다. 이것은 비단 상호작용 접근법에만 국한되는 것이 아니라 다른 접근법을 사용하는 상담자에게도 요구되는 사안이다.

7. 통합적 접근법

단기적 접근법을 사용하는 상담자는 제한된 기간 내에 효과적인 상담을 진행해야 하므로 다양한 사례에 따른 다양한 접근 방법에 대한 지식과 기술이 요구된다. 일반적으로 상담자는 내담자에게 자신이 사용하고 있는 상담 기법이나 이론적 배경이 무엇인지 알려주어야 하고 그 내용이 상담 과정에서 적용되어야 한다. 하지만 막상 자신의 접근법을 내담자에게 설명하는 것이 쉽지 않은 만큼 이를 위한 노력이 요구된다. 많은 상담자들은 상담 경험이 쌓이면서 자신들이 배우고 훈련받은 접근법에서 출발하여 나름대로 개별화된 접근법을 발전시켜 나가게 된다. 그리나 상담자가 자신이 사용하는 상담 방법의 효율성, 일관성과 실제성을 증명하려면 구조화된 방식의 적용이 요구된다.

접근법에 따라 다양한 기법이나 도구들을 사용하여 자신만의 상담 접근법을 발전시켜 나가는 일이 상담자를 훈련시키는 과정에서 필요하지만 실제 가족상담 상황에서는 자칫 일관성이나 전문적인 통합성을 확보하지 못하는 바람직하지 못한 결과를 가져올 위험성이 내재하고 있다.

가족상담자는 다양한 접근법을 배우는 것도 필요하지만 이를 기준 없이 혼용하는 것은 지양되어야 한다.

경험이 많고 숙련된 상담자들은 자신이 사용하고 있는 접근법들을 자신만의 것으로 다듬어 사용하고 발전시켜 나가는 것이 필요하다. 상담자의 전문성이 높아질수록 자신이 지향하는 기본 접근법에 다른 모델의 장점을 접목시켜 적용하게 된다.

상담자는 문제해결 방법에 기초를 두고 상호작용 모델을 사용할 수 있고 또는 치료적 방법에 이야기 치료법의 장점을 합하여 상담을 진행할 수도 있다. 상담 회기 중에는 상호작용 모델이나 문제해결 기법을 사용하였는데 상담이 끝난 후 그 사례를 치료적인 모델의 견지에서 살펴보는 식으로 통합적 방법을 사용할 수 있다. 상담 학회나 각종 학술 대회에서 발표되는 상담 사례를 보면 상담자들이 사용한 접근법들이 다양하기 때문에 이런 기회를 활용하여 상담자는 자신의 접근방법을 돌아보면서 통찰을 얻을 수 있다. 이는 자신이 사용하는 접근법과 사례를 다른 시각에서 볼 수 있는 좋은 기회가 되며 이러한 훈련이 쌓이면 새로운 통합적 접근 방법을 발달시켜 좋은 상담을 할 수 있다.

상담자는 경험과 훈련이 쌓여감에 따라 보다 효율적인 상담을 진행할 수 있게 되며 그들이 사용하는 모델을 좀더 통합적인 것으로 만들어 갈 수 있다. 이를 위해서는 어떠한 접근법이 가족문제를 보다 바람직하게 다루는 데 효과적인지, 어떠한 접근법이 문제로 고통받는 가족 모두에게 긍정적인 결과를 가져오게 하는지에 대한 지속적인 연구가 요구된다.

CHAPTER 06

가족상담의 기술과 기법

CHAPTER

06 가족상담의 기술과 기법

상담자들은 사례의 특성에 따라 상담자 자신의 기법들을 선택하여 사용한다. 상담자는 어떠한 기법을 사용할 것인지에 대한 기본 원리를 충분히 구조화한 후 이를 선택하여 사용하는 것이 매우 중요하다.

이 장에서는 여러 상담 모델에서 나온 다양한 기법들을 소개하고자 한다.

1. 사례의 평가와 구조화

모든 상담자는 상담 시작 단계에서 내담자의 문제를 평가하고 상담 과정에 대한 가설을 세운다. 이때 상담자는 각 사례를 종합적으로 평가한다. 어떠한 접근 모델을 사용하든지 가족의 갈등이 어떻게 해서 발생되었고 그 과정이 어떻게 진행되었는지를 파악하는 것이 중요하다.

이야기 접근법을 주로 적용하는 상담자라면 객관적이고 구조화된 평가보다는 내담자들의 이야기를 통해 내담자의 속성과 그들의 문제를 파악하는 것이 바람직할 것이다. 이 경우 상담자는 문제가 무엇이고 어떻게 구조화할 것인지에 대한 직접적인 언급은 삼가한 채 그들의 갈등을 표현하게 함으로써 해결을 장려한다. 상담자는 적용 모델에 따라 반구조화된 형식의 평가를 실시하거나 자기보고나 면접의 비중이 높은 종합적이고 포괄적인 평가를 할 수 있을 것이다. 이러한 평가를 통하여 상담자는 내담자들에게 필요한 것이 무엇이고 상담을 어떤 방향으로 이끌어 나갈지에 대한 아이디어를 얻을 수 있다.

1) 가족체계의 평가

가족문제는 일반적으로 구성원 간의 상호작용 역동과 가족 구조의 복잡성 때문에 상당히 미묘한 양상을 띠게 된다. 실제로 단순하게 보이는 사례에서도 가족들의 상호작용과 반응들을 이해하려면 오래된 과거의 사건이나 사실들을 들추어내서 현재 문제와의 관련성을 찾아내야만 한다.

상담자는 상담 계획을 세우기 전에 가족에 대한 평가를 통해 세밀한 밑그림을 그린다. 이를 위해 상담자는 일반적으로 형식화된 가계도를 작성하게 된다. 가계도란 한 가족이 삼세대에 걸쳐 부모가 자녀에게 물려주는 유전적인 것과 무의식적 또는 의식적으로 영향력을 행사하는 것 등의 관계를 구조적으로 도형화한 것이다(김상인, 2000). 여기에는 가족들의 중요한 사건들, 즉 탄생, 죽음, 병, 또는 세대 간에 걸친 가족 갈등이나 중요한 관계 문제들이 포함된다.

가계도는 현재와 과거의 가족들을 하나의 지도처럼 만들어 주기 때문에 상담자가 내담자들의 가족관계를 빠르게 파악할 수 있게 해준다. 가족의 입장에서도 가계도 작성과정을 통해 자신들의 문제를 체계적 관점으로 재조명해 보는 이점이 있다. 상담자와 가족들은 갈등 중에 있는 가족들의 이름과 나이 등을 가계도에 써넣고 이들의 관계 특성에 따른 선을 긋는다. 빠르고 간편하게 가족체계를 확인할 수 있는 가계도를 통해서 내담자들의 과거와 현재의 관계를 아는 것이 상담 과정에서 나타나는 여러 사실이나 정보들을 이해하고 해석하는 데 도움이 된다.

가계도를 작성하는 일은 일반적으로 상담자가 내담가족을 처음 만나는 자리에서 이루어진다. 이 과정에서 가능한 한 모든 사실들이 기록되어야 하며 이후 새로운 사실이 밝혀질 때마다 수정한다. 예를 들면 자녀가 가족 외의 다른 사람의 보호를 받을 수밖에 없는 경우, 즉 부모가 사망했다든지 또는 친척 간에 갈등이 있어 관계가 단절되었다든지 하는 일들이 모두 포함된다. 가계도 작성 시 유의할 점은 상담자가 구체적으로 묻지 않으면 내담자들은 중요한 정보를 말하지 않는 경우가 많다는 사실이다. 가능한 한 구체적이고 풍부한 정보가 나올 수 있도록 탐색하면 상담을 공정하고 바람직한 방향으로 이끌어 갈 기초적인 정보를 얻을 수 있다.

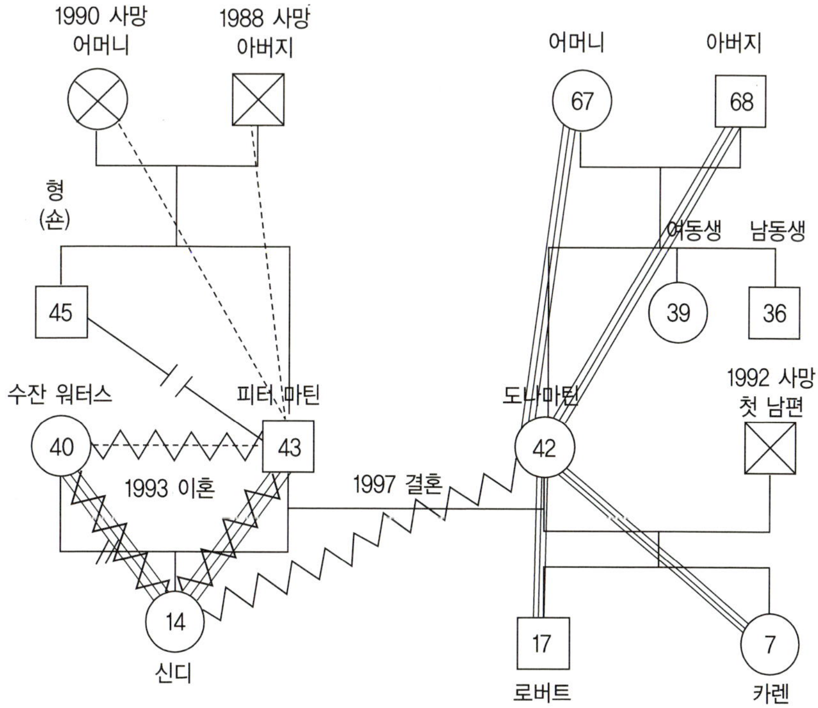

[그림 6-1] 마틴 씨 가족의 상세 가계도

출처: Mark Worden(2003) 재인용.

상담자는 가계도를 통한 평가와 함께 가족의 현재 상태와 기능을 평가해야 한다. 카펠(Karpel, 1994)은 사례 평가의 틀이 되는 몇 가지 기준을 다음과 같이 제시하고 있다.

① 가족의 현재 실상(facts)

- 부부가 결혼한 상태인가 혹은 동거 상태인가? 가족 구성원 모두 가계도에 기록되었는가?
- 그들이 서로 이야기를 나누는가? 만약 그렇지 않다면 마지막으로 이루어진 상호작용의 내용은 무엇이고 또 그 시점은 언제였는가?
- 가족 중 처음 상담자와 접촉을 시도한 사람은 누구이며, 상담 비용은 누가 지불하는가?
- 가족을 이루어 지낸 기간은 얼마인가? 문제가 발생하기 전 그들의 관계는 어떠했는가?
- 스트레스를 같이 해결해 왔는가 아니면 따로 해결해 왔는가?
- 재정적인 문제는 어떻게 합의되어 있는가?

② 가족 구성원의 개인적 특성

- 가족 구성원 중 정서적 · 행동적 문제를 가진 사람이 있는가?
- 가족원의 인생 발달주기는 어느 단계에 속해 있는가?
- 가족들은 서로 어떻게 얼마나 책임을 지고 있는가?

③ 관계적 맥락

- 가족 간 애착과 자율이 어떻게 표현되고 있는가?
- 의사소통은 얼마나 구체적이거나 피상적인가?
- 성차나 나이 또는 다른 요인에 따른 차별이 있는가?
- 가족 외의 다른 체계들이 현재의 갈등에 어떤 영향을 미쳤는가?

- 가족 구성원들이 서로의 진실과 공정함에 대해 얼마나 신뢰하고 있는가?
- 현재의 갈등이나 문제를 유지하기 위해 사용하는 방어적인 기능은 무엇인가?

④ 개입을 위한 준비

- 이전에 상담을 받은 경험이 있는가? 그리고 상담이 무엇인지 정확하게 이해하고 있는가?
- 상담자와 내담가족 간에 라포가 형성되어 있는가?
- 상담에 참여할 준비가 되어 있는가 아니면 상담 이전에 다른 형태의 도움이 필요한가?

2) 상담에 대한 준비도와 조건

내담가족에 대해 상담자가 할 수 있는 질문 중에는 이들이 현재 상담에 의뢰한 갈등이 첫 번째 문제인지 또는 이 문제 발생 이전에 이미 개인적 · 사회적인 문제를 안고 있었는지에 대한 것들이다. 예를 들면, 가족이 재결합하는 사례의 경우 부부가 재결합에 대해 정서적으로 준비되어 있는지, 또는 노인을 부양해야 하는 상황이라면 노인의 정신적 · 행동적 상태뿐 아니라 부양하는 가족들의 정서적인 상태를 파악하는 것이 이에 해당한다.

만약 현재 문제가 그 가족의 상호작용 과정에서 자주 일어나는 일이라고 생각된다면 또는 가족 구성원 중 누군가에 의해 행해진 부정적인 행위나 정서적인 문제의 반복이라고 생각된다면 상담자는 이 가족의 문제를 복잡하고 심각한 것으로 받아들인다. 이때 상담자는 평가를 통해 가족들이 이미 갖고 있었던 조건들이나 상담에 대한 준비도를 파악할 수 있는데, 평가는 구조화되어 있지 않은 방법으로 진행할 수도 있다.

3) 해결해야 할 문제의 평가

상담에 의뢰된 가족들의 문제를 정의하는 일은 간단하지 않다. 갈등을 야기하고 있는 문제의 경우 특히 가족 각자의 견해가 다를 수 있기 때문이다. 많은 상담자들이 이 과정에서 가족 구성원들의 말하기와 듣기의 태도를 변화시키는데 도움을 주는 방법으로 재정의(reframing) 기법을 사용한다. 예를 들어, 이혼 후 재결합을 모색하는 가족의 경우 이혼으로 치달았던 심한 분쟁으로부터 다시 한가족으로 모여야 하는 새로운 구조로 변화하는 과제를 가지게 된다. 이 경우 만약 엄마가 약물 치료나 알코올 치료를 받아 새 삶을 찾았고 그동안 아이들은 조부모가 양육한 사례라면 부모와 조부모가 상담에 참여하는 수준을 어느 정도로 할지 고려해야 한다.

일반적으로 가족상담에서 밝혀지는 문제는 내담자들이 상담을 의뢰하며 내세운 문제와 차이가 있다. 내담자들이 생각하는 그들의 문제는 표면적인 것에 불과한 경우가 많다. 상담자는 가족의 문제를 재정의하고 부모와 자녀 간의 유대감과 조부모의 개입 정도를 파악하고 변화에 대한 확실한 동의를 얻어내야 한다.

재혼으로 생겨난 혼합가정의 경우 부모-자녀 관계와 문제가 복잡하게 얽혀 있을 수 있다. 이때 상담자는 집단 간의 동질성과 차이점을 밝히는 것으로 상담에 접근할 수 있다. 혼합가정에서는 계모나 계부가 새로운 각도에서 문제를 보도록 재정의해 줄 수 있다. 자녀문제로 상담실을 찾은 혼합가족의 아버지가 의붓자식에게 "이 아이는 제대로 된 훈육을 받지 못했기 때문에 내가 잘 키워 보려고 노력하는 중이다."라고 말할 수 있다. 이에 대해 어머니는"내 아이는 지금의 남편과 잘 지낼 수 없으며 그는 나에게 자신과 아이 중 하나를 선택하라고 했다."고 밝히고 아이의 친아버지는 "계부는 알코올 중독자이고 내 아이는 이러한 나쁜 환경에서 살아가려고 애쓰고 있는 중이다."라고 말할 수 있다. 또한 아이가 다니는 학교 상담자는 "이 아동은 심각한 정서적인 문제를 갖고 있으며 가족상담이 필요하나 가족들이 참여를 거절하고 있다."라고 새로운 사실을 말해 줄 수도 있다. 이러한 사례는 문제가 무엇인지에 대해 서로 다른 견해를 보여주는 전형적인 경우이다. 만약 선다형 문제라면 위의 모든 견해가 다 정답이라고 볼 수 있다.

가족상담자는 평가자나 심판자의 역할은 피해야 한다. 상담자가 가족체계 문제를 해결할 수 있도록 도와주려면 문제를 정의하기 위한 부가적인 정보를 탐색하는 것이 타당하다. 이 과정에서 상담자는 가족들이 빠뜨린 조각 없이 온전하게 퍼즐을 맞출 수 있도록 도움을 주는 역할을 해야 한다.

상담자는 먼저 일차적인 분쟁자들과 이차적인 분쟁자들을 구별하는 일이 필요하다. 위의 경우에 계부는 아이에 대해 부모의 권리나 책임은 없으나 현재 아이의 엄마와 부부이므로 일차적인 분쟁자가 되며, 만약 엄마와 생부가 아이에 대해 공동 양육자로 되어 있다면 친아버지도 일차적인 분쟁자가 되어 상담에 참여해야 한다. 계부나 엄마가 친아버지의 참여를 원하지 않더라도 생부는 아동에 관하여 어떠한 결정을 내리는 일에 참여할 법적 권한을 가지므로 상담자는 이를 잘 고려해 참여를 설득하고 의사결정을 진행해 나가야 한다.

상담자는 가족문제에 대한 정보를 분류하고 문제를 정의하는 데 다양한 견해를 받아들여 상담을 원활하고 공정하게 진행하도록 해야 한다. 상담자는 가족들에게 문제가 무엇인지에 대해 좀더 큰 그림을 볼 수 있도록 도와주어야 한다.

상담자가 제시한 문제에 대한 평가는 내담자 각자가 내린 문제에 대한 정의를 바꾸어 놓을 수 있다. 문제를 달리 정의함으로써 가족들이 문제에 대해 다른 관점에서 볼 수 있도록 하고 또한 새로운 방법으로 도움을 제공할 수 있게 된다. 문제가 명료화되면 상담자는 문제를 해결하고 내담자들의 변화를 이끌어 줄 수 있는 상담 모델을 적용하여 문제해결을 도울 수 있게 된다.

2. 상담 회기 결정하기

일반적으로 가족상담은 수일에서 수주간 진행하게 된다. 가끔 가족들이 상담이 성공적이지 못할 것 같다고 생각하거나 안전하지 않다고 느껴 도중에 급하게 조기 종결하는 경우가 있지만 단 한 번의 상담으로 완결되는 경우는 거의 찾아볼 수 없다. 사례에 따라 가족 구성원 중 한 사람 또는 그 이상이 상담 참여를 거부하기도 하는데 이럴 때 상담자는 가족들이 안전하게 상담에 계속 참여하도록 최선을 다할 책임이 있다. 만약 가족의 요구에 의해 상담이 성급하게 종결된다면 상담자는 가족들이 상담에서 더이상 참여하기 어려운 상황이라고 판단한 이유를 확인해 봐야 한다.

1) 회기의 구조화

많은 가족상담자들은 한 회기가 50분으로 진행되는 것은 가족들이 문제를 탐색하고 상호작용하는 데 충분치 않은 시간이라고 생각한다. 일반적으로 회기의 처음 15분은 이전 상담 이후 일어난 변화에 대하여 다시 확인하고 집에서 해온 과제를 체크하고 새로운 정보에 대해 알아보는 일을 한다. 그리고 마지막 15분 동안에는 집에 돌아가서 해야 될 과제를 주고 다음 회기의 진행 계획을 미리 알려주며 마무리하게 된다. 만약 상담자가 90분 회기를 원한다면 60분 동안 상담의 중반부를 효과적으로 운영할 수 있으며 나머지 30분을 시작 부분과 마무리 부분으로 활용할 수 있다. 상담이 너무 장시간 진행되면 참여자들이 온전히 집중하는 데 어려움이 있으므로 90분을 넘기지 않는 것이 바람직하다. 90분 회기를 선택한 상담자는 처음 10분은 내담자들이 환경에 익숙해지고 편안함을 갖도록 도와주고 이전의 회기에서 다루었던 내용을 다시 살펴보도록 한다. 상담의 중반부를 20분씩 세 번으로 나누어 진행하며 나머지 20분은 요약하는 시간으로, 그리고 다음 상담의 내용에 대해 미리 알려주는 시간으로 활용할 수 있다.

만약 상담자가 하루에 90분씩 두 건 이상의 상담을 진행하고 있다면 한 사례가 끝난 후 각각 시간 간격을 두고 충분한 휴식시간을 가져야 한다. 상담자가 각 사례마다 내담자들을 위해 집중해서 상담을 진행하려면 상담의 시간과 속도를 조정해야 한다. 충분한 휴식 없이 상담을 계속한다면 상담자는 힘을 소진하게 되고 이는 상담에 악영향을 미치게 된다. 가족상담 과정에서 가족들 간의 적대적인 관계가 상담자에게 투사되는 경우도 있기 때문에 이에 대비하여 상담자는 자신을 보호할 수 있도록 준비하여야 하며 상담 시간 사이에 충분한 휴식 시간을 두어 정서적인 긴장을 해소해야 한다.

상담자는 어떠한 순서로 얼마 동안 상담을 진행할지 결정하는 전문적인 규준을 가지고 있어야 한다. 이를 토대로 상담자는 상담 회기를 내담자들과 서로 의논하여 결정하고 계약서를 작성한다. 회기에 대한 결정과 계약은 상담 초기에 결정되어야 하며 제삼자에 의해 상담 비용이 충당되는 경우라면 비용을 고려하여 내담자에게 상담 회기 등에 대한 한계를 정해 주어야 한다.

2) 회기별 상담 계획

상담의 처음 혹은 두 번째 회기는 주로 라포 형성, 가족 이해하기, 그리고 상담에서 다루어야 할 문제 이해하기 등으로 이루어진다. 이때 가족들은 그들이 경험하고 있는 현실적인 문제와 상담에 대해 바라는 점이 서로 잘 맞는지에 대해 생각해 보아야 한다. 또한 상담자는 가족에 대한 평가뿐 아니라 상담 과정 중에 일어날 가능성이 있는 부정적인 행동에 대해 미리 알려주고 한계를 정해 주어야 하며 상담 기간에 지켜야 할 일에 대하여 정해진 규칙을 확인시켜 주어야 한다.

두 번째 혹은 세 번째 회기에서는 보통 가족 간에 직접적인 감정이나 느낌, 생각 등을 표현하는 상호작용이 시작되어야 하는 단계이며 이때 서로 협력하는 징후가 보이지 않으면 상담에 대해 신뢰를 잃게 된다. 이 단계에서 상담자는 내담자들이 자신들의 문제에 대해 이야기하고 다른 각도에서도 문제를 볼 수 있도록 도와주어야 하며 문제해결을 위해 필요한 것이 무엇인지 찾을 수 있도록 안내해 주어야 한다.

이 기간에 가족은 변화가 힘든 일은 수용하고 변화 가능한 것들은 계획을 세워 변화를 위한 행동을 실천해야 한다. 내담자들은 서로 비난하며 자기중심적 시각으로 문제를 보려는 태도에서 벗어나 현재의 상황을 인정하고 책임을 져야 한다. 이 시기에 가족 구성원들은 좀더 나은 상황을 만들려는 노력과 변화하려는 모습을 보여주어야만 상호 신뢰감이 회복되어 문제해결에 한발 다가서게 된다. 가족상담이 진행되면서 가족들이 상대방만을 비난하던 태도에서 벗어나 자신의 잘못이 있었음을 인정하고 사과하는 순간 문제가 쉽게 해결되는 질적 전환의 국면으로 접어들 수 있다.

마지막 회기는 문제의 해결 단계로 본다. 상황을 개선시키기 위해 해야 할 일과 하지 않아야 할 일 등을 진술하고 문제를 경감시키거나 해결하기, 희망을 담은 대안적인 이야기를 꾸며 보는 일들을 한다. 이러한 과정을 함께 하면서 가족들은 유감과 후회의 감정을 갖게 되며 현재 벌어진 갈등은 자신들이 함께 만들어낸 것임을 인정하게 된다. 이때 문제에 대한 책임 의식과 변화하려는 의지를 말로 표현하며 좀더 적극적인 행동으로 실천하도록 격려해야 한다. 이 단계에서는 스토리텔링 기법을 적용하여 내담자들이 부정적인 이야기를 긍정적인 이야기로 새롭게 함께 만들어 가도록 이끌어 주거나 긍정적으로 변화된 상호작용을 통하여 변화된 규칙과 합의를 이끌어 낼 수 있을 것이다.

가족문제는 하룻밤 사이에 발생한 일이 아니므로 현재 나타난 문제를 재정의하고 가족관계에 변화를 꾀할 만한 시간이 충분히 주어져야 한다. 내담자들이 비용이나 기타 다른 이유로 상담 기간의 단축을 원한다면 상담자는 문제를 충분히 탐색하고 다루는 데 요구되는 시간에 대한 정보를 주어야 한다. 일반적으로 문제해결 중심 상담의 경우, 상담 내용과 내담자의 현실적 조건에 따라 상담의 형태가 달라질 수 있다. 부모와 사춘기 자녀 문제로 상담을 하게 될 때는 한 회기에 세 시간 정도로 진행되는 상담을 한 번 또는 두 번 정도로 진행할 수 있다. 노인을 부양하는 가족문제에서도 관련된 모든 가족을 한자리에 불러모으는 일이 쉽지 않으므로 단 한번 장시간의 중재를 할 수 있다. 이 경우에는 사전에 전화 등을 통해 중요한 정보들을 수집해야 한다. 만약 단회 상담으로 결론에 도달하여야 하는 시급한 사례가 있다면 상담자는 가족들이 전문가나 변호사에게 자문을 구할 수 있도록 하고 상담 중간에 적절히 휴식할 수 있도록 배려해야 한다. 이때 상담자 또한 공정하고 객관적인 태도로 상담을 진행하기 위한 휴식이 필요하다.

가족 갈등의 성격에 따라 상담 횟수가 결정되는데 간혹 상담자의 생각과는 다르게 단 한번의 상담으로 갈등을 해결하려는 내담자들을 볼 수 있다. 그들은 상담에 대한 지식이 부족해서 수차례에 걸친 상담이 불필요하다고 생각하는 것이다. 그러나 의외로 단 한번의 상담으로 긍정적인 결과를 얻어낼 수도 있다. 탤몬(Talmon, 1990)은 단 한번의 치료적인 상담이 얼마나 생산적인 것인가에 대해 설득력 있게 주장하고 있다.

일반적으로 위기 상담에 해당하는 단회 상담이 아닌, 단기 혹은 장기 상담에서 상담자는 상담을 시작하기 전 상담에서 어떠한 문제가 다루어질 것이며 어떠한 일정으로 진행되는지를 담은 내용을 문서화해 계약을 맺고 이에 따라 상담이 이루어질 것임을 확인시켜 줄 필요가 있다.

3) 상담 회기 진행 속도의 결정

상담에 참여한 가족들은 현재 상담이 어느 시점에 와 있는지 알고 있어야 한다. 만약 그들이 정해진 회기의 상담을 진행할 계획이라면 상담자는 상담 중반부에 이르렀을 때 상담 종결 시기와 다루어야 할 내용에 대하여 미리 알려주어야 한다. 이것은 남아 있는 시간과 비용의 한계에 대하여 현실감을 갖게 해주며 아직 문제해결이 이루어지지 않은 부분에 대하여 가족들이 보다 집중적으로 논의할 수 있도록 한다. 상담자는 가족들의 개인적 변화나 문제를 보는 시각의 변화를 반영해 주어야 하며 만약 문제해결 과정에서 새로운 방해물이 생기면 이를 새로운 각도로 보고 통합할 수 있도록 도와주어야 한다. 상담자의 이러한 노력은 가족들이 자신들의 문제에 초점을 맞출 수 있게 하며 무엇이 바람직하고 생산적인 결정인지를 깨닫게 해준다.

상담은 매 회기마다 생산적인 변화가 일어나야 하는 과정이다. 그것이 무엇인지는 각 사례마다 다를 수 있고 상담의 접근법에 따라 달리 정의된다. 생산적 변화에는 각 내담자들의 생각, 느낌, 인식, 이해 등이 촉진되는 것 등이 포함되는데 예를 들어, 가족들이 자신의 문제를 밖으로 표현하는 것만으로도 생산적인 일이라고 볼 수 있다. 이전에 감추어 두었던 자신의 생각이나 느낌을 외현적으로 표현하여 상대방이 문제를 이해하는 데 도움을 줄 수 있으므로 이 경우에 상담이 진일보할 수 있다. 만약 이러한 진보가 보이지 않으면 상담자는 적절한 피드백을 통하여 가족들이 현재 무엇에 대하여 이야기하고 있는지 문제가 무엇인지에 대하여 인식하도록 도와야 한다.

4) 마무리

상담 막바지에는 상담 초기에 세웠던 계획들에 대하여 요약하고, 이러한 계획들이 갈등을 해소하는 방향으로 얼마나 바람직하게 실행되었는지 살펴보아야 한다. 상담자는 상담 과정에서 일어나는 일들을 기록하거나 녹음해야 하며, 이러한 기록이나 녹음들이 상담의 마무리에서 그동안 누적된 기억들을 되살리는 데 도움을 주어 가족들이 자신의 생각이나 견해 등을 글로 표현할 수 있게 해준다. 여기에는 가족 구성원 개인의 새로운 깨달음이나 변화가 포함되어야 하며 이를 통해 가족의 역동성이 변화되었음을 알 수 있게 된다.

상담 종결 시 가족들이 앞으로 자신들이 해야 할 일에 대해 동의한 내용을 글로 표현할 경우, 그 방법은 크게 두 가지로 나누어진다. 즉 하나는 직접적이고 명료하게 표현하는 것이고 다른 하나는 간접적으로 완곡하고 융통성 있게 표현하는 것이다. 예를 들면 사춘기 자녀의 부진한 성적 문제로 갈등을 겪고 있는 가족의 경우 상담자는 강한 어조로 다음과 같이 기술할 수 있다. "자녀는 저녁식사 후 완전하게 숙제가 끝났으면 숙제를 부모에게 보여준 다음 저녁 일곱 시에서 아홉 시 사이에는 자신이 원하는 일을 할 수 있다." 반면에 보다 부드러운 어조로 기술한다면 "부모는 자녀가 친구들과 음악 활동을 하는 것이 중요하다고 인정하고, 자녀는 부모가 자신의 학업에 관심을 갖는 것이 당연하다고 인정한다."

3. 다양한 가족 구성원들을 포함하는 상담

상담자들은 복잡하게 구성된 세대 간의 가족문제나 가족 외의 다양한 제삼자들이 포함된 상담을 하게 되는 경우도 있다. 이런 경우 상담자는 두 명 이상으로 팀을 구성하여 상담을 진행하는 것이 바람직하다. 이때 상담자들은 상담에서 다루어야 할 과업을 나누고 가족들을 소그룹으로 나누어 만나면서 상담이 보다 원활하게 이루어지도록 한다. 팀으로 구성된 상담자들은 서로 사용하는 접근법이 같고 함께 일한 경험이 있다면 바람직할 것이다.

가족 구성원이 다양한 세대로 이루어진 경우 세대별로 연령이 비슷한 상담자를 팀으로 구성하기도 한다. 이때 상담자가 가족들과 연령이 비슷하면 역할 모델의 기능과 의사소통의 촉진자 역할이 보다 수월해지는 이점이 있다.

팀 상담을 하는 경우 상담자들은 장시간 진행되는 상담에서 서로에게 능동적인 촉진자로서의 역할을 충실히 할 수 있도록 격려하고 정보를 공유함으로써 원활하게 상담을 이끌어 갈 수 있다. 상담자들이 팀을 이룰 경우 역할분담을 할 때 보통 상담자의 성격 특성과 능력에 따라 촉진자의 역할과 기록자의 역할로 나뉜다. 또는 사례에 따라 한 상담자는 가족 일부를 맡고 다른 상담자는 나머지 가족을 맡는 식이다. 특히 통제하기 어려운 가족이 있는 경우에 팀 상담 개입은 위험 발생 소지를 줄일 수 있어 비교적 안전하게 상담을 진행할 수 있다.

한편, 상담자를 훈련시키기 위한 목적으로 팀 중재를 하는 경우가 있다. 상담자가 되기 위해 충분한 교육을 받았을지라도 상담 현장에서 숙련된 상담자의 상담을 직접 보고 배우는 기회를 갖는 것이 초보 상담자들에게는 가장 효과적인 훈련이 될 것이다. 위에서 밝힌 여러 가지 이유로 팀 상담이 가족상담자들 사이에선 점차 확산되는 추세이다.

4. 개인상담의 활용

가족상담 시 가족 구성원 중 한 사람만을 대상으로 개별적인 상담을 진행하기도 한다. 개인상담은 다음과 같은 경우에 활용될 수 있다.

1) 개인상담이 요구되는 상황

개인상담이란 가족상담 과정 중 다른 가족들과의 상호작용을 잠시 멈추고 혼자만의 시간을 갖는 것이다. 회기 내 상호작용 중 가족의 한 구성원에게 너무 당황스러운 상황이 벌어졌을 때, 또는 상대방의 위압적인 분위기 탓으로 자신의 이야기를 자유롭게 말하기 어려운 상황일 때, 감정 조절이 어려워 상담의 흐름을 방해할 때 혼자만의 시간을 갖는다. 그 밖에도 자신이 그동안 유지하던 견해나 생각을 버리고 변화된 것을 받아들이려고 할 때 상담에 들어가기 전 변화된 태도나 생각들을 개인상담 시간을 활용하여 연습하기도 한다. 이것은 개인적인 변화가 가져올 결과에 대해 생각할 기회를 주며 나아가 보다 단호한 결심을 하도록 도와준다.

2) 심리적 흥분 상태를 줄이고 정서적 휴식을 취하기

가족상담을 시작하기 전 내담자들은 감정적 흥분을 자제할 것을 약속하지만 그 약속은 자주 깨진다. 감정적으로 흥분한 가족은 상담 진행 중에라도 가족집단에서 떨어져 나와 자신만의 시간을 가짐으로써 감정을 조절할 수 있다. 언어적 또는 비언어적으로 상대방을 자극하는 가족도 따로 혼자만의 시간을 가질 필요가 있다. 가족 구성원들은 이러한 상담기법을 통해 효율적 자기조절 기법을 익힐 수 있다.

심리적으로 흥분하게 되면 사람의 맥박이 빨라지며 뇌 기능이 정상적으로 활동할 수 없으므로 최적의 사고 기능을 발휘할 수 없다. 내담자는 심리적 흥분이 가라앉을 때까지 문제해결을 위한 논리적인 사고를 할 수 없게 된다. 따라서 두려워하거나 분노에 찬 가족에게 개별상담 시간을 주어 혼자만의 시간을 갖게 하는 것은 꼭 필요하며 이를 통해 더 큰 자극이나 흥분을 방지할 수 있다. 즉, 개별상담은 흥분된 사람의 정서적인 상태를 손상하지 않고 다시 안전하게 상담에 참여할 수 있도록 도와주는 것이다. 정서적 흥분을 다루는 개인상담은 가족 상호작용에서 정서적 흐름을 통찰할 수 있는 중요한 개입자료가 될 수 있다. 이때 상담자는 개별시간을 가진 가족을 제외한 나머지 사람들에게 한 사람이 빠져나간 것에 대해 어떻게 생각하는지, 그에 대해 어떻게 대처해야 하는지, 자신이 이러한 상황에 기여한 점은 무엇인지, 행동이나 태도를 변화시킬 수 있는지 등에 대하여 이야기를 나눌 수 있다. 개별상담을 통하여 가족들은 자신들에 대하여 새로운 인식을 하게 되며 다시 시작되는 상담 상황에서는 새로운 상호작용을 시도할 가능성이 높아진다.

3) 직면하기

내담가족에게 상담자는 현실에 기반을 둔 건전한 지지자 및 우호적인 코치

역할을 담당한다고 볼 수 있다. 상담자는 가족들과 관계를 맺으면서 그들이 유익한 선택을 할 수 있도록 도와주는데 개별상담 시간을 활용하여 이러한 역할을 원활하게 수행할 수 있다. 예를 들어, 한 가족 구성원이 위협적인 태도를 취하거나 상담을 곤경에 빠뜨리는 공격적인 언행을 할 때, 참여자들의 긴장을 누그러뜨리기 위하여 상담자는 개별상담을 활용한다. 상담자가 가족을 개별적으로 만나는 것은 문제를 야기한 내담자의 방어 수준을 낮추면서 내담자 자신의 문제를 보다 직접적으로 다룰 수 있도록 도와주기 위한 목적을 가진다.

4) 세력 싸움의 완화

간혹 어떤 내담자들은 상담자를 자신이 좋아하지 않는 타입의 사람으로 간주하여 공격적이고 요구적인 태도를 보인다. 이것은 개인 관계경험의 전이나 투사, 다른 참여자에 대한 분노와 좌절의 치환, 혹은 다른 가족 모두를 향한 장기간에 걸친 적대감의 표현일 수 있다. 이와 같이 가족 내 긴장이 고조되면 개별상담을 통해 이러한 문제를 탐색할 시간을 가질 수 있다. 이때 가족들은 현재 발생한 사건의 역동을 탐색함으로써 자신의 요구와 한계에 대하여 보다 명확하게 인식할 수 있게 된다. 공격적 언행으로 긴장을 촉발한 가족 구성원은 개별상담 시간을 통하여 자신의 행동에 대하여 생각할 기회를 갖게 되며 상담자는 그를 비난하거나 부끄럽게 하지 않고 상담의 규칙이나 제한점을 확실하게 알리는 기회를 얻게 된다. 이것은 상담 기간 동안 서로 올바른 관계를 지속할 수 있도록 도와준다.

5) 사전 검토하기

상담이 종결될 무렵에는 내담자들 간에 합의된 여러 가지 약속들과 동의 사항들을 결정하기 전에 개별상담 시간을 통하여 이러한 사항들을 검토하고 생각할 기회를 가지는 것이 바람직하다. 상담자는 개별상담을 통해 첨가할 내용이나 다루지 못한 부분은 없는지 등을 검토할 수 있다. 상담자는 이때 가족들 간에 이루어진 동의 사항이나 약속들이 가족문제 해결에 도움이 되는 것인지 등에 대하여 다시 한 번 고찰할 시간을 갖게 된다. 이러한 과정은 개별상담에서 보다 두려움이나 편견 없이 이루어질 수 있다.

6) 급작스러운 변화 탐색하기

상담이 진행되어 가는 중에 한 가족 구성원이 그동안 유지해 왔던 태도나 주장을 갑자기 바꾸고 양보하는 경우, 상담자는 개별상담 시간을 활용하여 그 이유와 배경에 대하여 탐색할 필요가 있다. 혹여 보복의 두려움이나 아니면 공평하지 못하고 불가능한 일이라는 생각이 들어서인지 태도 변화에 대한 이유를 다루어야 한다. 만약 태도를 돌변한 이유가 상담의 긍정적인 진행을 방해하는 것이라면 즉시 그 문제에 대하여 다루는 시간을 가져야 한다.

7) 폭력과 위협에 대한 평가

일반적으로 학대와 폭력을 당한 사람들은 가해자 앞에서 피해 사실을 밝히지 않는다. 폭력과 위협이 개입된 가족 갈등에서 그러한 사실을 안전하게 밝힐 수 있는 개별상담의 활용이 필수적으로 요구된다. 학대와 폭력, 그에 대한 위협이 보고되는 가족, 아동 · 노인 상담이라면 개인별 상담 시간이 더욱 요구된다.

8) 개별상담 활용 지침

상담자는 개별상담 활용 시, 특히 다음과 같은 문제를 신중히 고려해야 한다.

(1) 공평성 유지

개별상담 또한 가족들에게 공평한 기회를 주어야 한다. 물론 상담 과정에서 혼란이나 두려움에 빠져 있는 가족 구성원이나 또는 개인적인 면담에서만 밝힐 수 있는 정보를 가지고 있는 가족 구성원에게 개별상담 시간을 우선적으로 할애해야 하겠지만, 그 외에도 상담의 원활한 진행과 라포 형성을 위해 다른 참여자들과도 개별상담을 가질 수 있다.

(2) 연계 기관과의 협력 및 보고하기

개별상담은 노년층이나 아동에 대한 학대나 폭력 문제 상담에서 가장 많이 활용되는데 상담자는 이때 밝혀진 사실들을 외부에 보고해야 하는 경우가 생길 수 있다. 이러한 보고는 상담 내용에 대한 비밀 보장의 원칙보다 인간의 기본권 보호라는 상위 원칙에 따라 수퍼바이저와의 협의하에 이루어져야 한다.

(3) 개인상담 내용을 공동상담 시간에 알리는 문제

상담 진행 중에 가족 구성원 중 한 사람과 개인상담 시간을 갖게 되면 다른 가족들은 상담자가 그 가족만을 도와주고 있을지 모른다는 의구심을 갖게 된다. 이러한 의심을 없애고 원활하게 상담을 진행하기 위해서는 개인상담 시간에 내담자와 상담자가 상담 과정에서 공개할 내용에 대해 미리 준비하는 기회를 갖는 것이 바람직하다. 개인상담을 통해서 내담자의 생각이나 욕구들이 표출될 수 있으며 상담에 도움이 되는 내용들이 어떤 것들인지 취사선택할 수 있게 된다.

9) 개인상담 활용에 대한 입장 차이

일부 개인상담 활용을 반대하는 가족상담자들은 상담에서 다루어져야 하는 것들은 가족 구성원이 모두 공동으로 참여한 가운데 이루어져야 한다는 생각을 가지고 있다. 즉 가족문제는 가족체계에서 나오는 것이기 때문에 개인상담 시간을 통하여 해결하기보다는 가족체계 안에서 해결되어야 한다는 것이다. 그들은 개인상담 활용이 오히려 건강한 역동을 만들어 내는 가족상담의 흐름을 방해할 수 있다고 본다.

그러나 많은 상담자들은 개인상담 활용을 권장하는데, 예를 들어 만약 드러나지 않은 협박이 있을 경우, 그로 인해 가족들이 정서적 · 신체적으로 위험에 처할 수 있으며 개인상담을 통하여 긴장 해소와 방어 방법을 모색할 수 있다. 가족폭력이 있는 경우 상담 초기에 각 참여자마다 5분에서 10분 정도 개인상담 시간을 갖는 것이 원활한 상담 진행을 위하여 도움이 된다. 만약 개인상담 시간을 갖지 않고 상담을 시작한다면 정서적으로 크게 위축되어 상담 진행에 어려움이 있을 수 있다. 그러므로 개인상담 활용은 가정폭력 사례를 다룰 때 적극 권장되고 있으며 숙련된 상담자에 의해 사용될 경우 상담의 공정성과 신뢰성을 더하는 기법으로 활용될 수 있다.

5. 힘의 균형 잡기

흔히 파워게임이라고 이야기되는 가족 내의 힘의 문제를 다루는 것은 가족상담의 주요 과제이다. 예를 들어 이혼하려는 부부들은 그들에게 이혼을 막을 수 있는 힘이 없으며, 그 자녀들은 그들 부모가 다시 좋은 관계를 회복할 힘이 없다는 것을 알게 된다. 또한 연로한 부모를 부양하는 가족들은 그들에게 보다 적절한 의료지원을 제공할 수 있는 재정적 힘이 없음을 알게 된다. 이렇게 가족문제에는 다양한 종류의 힘이 개입되어 있다.

갈브레이스(Galbraith, 1992)는 힘의 형태를 다음의 세 가지로 구분하였다.

- 당위적 힘(condign power): 불리하게 전개될 결과를 적절하게 위협함으로써 복종을 얻어내는 것. 예를 들면 처벌이나 손실
- 보상적인 힘(compensatory power): 우호적인 보상을 제공함으로써 복종을 얻어 내는 것. 예를 들면 돈이나 다른 혜택
- 조건적인 힘(conditioned power): 설득에 의해 또는 신념을 바꿈으로써 복종을 얻어내는 것. 예를 들면 광고나 슬로건 등을 통한 것

가족들은 그들이 의도했던 결과를 얻기 위해 위의 세 가지 힘을 독특하게 혼합하여 사용한다. 즉 부모는 자녀들에게 제공한 보상적인 힘(최신형 휴대폰 사주기, 게임 CD 사주기)들이 더이상 효과적이지 않을 때 당위적 힘에 호소한다(외출금지 위협 등).

우리가 힘에 대한 어떤 정의를 내리든지 간에 상담을 신청한 가족들은 이미 나름대로 여러 종류의 힘이 얽혀 있는 상태이므로 먼저 가족 내에서 사용되고 있는 힘의 체계가 평가되고 이해되어야 한다.

1) 힘의 패러다임

상담자는 가족체계가 일반적으로 힘에 대하여 어떻게 반응하는지 이해하고 힘의 역동이 어떠한지 양상을 확인해야 한다. 힘은 보통 두 가지 패러다임으로

구분되는데 첫째는 우세(power-over) 패러다임으로 지배와 복종관계를 나타낸다. 둘째는 협동(power-with) 패러다임으로 협동적인 관계를 나타낸다. 가족 구성원들은 지배 패러다임이든 협동 패러다임이든 힘의 역동성에 있어서 각자 그들이 사용하는 패러다임과 방향을 갖고 있다.

문제해결 중심의 방법을 사용하는 상담자들은 다른 접근법을 사용하는 상담자보다 상담 과정에서 힘의 균형을 잡는 일에 관심을 기울인다. 힘의 균형을 잡는 일은 상담의 진행 과정에서 공평성을 유지하기 위해 상담자가 직접적이고 지시적으로 개입하여야 한다.

프렌치와 라벤(French & Raven, 1959)은 사회적인 힘을 다섯 가지 종류로 나누었다.

- 정보의 힘: 자료를 사용할 수 있고 그러한 힘을 가진 사람과 관계를 가지는 힘
- 참조적인 힘: 협력관계를 유지하는 일련의 참조 집단 구성원에 의해 발휘되는 영향력
- 합법적인 힘: 사회에서 어떤 위치나 역할에 따라 부여받은 힘
- 전문적인 힘: 증가된 지식과 능력에 의해 발휘되는 영향력
- 강요적 혹은 보상적인 힘: 바람직한 효과를 얻기 위해 보상과 처벌을 제공하는 능력

헤이네스(Haynes, 1988)는 가족 내에서 힘의 균형을 취하는 방식이 유동적이고 다양하다고 보았다. 각각의 가족 구성원들은 관계 범위 내에서 특별한 힘을 발휘하는 근거를 갖고 있으며 이것은 가족 외부의 힘과 관련될 수도 있다. 예를 들면 큰 회사의 경영인은 그의 회사 내에서는 막강한 힘을 갖고 있으나, 가정에서는 가족 경제를 담당하고 있기에 강요적인 힘이나 아버지로서의 합법적인 힘은 가질 수 있지만 정보의 힘이나 참조적인 힘은 갖지 못할 수도 있다.

또 가족의 힘 체계는 상호적이므로 힘을 갖고 있는 사람은 그렇지 못한 사람에게 보상적인 힘을 베푼다고 볼 수 있다. 그 외에 가족 구성원들은 때로 그들의

힘을 거래하거나 타협하기도 한다. 이러한 형태의 상호작용에 대해 갈브레이스는 힘이란 통화(通貨)처럼 얻거나 잃을 수도 있고 다른 사람에게 옮겨갈 수도 있는 거래가 가능한 반유동적인 것으로 보았다.

2) 수동적인 힘

헤이네스에 따르면 가족 중에 희생양의 역할을 하는 쓸모없다고 여겨지는 사람도 힘을 갖고 있는데 그것이 바로 수동적인 힘이라고 하였다. 즉 가족 내에서 쓸모없고 무기력한 사람으로 대우받으면 보살핌이 필요한 수동적인 사람으로 취급되는데 이것은 상호의존적 속성을 띠고 있다.

상담이 가진 장점 중 하나는 바로 가족 내 힘의 역동을 재분배와 균형을 통해 변화시키는 것에 있다. 가족 중에 수동적인 힘을 가진 가족 구성원이 상담 과정에서 힘을 찾고 스스로 설 수 있게 되면 그는 더이상 무기력한 존재가 아니며 그 가정은 힘의 균형을 찾게 된다.

3) 힘과 관련된 문제들

가족상담을 하는 많은 사례는 힘의 분배나 불공평에 의해 발생하는 문제 때문이다. 이같은 문제를 해결하기 위해서는 합리적이고 현명하게 힘이 사용되어야 하며 형평성이 보장되어야 할 것이다. 이를 위해 상담자가 해야 할 첫 번째 과제는 가족 내에서 사용된 힘의 종류와 형태를 이해하고 현재 힘과 관련된 문제가 무엇인지 찾아내는 것이다. 힘의 균형을 잡기 위해 상담자는 특히 누가 외현적인 힘을 갖고 있는지 아울러 어떤 형태의 보상적인 힘이 작용하고 있는지, 가족 각자가 가지고 있는 힘의 상호 교환적인 영향이 무엇인지 파악해야 한다. 현재 가족 내에서 유지되고 있는 힘의 역동은 장기적으로 가족문제의 해결의 주요 개입접이기도 하지만 단기적으로 상담 과정을 방해하기 때문에 새로운 형태로 힘이 분배되고 균형을 찾는 일이 요구되는 것이다.

4) 힘의 패러다임 바꾸기

갈등에 처한 가족들은 지금까지 지속되어 왔던 가족 내 힘의 패러다임을 바꿈으로써 문제해결로 나아갈 수 있다. 예를 들어 부모와 사춘기 자녀 간의 갈등에서 부모는 지금까지 사용해 왔던 힘의 패러다임을 바꿀 필요가 있다. 즉 우세 패러다임에서 협력 패러다임으로 변화해 가야 하는데 이것은 서로 힘 겨루기를 하던 상태에서 벗어나 한 팀이란 생각으로 서로의 힘을 향상시키는 방향으로 가는 것이다. 관계가 변화하기 위해서는 힘을 사용하는 패턴이 바뀌어야 한다.

만약 상담자가 좀더 지시적인 문제해결 중심 접근법을 취한다면 그는 힘의 사용에 대한 중재자나 모니터가 되어야 한다. 상담자는 능동적으로 정보를 통제하고 우세한 힘을 가진 사람에 의해 나타나는 힘의 전술을 파악하여 힘이 공평하게 작용하도록 이끌어야 한다. 이때 상담자는 능동적이고 직접적으로 힘의 균형을 잡는 일에 참여하게 된다. 그러나 치료 중심적인 접근법을 취하는 상담자는 직접적인 개입보다 가족들이 스스로 힘의 위계나 형태를 바꿀 수 있도록 도와주는 돌파구 역할을 할 것이다. 즉 상담자는 가족들의 변화에 민감한 태도를 유지하면서 힘의 흐름이나 스타일이 변화될 수 있도록 가족들을 지원하고 격려하게 된다.

6. 상담의 중립성

가족상담자들은 상담을 할 때 중립적인 입장을 취한다는 것이 얼마나 까다로운지 잘 알고 있다. 중립의 의미는 모든 내담자에게 편견이나 선입견 없이 동등하게 대하며 상담을 진행시켜 나간다는 것인데 상담자에 따라 지켜야 할 중립의 한계도 달라진다. 상담은 중립적인 과정이고 상담자는 제삼자 입장인 중립적인 존재이다. 그러나 중립을 표방하는 상담자가 과연 어느 정도 중립을 유지할 수 있을 것인가라는 의문이 늘 도사리고 있다. 예를 들어 이혼가정의 상담에서 자녀의 입장을 고려해야 하는 상담자라면 중립성을 유지한다는 것이 쉽지 않은 일일 수 있다.

상담자가 취하는 접근법에 따라 중립을 지키는 수준도 달라진다. 가족상담자가 상담에 직접적이고 능동적으로 개입하는 지시적이고 문제해결적 입장을 취할 경우와 촉진적 치료자로서의 역할을 지향하는 경우 중립성의 정도는 달라질 수 있다. 건강한 가족을 위한 모든 가족원의 발달을 꾀한다는 점에서 상담자의 중립적인 태도는 매우 중요하다. 상담자는 자신의 이론적 기초와 선호하는 접근법에 따른 중립성의 수준을 미리 잘 이해하고 파악해야 할 것이다.

1) 공평함과 동등함

리프킨 등은(Rifkin & Millen & Cobb, 1991) 상담자들이 실제 상담 과정에서 중립적 태도를 취하기가 얼마나 어려운지를 탐색하였다. 이들은 중립성의 개념에 공평함과 동등함의 두 가지 요소가 포함된 것으로 보았다. 공평함은 상담자가 주관적인 가치나 느낌 및 계획을 적용하지 않는 것이고, 동등함은 내담자들이 주저함이 없이 자신의 견해를 동등하게 표현하게 하고 모든 내담자들을 도와주는 상담자의 능력을 말한다. 중립적인 상담자는 상담 결과에 개인적 관심이나 이해가 개입되지 않도록 하며 가족 구성원 각자의 견해를 다룰 동등한 기회를 주어야 한다.

그러나 실제 가족상담 상황에서 상담자가 모든 내담자에게 동등한 기회를 허용하는 것이 위험한 경우도 있다. 예를 들어 가족 중에 폭력을 행사하는 사람이 있을 경우 동등함과 공평함의 원칙에 따라 그에게 마음대로 표현할 수 있게 한다면 그 상담이 어떠한 모습으로 전개될지는 불을 보듯 뻔하다. 이러한 경우에 상담자는 원칙은 잘 고수하는 사람일지 모르지만 나머지 가족들로부터 믿음과 신뢰를 잃게 될 것이다. 상담자의 중립성 유지는 매우 까다로운 문제이므로 모든 가족상담자는 중립적인 상담을 위해 도움이 되는 면과 그렇지 않은 면을 면밀히 살펴볼 필요가 있다.

2) 중립의 수준

상담의 진행 과정에서 상담자가 취하는 중립의 정도를 하나의 연속선상으로 표시한다면 매우 엄격하게 중립을 지키는 상담과 상당히 융통성 있는 수준의 중립을 보이는 상담을 양 끝으로 놓을 수 있겠다. 즉 사람보다는 문제해결 중심의 상담 진행에 치중하는 상담에서는 엄격한 중립을 지키는 편에 속할 곳이고, 내담자의 개인적인 변화를 중시하는 개입을 한다면 상담에 융통성을 보이는 편에 속할 것이다. 상담자는 자신이 진행하는 상담에서 가족문제의 성격에 따라 중립의 연속선상에서 어느 위치에 속하는 상담을 해야 할지 고민해야 한다.

치료 중심적인 접근법에서는 상담자의 역할이 가족의 변화에 깊이 개입하여야 하기 때문에 엄격한 중립을 유지하기가 어렵다. 반면에 문제해결 중심적인 접근법에서는 상담자의 엄격한 중립적인 태도가 요구된다. 상담자가 사용하는 이론적 모델에 따라 중립성의 수준이 달라지지만, 상담 과정에서 상담자는 가족을 교육시키고 정보를 주는 외현적이고 객관적인 과정뿐 아니라, 그들의 심리적인 문제에도 관여하기 때문에 한 사례를 다루어 가는 과정에서 중립성의 수준이 변화될 수 있다.

그러나 어떤 이론적 입장을 취하든 간에 상담에서 공평함과 동등함을 유지하는 것, 즉 중립적인 상담은 매우 중요하다. 만약 가족 구성원 중 한 사람이 상담자의 요구에 관심이 없으며 상담자를 형평성이 결여된 사람이라고 느낀다면, 상담에 불참하거나 상담자와 필요 없는 힘겨루기를 하는 등의 행동을 보일 수 있으며, 이는 상담진행에 영향을 미친다.

상담자는 항상 내담자를 진실하고 편견 없이 대해야 하며 공평한 결정권을 제공하여야 한다. 존중과 적절한 상호작용을 통해 상담의 중립성을 유지할 수 있다. 가족들은 상담자가 자신들을 존중하고 있으며 가족 모두를 위해 안전하고 개방적인 환경을 제공하려고 노력하는 사람으로 인식해야 한다. 중립성이란 상담 과정에서 모든 가족에게 동등한 대우를 한다는 것을 의미하는 것이다.

7. 상담 교착 상태의 해결

가족상담이 순조롭게 진행되어 가족 내 변화가 일어나고 있는 중에 갑작스럽게 상담이 중단되는 난관에 빠지는 경우가 있다. 이때 상담이 다시 제자리를 찾고 성공적으로 진행되기 위해서는 상담자의 역량이 요구된다.

난국(impasses)이란 협상과 관련된 용어로 두 가지 이상의 상충되는 동등한 힘이 다시 균형을 잡기 위해 서로 힘을 겨루는 교착 상태에 빠진 것을 의미한다. 상담이 교착 상태에 빠지게 되면 상담자는 그 가족 내 힘의 역동을 확인하여야 한다. 예를 들어 지배적인 엄마에게 자녀들이 반항하며 복종하지 않을 때, 강압적인 아버지가 가족들을 자신이 원하는 방향으로 끌고 가지 못할 때, 상담자는 가족들이 협력적인 힘의 패러다임이 아닌 경쟁적인 힘의 패러다임으로 해결 방법을 찾고 있는 것은 아닌지를 살펴보아야 한다.

1) 상담 교착 상태의 의미

상담의 교착 국면은 새로운 경계를 형성하려는 과정에서 발생할 수 있다. 이때 내담자들은 화해와 변화를 하기에는 자신들의 능력에 한계가 있는 것으로 생각할 수 있다. 그러므로 이러한 상황에서 외부적 지원의 필요성을 절감할 수 있으며, 전문가의 개입이라는 외부적인 조력이 가해지면 변화의 움직임을 보이게 된다. 결국 파국은 내담자들이 자신들의 힘으로 해결할 수 없으니 외부의 도움이 필요하다는 신호일 수 있다. 파국을 통해서 내담자들은 능력의 한계와 경계를 드러내게 된다. 상담에서 이러한 파국을 맞게 되면 상담자는 자신이 사용하는 방법을 다시 살펴보고 외부 조력자로서 해야 할 일이 무엇인지 파악해야 한다.

2) 교착 상태를 해결하는 방법

무어(Moore, 1988)는 전형적인 가족 갈등의 유형에 대해 언급하면서 갈등으로 인한 상담의 교착 상태 해결에 유용한 접근법을 제안하였다. 즉, 제삼자의 의견 수집하기, 이해관계가 얽힌 갈등 속에서 상호이익 찾기, 창의적 브레인스토밍을 통한 대안 탐색하기 등의 활동을 통해 통합적인 해결책을 찾아야 한다고 하였다.

예를 들어, 힘과 외부 요인에 따른 구조적인 갈등 문제에서는 소유권 재분배, 가용 자원 활용하기, 물리적 환경 바꾸기 등의 방법을 제안하였다. 또한 가치관과 관계된 문제에 개입하려면 불일치를 수용할 수 있고 개인의 가치가 우선권을 가질 수 있는 영역을 만들 것을 권유한다. 그 외 관계가 원인이 된 파국에서는 부정적인 정서 표현을 통제하고 서로 상대방의 느낌이나 정서를 탐색하도록 격려하며 그들의 지각과 해석을 명료화해 주고 지각된 문제에 대해 되풀이되는 부정적인 행동을 차단할 것을 제안하였다.

그러나 때로는 파국 자체가 의미가 있으며 더이상 그 가족의 상담을 위하여 상담자가 해야 할 일이 없다면 그것으로 상담이 종결될 수도 있다. 이때 상담자는 종결을 위한 성공적인 가족상담의 수준에 대한 이해가 있어야 한다.

3) 성공적인 가족상담의 기준

가족상담에서 성공을 평가하는 기준은 결과에 대한 것과 과정에 대한 것 두 가지로 나누어 볼 수 있다.

① 성공적인 결과

- 가족들이 자신들의 문제를 정의할 수 있는가?
- 변호사나 법정으로 인계될 경우 기록으로 남겨진 동의서들이 있는가?
- 가족들이 상담 이후에 실천해야 하는 일들에 대하여 알고 있는가?

② 성공적인 과정

- 가족들이 온전하게 자신의 감정이나 생각을 표현하고 있으며 다른 사람들이 자신의 이야기를 경청하고 있다고 느끼는가?
- 가족들이 각자 동등하게 대우받고 있다고 느끼는가?
- 가족들이 각 개인과 관련된 문제나 갈등에 대한 이해와 지식을 얻었는가?

이상의 기준을 가지고 상담의 성공 여부를 파악할 수 있으며 상담의 교착 상태가 종결로 이어진다면 이러한 기준에 비추어 판단하면 될 것이다.

만약 상담이 교착 상태에 빠진 이유가 내담자들에게 충분하게 말할 기회가 주어지지 않아서라면 또는 내담자의 폭력적인 언행이 상담 과정에서 허락되었기 때문이라면 이것은 상담자에게 원인이 있는 것이다. 상담자가 교착 상태의 원인을 내담자의 저항에 돌리며 그 의미를 제대로 파악하지 못하고 잘못 처리한다면 그 상담은 성공으로부터 멀어지게 될 것이다.

4) 교착 상태를 명료화하기

변화를 중시하는 방법이나 치료 중심적인 방법을 사용하는 상담자들은 상담이 교착 상태에 빠졌을 때, 내담자들이 이 사태를 상담에 치명적인 것으로 생각하는지 아니면 종결 시점으로 여기는지, 지금 그들이 할 수 있는 것과 하기를 원하는 것이 무엇인지 물어보는 시간으로 사용한다. 또한 상담자는 가족들이 지금의 교착 상태에 주의를 기울이게 하고 무엇을 할지 선택할 수 있도록 허용한다. 그리고 그들이 상담 과정에서 성공적으로 했던 일이 무엇이었는지 교착 상태에 이르기 전에 그들이 이미 동의한 사항들이 무엇이었는지 상기시킨다.

상담이 교착 상태에 빠져 진행되지 않는 경우가 발생하면 상담자에게 자신의 방법이나 철학, 신념 등에 의문을 갖게 된다. 이를 통해 상담자는 중립성 유지를 위해 무엇이 필요한지 생각하고 문제해결이라는 가시적 결과보다는 내담자에게 더 초점을 두게 된다. 교착 상태가 발생했을 때 원인은 무엇인지, 해결을 위해서 어떤 도움이 필요한지를 파악하는 것이 큰 연구 과제가 된다. 그런 의미에서 상담의 교착 상태는 내담자뿐만 아니라 상담자에게도 성장과 변화를 위한 중요한 시간이 될 수 있다.

교착 상태는 내담자와 상담자 모두에게 의미 있는 국면으로 만약 매우 빠르게 해결되거나 바로 조기 종결될 때, 어쩌면 그것은 상담자가 자신의 역할에 둔감하다는 표시일 수 있고 기저에 있는 문제나 가족체계의 역동성이 완전하게 다루어지지 않았다는 반영일 수 있다. 교착 상태 국면을 통해서 상담자는 자신이 사용하는 상담 방법을 보다 세련되고 정교하게 발전시키는 기회를 가질 수 있다. 상담자는 교착 상태를 자기점검과 내담자 이해의 기회로 여기는 것이 바람직하다.

CHAPTER 07

이혼가족 상담

1. 이혼과 부부관계
2. 부모의 이혼이 자녀에게 미치는 영향
3. 이혼상담자의 역할
4. 이혼 및 별거 사례에서 등장하는 보편적인 문제
5. 이혼가족 갈등의 특성
6. 이혼가족상담의 형태
7. 이혼가족상담의 절차
8. 이혼가족상담 사례

CHAPTER

07 이혼가족 상담

가족문제 중 상담이 가장 많이 요구되는 경우가 가족의 해체와 재구성의 과정을 담고 있는 이혼 문제일 것이다. 지난 30년 동안 우리 사회의 이혼율은 급속히 증가하고 있는데 통계자료에 따르면 1970년대 인구 1,000명당 0.7명이던 이혼율이 1995년 1.6명, 2004년 전체 결혼 인구 중 9.3%로 급증하였으며 결혼한 열한 쌍 중 한 쌍이 이혼하는 것으로 보고되고 있다(매일경제 2004. 11. 26).

2010년 통계청이 발표한 이혼 통계에 따르면 평균 이혼 연령인 남성 45세, 여성 41.1세 연령대의 이혼율 증가로 이혼가정이 늘어나면서 이혼부부와 그 자녀의 적응문제는 상담의 주요 영역으로 대두되고 있다.

현재 우리나라에서 이루어지고 있는 이혼상담은 크게 공적·제도적 지원 절차의 형태로 제공되는 것과 개인의 요청에 의해 각종 상담기관에서 이루어지는 사적 상담으로 나눌 수 있다. 이혼부부를 위한 공적·제도적 상담의 대표적인 예는 가정법원 가사조정 위원회의 조정 신청제도가 있다. 가사조정은 이혼 신청 시 조정이나 화해를 통해 가능하면 이혼을 하지 않도록 하려는 목적과 이혼 시에 발생하는 재산분할, 위자료 지급, 양육권, 친권 등의 문제에 대한 합리적 결정을 중재하기 위한 목적을 가지고 상담 형태로 시행되고 있다.

1. 이혼과 부부관계

'이혼'은 법률적으로는 정해진 시간 내에 법정에서 이루어지는 사법적인 절차를 의미하지만 한편으로는 한 가족 구성원들이 심리적으로 헤어지는 상실의 경험이며 이혼의 진행기간은 짧게는 수개월에서 때로 수년간 지속될 수도 있는 지난한 과정이다.

이혼부부를 대상으로 진행된 연구에 따르면 이혼 과정은 일반적으로 다음과 같은 여섯 단계를 거치면서 진행된다(Bohannan, 1975, 재인용).

이혼의 첫 번째 단계는 결혼한 부부가 정서적 갈등 상태가 심해지면서 적대적이거나 서로에게 무관심한 채로 한집에서 살아가게 되는데 이를 정서적 이혼(emotional divorce) 상태라고 한다.

두 번째는 합법적 이혼(leagal divorce)의 단계로 이혼이 성립될 만한 충분한 사유가 발생하여 법적으로 남이 되는 과정과 결과를 포함한다. 법적 이혼이 진행되는 과정에서 이혼의 귀책 사유를 따지고 재산권과 친권을 두고 갈등이 발생하며, 경제적 비용 등 여러 가지 현실적 문제가 복합적으로 작용해 정서적 소모전으로 치달을 수 있다.

이혼의 세 번째 단계는 합의와 판결에 따라 재산권과 돈 문제를 마무리하게 되는 경제적 이혼(economic divorce)이다.

이혼의 네 번째 단계는 공동부모 이혼(coparental divorce)으로 경제적 이혼 이후 자녀가 친권이나 양육권을 가지게 된 한쪽 부모와 지내게 되는 것을 말한다.

다섯 번째 단계는 친인척 관계와 각종 사회적 · 공적관계에서 서로 남남이 되는 사회적 이혼(community divorce)을 거친다.

마지막으로 이혼의 여섯 번째 단계는 이혼을 마음으로 받아들이게 되는 심리적 이혼(psychic divorce)에 도달하게 된다.

위와 같은 단계가 항상 순차적으로 진행되는 것은 아니며 개인에 따라 내용과 순서에 차이가 있을 수 있다.

〈표 7-1〉 이혼 과정에 요구되는 부가적 가족 적응 단계들

단계	변화의 정서적인 과정	발달적인 문제
이혼결정	• 부부관계의 긴장을 해결하고 관계를 충분히 해결할 수 없다는 자신의 무능력을 받아들인다.	• 자신의 결혼이 실패했다는 것을 인정한다.
가족체계 해체 계획	• 가족체계의 모든 부분에 대하여 실행 가능한 준비를 지원한다.	• 자녀양육권, 방문, 경제문제에 대하여 협력적으로 일한다. • 이혼에 대하여 확대가족과 관계한다.
별거	• 협력적인 공동부모관계를 계속하려는 의지와 자녀의 재정적인 지원에 합세한다. • 배우자에 대한 애정을 해결하기 위해 노력한다.	• 함께했던 가족 구성원을 잃어버리는 것에 대하여 슬퍼한다. • 부부관계와 부모-자녀관계 및 재정을 재구성하고, 떨어져 사는 것에 적응해 간다. • 확대가족과의 관계를 재조정하고 배우자의 확대가족과도 관련을 맺는다.
이혼	• 정서적인 이혼을 하기 위하여 더 노력하며, 상처, 분노, 죄책감을 극복한다.	• 함께한 가족의 상실을 슬퍼하고 재결합에 대한 환상을 단념한다. • 결혼생활에서 얻었던 희망, 꿈, 기대를 회복한다. • 확대가족과 관계를 유지한다.

출처: Carte & McGoldrick(1988 : 22).

이혼 후 요구되는 개인적 · 심리적인 과제는 자신의 삶을 다시 정립하는 것과 이혼한 배우자와의 사이에 난 자녀를 보호하고 건강한 성장을 돕는 두 가지로 나눌 수 있다. 성인으로서 자신의 삶을 정립하는 과정에는 결혼관계 끝내기, 잃어버린 것들을 돌이켜 생각하기, 자신을 되찾기, 긱징을 해결하고 견뎌내기, 위험을 감수하고 앞으로 나아가기, 다시 일어서기의 단계를 거치게 된다.

2. 부모의 이혼이 자녀에게 미치는 영향

부부는 자신들의 문제와 갈등의 해결책으로 이혼을 선택하지만 자녀에게 부모의 이혼은 삶의 안전을 위협하는 경험이 된다. 부모의 이혼은 자녀 성장의 기초가 되는 부모와의 상호작용 경험 박탈과 안정된 가정에 대한 '욕구 좌절', '사랑하는 대상의 상실'의 경험이라고 할 수 있다. 남아 있는 부모가 떠나간 배우자에 대한 상실감과 새로운 상황에 적응하느라 자녀에게 신경을 써주지 못하는 경우 이 또한 자녀에게는 상실의 경험이 될 수 있다. 결국 자녀는 두 사람의 부모를 모두 잃었다는 생각에 빠질 수 있으며 부모로부터 버림받았다는 생각에 위축되고 자신감을 상실하게 된다. 그리고 부모의 이혼을 자신의 탓으로 여겨 심한 자책감에 빠지기도 한다. 이때 부모에게 재결합을 종용하기도 하는데, 상황을 되돌리려 애쓰면서 재결합의 소망이 이루어지지 않으면 죄책감을 느끼고 결국 자신이 통제할 수 없는 상황에 대해 분노를 느끼게 된다.

특히 충분한 설명을 듣지 못한 상태에서 일어나는 부모의 이혼은 자녀들에게 갑작스러운 생활 변화의 원인이 된다. 이 과정에서 이들은 세상을 믿을 수 없는 곳으로 지각하게 되고 미래에 대한 조망 능력이 떨어지게 된다. 때로 남아 있는 한쪽 부모가 떠난 배우자와 자녀를 동일시하여 분노를 투사하거나, 자녀가 떠난 부모를 이상화하고 가까이 있는 부모에게 자신의 분노를 투사해서 표출하는 병리적 역동이 발생할 수 있다. 많은 경우 부모들이 이혼 과정에서 자녀를 보호하기 위한 노력을 기울이지 않고 있으며 이로 인해 부모의 이혼 후 자녀들이 더 어려움을 겪게 된다. 부모의 이혼을 경험한 자녀들의 정서적 반응은 발달 수준에 따라 달리 나타나겠지만, 전반적으로 정서가 취약하고 성숙 수준이 떨어지는 자녀일수록 강한 퇴행과 같은 부적응적 반응을 보이게 된다.

부모의 이혼에 대한 자녀의 일반적 정서 특성을 분석한 연구에서는 7세 이전의 자녀는 일상이 깨어지는 불안감을 가장 두드러지게 느끼는 것으로 나타났다. 7~9세의 자녀들은 슬픔에 잠겨 이를 직접적으로 표현하기도 하며, 10~13세의 아이들은 부인(否認)과 상실이 공존하는 정서적인 특징을 보였다. 청소년의 경우에는 고통과 안도감을 동시에 느끼는 경향이 있다. 부모의 이혼을 경험하면서 청소년들은 빨리 자라서 독립하는 것에 대한 압력이나 소원을 느끼게 된다. 발달단계상 성장 욕구가 큰 시기인 만큼 부모의 지시나 통제가 부족하거나 없을 때 일탈이나 비행에 빠지기 쉽다. 이혼가정의 청소년들은 자칫 인간관계, 특히 결혼관계에 대해 회의적인 생각을 하거나 장래 성인의 역할을 해야 하는 자신의 능력에 의구심을 갖게 되고 고통을 느껴 냉소적 태도를 취하기 쉽다. 한편 더이상 부모가 다투는 모습을 보지 않아도 된다는 생각에 안도감을 느끼기도 한다.

부모의 이혼 후 자녀의 적응에 대한 월러스테인(Wallerstein, 1983)의 연구에 따르면 이혼가정의 자녀는 위기단계(acute stage), 과도기단계(transitional stage), 안정단계(stabilization stage)를 거치면서 부모의 이혼을 수용하고 적응해 나간다고 보았다.

〈표 7-2〉 부모의 이혼이 자녀의 정서에 미치는 영향

충성 갈등	부모 중 누구 편을 들어야 할지, 누가 옳은지 어떻게 판단할지를 갈등한다.
유기의 공포와 불안	부모로부터 버림받지 않을까 하는 공포에 기인한 내면의 불안정성을 가지게 된다.
자기 가치감, 자존감의 감소, 대인관계 민감성 증가	다른 사람이 사회적 편견을 가지고 자신을 이혼 가정의 자녀로 바라보는 시선에 대해 염려하고 민감해진다.
죄책감	부모의 이혼을 자신의 탓으로 여긴다.
외로움, 고독 및 사회적 고립	심리적 위축감과 고립감을 겪는다.
상실감과 분노의 행동화	부모의 이혼이 주는 상실감과 분노를 행동화해 부모의 관심을 끌고 이혼을 저지하려는 노력을 한다.
마술적 사고, 전지전능적 공상	부모의 이혼을 없었던 일이 되게 하는 공상을 한다.

3. 이혼상담자의 역할

이혼 과정에서 이루어지는 상담은 별거나 이혼의 말이 오고갈 즈음에 권장되는 개입의 방법으로 그 형태는 앞서 말한 바와 같이 공적 상담과 내담자의 자발적 선택에 의한 사적 상담서비스가 있다. 우리나라보다 일찍 이혼 문제를 사회적 지원 대상으로 규정하고 제도적 원조 시스템을 마련한 미국에서는 이혼을 중재하는 개인 상담자의 상담 과정을 법률적 조정 과정의 일부분으로 편입하여 법적으로 처리해야 할 경우가 발생하면 상담자가 인증한 자료를 증거 자료로 채택하고 있다. 이로 인해 이혼 상담은 상담자의 주요 활동 영역으로 자리잡고 있으며 이혼 상담의 기능과 과정, 상담자의 역할에 대한 연구가 활발하게 이루어지고 있다.

테일러(Taylor)는 이혼 문제를 담당하는 상담자에게는 특별히, 다음 네 영역에 대한 지식과 기술적 훈련이 요구된다고 보았다(Taylor, 1994).

- 일반적인 그리고 특정한 문제에 관한 갈등 해결 기술
- 이혼에 관한 법률적 지식
- 성인과 아동 그리고 가족의 정상적인 발달 패턴과 역기능성에 대한 이해
- 임상적 면접, 사례 이첩(移牒), 사례 관리, 다른 지원 집단과 공조체제를 구축하고 유지하기, 문서정리, 내담자 · 변호사 · 다른 가족 구성원과의 적절한 상호작용과 같은 기본 전문 기술

위의 영역에 대한 훈련이 요구되는 이혼상담자의 상담 기술은 다른 상담 영역에서와 마찬가지로 적절한 수퍼비전과 피드백이 수반되는 상담 경력이 쌓이면서 발달하게 된다.

미국의 통계를 보면 이혼이나 별거를 결심한 커플이 기관이나 개인 상담자를 자발적으로 찾는 경우, 대부분 이혼 과정에서 겪는 자녀에 대한 고민이 주원인인 경우가 많다고 한다. 하지만 우리나라의 경우 이러한 내용이 보고되지 않고 있다.

상담자는 이혼 당사자 중 한쪽의 요청이나 이혼 과정에 영향을 미치고자 하는 다른 누군가의 요청에 의해 개입하게 되며 일반적으로 다음과 같은 역할을 담당하게 된다.

① 대화 촉진자: 안팎으로 두드러지게 드러나는 갈등이 없는 경우, 상담자는 당사자들의 의사를 표현하게 하고 이를 바탕으로 내린 결정을 모아서 합의를 도출하는 의사소통과 결정의 촉진자 역할을 한다.

② 긍정적 문제해결 조력자: 이혼 과정에서 갈등과 어려운 점, 여러 가지 곤란한 사안들이 얽혀 있는 경우, 바람직한 문제해결을 위한 상담자 역할을 해야 한다. 이 활동의 목적은 이러한 과정을 통해 각 개인들이 문제와 관심사를 이해하는 것을 돕고 선택 가능한 모든 대안들과 그에 따른 결과에 대해 충분히 검토한 후 두 사람 공동의 협의에 바로 들어가게 하는 것이다.

③ 제삼의 조정자: 이혼 당사자 간에 주요 갈등 사항이 있을 때 두 사람의 논의는 제자리를 맴돌기 쉽다. 이때 이혼상담자는 객관적인 입장을 취할 수 있는 조정자가 되어 이해 당사자의 상호 관심사와 바람, 불안, 현재의 처지, 앞으로의 가능성 등을 이해하도록 돕고 또 이를 바탕으로 협의를 도출해 내는 역할을 할 수 있다.

④ 객관적 관찰자: 이혼 과정이 이혼 당사자 커플의 무의식적이고 심층적 정서문제가 주요 원인으로 작용하고 있는 경우, 상담자는 이 문제에 대한 객관적 관찰자로서 이들의 사고와 정서를 비추어 주는 역할을 할 수 있다. 이 과정에서 상담자는 이해 당사자인 가족들이 처해 있는 딜레마를 다룬다. 상담자는 객관적으로 이들 커플의 내적 역동과 상호작용 패턴을 관찰하면서 현실을 검증하고 적절한 대화를 하도록 돕는 치료적 관계를 형성하게 된다.

⑤ 한시적 대화 창구: 이혼 커플이 의사소통에 문제를 보이는 경우 상담자는 메시지를 중화하고, 차이점을 명료화하며, 내용을 구별해 내는 과정을 통해 당사자들이 조정 가능한 부분과 변호사나 법적인 개입이 필요한 부분을 가려 낸다.

4. 이혼 및 별거 사례에서 등장하는 보편적인 문제

이혼이나 별거를 준비하는 부부문제는 여러 가지가 있겠으나 그 중 핵심이 되는 네 가지 주제는 다음과 같다.

① 개인적인 관계의 청산

배우자 중 한 사람이라도 이혼에 대해 회의적이거나 반대로 결혼관계 유지 가능성에 대한 희망을 가지고 있다고 확인되면 이혼 과정이 더 진전되기 전에 그 부분을 반드시 탐색해 볼 필요가 있다. 많은 부부들이 정확한 의사소통을 하지 않고 전화나 편지, 은유적으로 비꼬는 표현의 이중적인 메시지를 주고받으며 최종 결정을 미루거나 상대방이 결정을 내려주기를 기다리는 경우가 많다. 책임지는 자세로 자신과 상대방을 받아들이는 것은 이혼 과정에서 담당해야 할 정서적 과제라고 볼 수 있다.

② 부부관계는 끝내고 부모관계는 유지하는 문제

두 사람 사이에 자녀가 있을 때 이혼한 부부로서 경계를 짓는 일, 함께 살지 않는 부모로서 할 수 있는 일과 할 수 없는 일을 구분하여야 한다.

③ 새로운 생활양식을 받아들이고 적응하기

전업주부와 같이 경제적 부양을 받던 가족은 경제적 자립이 이혼과 더불어 심어져야 할 가장 큰 과제이다. 이들이 경제활동을 시작하는 것은 개인적 선택과 변화만이 아닌 전 가족의 생활 변화와 그에 대한 이해가 요구되는 문제이다. 그리고 이들은 경제적인 면뿐만 아니라 배우자 없이 사회적 · 정서적으로 새로운 삶을 만들어 나가야 하는 부담을 안게 된다. 특히, 이혼가족에 대한 사회적 편견이라는 만만치 않은 부담을 성인 배우자 자신뿐 아니라 자녀들도 지게 된다. 이때 흔히 등장하는 바람직하지 않은 현상은 새로운 파트너와 다시 성급하게 의존관계를 형성하려는 것이다.

④ 임시적 · 장기적인 생활 변화책의 마련과 적응

이혼은 이르면 몇 개월에서 수년이 걸리는 과정으로 장단기의 생활 변화가 일어나고 이에 대비하고 적응해 나가는 과정이기도 하다. 경제적으로 집을 팔고 새 거주지를 구하는 일, 각자 자신의 거주지로 이사하는 일, 본격적인 별거에 들어가는 일 등은 이 시기에 처리해야 하는 현실적인 문제이다. 이견이 없는 사안을 다루는 바람직한 방식은 시한을 정해 처리하는 방법이 좋다. 예를 들면 두 사람이 같이 살던 집을 처분하기로 했다면 다른 집을 구하는 데 시간이 얼마나 걸릴 것인가, 장기간 직업 없이 지냈던 배우자는 어떻게 경제적 자립을 할 것인가, 자녀가 어릴 경우 장기적인 문제로 자녀들이 대학에 갈 때 학자금 조달은 어떻게 할 것인가, 이혼이 성립된 후 필요하다면 상호 간의 연락은 어떻게 취할 것인가 등 이혼 상담은 이러한 여러 가지 형태가 얽힌 문제를 함께 정리하고 풀어가는 과정이라고 볼 수 있다. 이때 상담자가 기억해 둘 필요가 있는 유용한 상담 절차는 매 회기마다 내담자에게 그동안 상담을 통해 어떤 일이 이루어졌는지, 앞으로 더 논의되어야 할 점이 무엇인지에 대해 정리하는 것으로 상담을 시작하는 것이다. 이를 통해 상담의 주제를 좁혀 가고 대안을 차츰 구체화하면서 상담의 효율성을 기할 수 있고 이혼가족의 에너지를 긍정적 방향으로 모아갈 수 있다.

5. 이혼가족 갈등의 특성

이혼이나 별거를 추진하는 부부는 문제해결을 위한 나름의 방법을 모색해 보다가 두 사람의 힘으로는 도저히 좁힐 수 없는 의견 차이가 있거나 갈등이 최고조에 다다랐을 때 제삼자인 상담자를 찾게 된다. 이후 이들은 결국 자신들의 결혼생활 파탄에 결정적인 요소로 작용했던 상호작용 방식을 사용해 해묵은 논쟁과 갈등을 상담실에서 재현하게 된다. 내담자들이 이런 방식으로 갈등을 재현할 때가 전문적인 상담 개입이 요구되는 시기이다.

미국의 심리학자 데이비드 스너치(David Snarch, 1997)는 자신의 책《열정적 결혼(*Passionate Marriage*)》에서 결혼생활에 문제가 있는 커플들과 성(sexual) 문제에 대해 말하고 있다. 그는 결혼생활이 난관에 봉착한 많은 커플들이 성적인 딜레마를 끊임없이 만들어 내면서 성적인 영역으로 자신들의 문제와 변화의 폭을 제한하고 있다고 보았다. 이때 만일 상담자가 이러한 특성에 대해 확고한 인식이 없을 경우, 이혼상담에서 이와 유사한 과정이 발생하기 쉽다. 가족 갈등을 다루는 상담 개입은 궁극적으로 개인과 가족의 변화 과정이 뒤따르는 것이 가장 중요하다. 가족과 부부문제를 볼 때, 충분한 변화가 있기 전까지 두 사람은 갈등이라는 호된 시련을 겪어야 한다.

부부상담에서 두 내담자가 모두 해결해야만 한다고 여기는 문제이면서 내담부부가 결혼생활 내내 한 번도 넘어서지 못했던 바로 그 지점이 변화를 위한 도전이 되며, 두 사람이 공동으로 만들어 낸 상호작용 체계와 내담자 자신의 변화가 일어나는 개입점이 된다. 이들이 다른 방법을 찾아내기 전까지는 동일한 관계 역동과 패턴을 담고 있는 유사한 형태의 딜레마를 계속 만들어 내게 된다. 이러한 양상은 위험한 면이 있지만 개인적 · 체계적인 변화가 일어날 수 있는 잠재력이 최고조에 달하는 순간이기도 하다. 역설적이게도 이혼상담의 주요 도전과제인 '이전과 다른 상호작용' 의 발생이 가능한 지점은 갈등이라는 호된 시련 속에 내재돼 있다고 볼 수 있다.

상담이 시작되면 어느 회기에서나 이런 변화의 순간은 올 수 있다. 상담을 통해 복잡한 문제들을 다루어 나가는 과정에서 과거의 상호작용 패턴이 되살아나는 그때가 바로 개인의 내면에, 그리고 두 사람 사이에 있는 갈등의 유형과 심각성을 더 잘 보고 이해할 수 있고 이전에 해온 것과는 다른 방식으로 다루어 볼 수 있는 시점이다. 이혼상담자가 해야 할 중요한 일은 두 사람이 불평하거나 비난하기, 대항하거나 냉소적으로 반응하기 등과 같이 오랜 습관처럼 되어 버린 서로를 대하는 방식에 개입하는 것이다. 상담자가 내담 부부의 상호작용에 함께하면서 두 사람 사이에 일어나는 모든 상황을 반영해 주고 명칭을 붙일 때 내담 부부는 문제를 다르게 보고 다른 방식으로 다룰 수 있게 된다. 이러한 형태의 개입이 잘 이루어지면 개인과 개인 간 상호작용 과정의 변화가 일어난다.

호된 갈등을 경험하면서도 다르게 행동하는 방법을 모르는 이혼가족을 흔히 볼 수 있다. 이때 상담자는 보다 구체적인 코치나 피드백, 새로운 아이디어를 직접적이고 지시적으로 제공할 필요가 있다. 때로 상담자의 노력에도 불구하고 이들이 직접적 조언을 바로 이해하지 못하거나 이해를 했지만 적용하지 못한 채로 상담이 종결되었을지라도 이후 시간을 두고 다시 생각해 보고 다루어 보면서 점진적 변화를 보이기도 한다. 또 내담자에 따라서는 상담자가 반영해 주는 갈등을 고통스럽게 인식하지만 아직 자신의 신념이나 태도, 상호작용 방식을 바꿀 의사가 없음을 확인할 수 있다. 이런 경우에는 이 시점이 상담의 지속 여부를 결정하는 중요한 순간이 될 수 있다.

6. 이혼가족상담의 형태

이혼상담을 신청하는 가족들 중에는 상황에 따라 상담자의 도움 행동에 대해 불쾌해하거나 저항을 보이는 경향이 있다. 특히, 제도적 이혼상담이 법정 판결에 들어가기 전에 거쳐야 할 절차로 도입되면서 강제 조정에 대한 사람들의 태도는 이 과정을 그다지 달가워하지 않는 것이다. 이러한 이유로 갈등 가족을 위한 사회적 지원정책으로 도입된 가사조정관의 상담이 때로 상담자와 당사자들 간 갈등의 원인이 되기도 한다.

상담의 형태가 강제적이든 자발적이든 이혼상담자가 공통적으로 상담 초기에 다루어야 할 과제는 다음과 같다.

상담자는 원활한 상담의 진행을 위해 상담 효과를 방해할 가능성이 있는 상담 과정이나 상담자에 대한 내담자의 불쾌감, 의구심 등을 다루어야 한다. 강제조정인 경우, 조정 결과의 강제력이 어느 정도인지 등을 명확히 하는 것이 필요하다. 또한 상담 중 내담자 입장에서 부적절감을 느낀다든지 도움이 되지 않는다는 판단이 설 경우, 상담을 중단할 권리와 그 절차에 대해서도 다루어야 한다. 강제 조정의 경우라도 상담자는 내담자의 자기결정권을 존중하는 윤리적 태도를 견지해야 한다. 특히 사법 제도나 절차에 대한 불신을 가진 가족의 경우, 상담자에 대한 부정적 선입견을 가지고 상담을 시작할 수 있다는 점을 고려하고 상담 초기에 이를 과정으로 다루어야 한다.

내담자와 마찬가지로 상담자 또한 내담자를 선택할 권리가 있다. 상담자는 윤리적 지침의 범위 내에서 신뢰 형성이나 공동작업이 불가능할 것 같은 내담자에 대한 상담 여부를 결정할 수 있다.

하지만 법적 명령에 의한 상담에서는 내담자나 상담자가 서로 선택하거나 상담을 중단할 권한이 주어지지 않을 수도 있다. 하지만, 미국의 이혼 상담 기관에서는 이혼부부 두 당사자가 모두 상담자 교체를 원한다면 이를 신청할 수 있도록 제도화하고 있다.

강제조정 상담자는 자신이 선호하는 상담 기법에 맞는 내담자를 선택할 권한이 없다. 따라서 상담자는 내담자의 다양한 요구 차이를 수용할 수 있도록 한 가지 이상의 상담 모델을 적용할 수 있어야 한다.

강제조정 내담자에게 때로 가사조정위원회 상담자가 제공하는 상담이 충분치 않을 수 있다. 공적 이혼상담서비스는 상담 회기나 진행 면에서 근원적인 문제를 다루기에는 여러 가지 현실적인 제약이 있으며 이러한 여건이 상담의 진행을 제한하게 된다. 따라서 상담자는 법정 다툼의 확대를 막는다는 기본 태도를 유지하기 쉬우며 보다 심층적으로 문제를 탐색할 수 있는 접근법의 사용을 스스로 삼갈 수 있을 것이다. 또한 상담자는 상담 장면에 따라 내담 부부의 구조적 갈등을 다루는 데 신중을 기할 것이다.

참고로, 미국에서 현재 이루어지고 있는 이혼상담서비스를 살펴보면 다음과 같다.

이혼을 고려하고 있는 부부는 무료 혹은 적은 비용으로 제공되는 상담서비스를 이용하거나 보다 개별적인 서비스를 제공하는 개인상담을 이용할 수 있다. 공공상담이나 개인상담 영역에 속한 상담자는 모두 공통적으로 최선의 상담을 목표로 한다. 가사조정관이나 개인상담자의 주요 의무는 자신의 전문가적 윤리를 어기지 않는 범위에서 내담자의 안녕을 위한 최선의 해결책을 구하는 것이다.

특히, 자녀들이 포함될 때 이혼은 가족체계 혼란을 초래하고 이때 상담자의 개입은 필수적이다. 이혼가정의 자녀를 위한 상담에서 부모는 상담자를 자신의 편으로 끌어들이려고 하고, 자녀와 함께 회기를 진행하는 데 저항을 보이는 경향이 있다(김현수, 2001). 부모는 이혼이 자녀에게 미치는 영향을 명징하게 인식하는 것이 매우 중요하다. 자녀에게 영향을 미치는 문제는 이혼 그 자체가 아니라 부부 간의 갈등이라는 점을 분명히 알 필요가 있다. 많은 연구자들은 이혼 전 부부가 나타내는 적대감의 빈도와 강도가 이혼 후 자녀의 적응을 결정짓는 주요 원인이라고 보고 있다.

7. 이혼가족상담의 절차

이혼부부의 상담은 공통적으로 초기, 중기, 종결의 단계로 나누어 진행된다. 하지만 문제의 특성과 내담자와 상담자의 특성에 따라 운영상 차이가 있을 수 있다.

일반적으로 이혼 진행 가족이나 커플들은 자신이 원하는 방식으로 문제를 빨리 마무리지으려는 경향이 있다. 이미 서로에 대한 감정이 좋지 않은 상태에 놓인 두 사람은 내성하는 자세로 진지하게 결혼관계를 정리하려고 하기보다는 상대를 탓하며 이혼상담자가 나서서 자신의 입장을 설득해 주었으면 하는 마음으로 상담에 임하는 경우가 많다. 이런 속성이 명백할 때, 상담자는 내담자들이 원하는 방식으로 상담을 진행해 나갈 수 없고 그렇게 하지 않도록 유의해야 한다.

상담은 한 회기당 60~90분간 총 6회기 정도 진행된다. 매 회기는 초기, 중기, 종결 부분으로 나누어 진행되며 혹 시간이 초과될 경우에는 다음 상담 스케줄에서 이를 반영하여 조절하는 것이 좋다. 상담의 진행은 개별상담과 공동상담의 형태를 취하며 주제 및 사안에 따라 한 회기 내에서도 두 가지 형식의 상담을 모두 진행할 수 있다.

상담자는 매 회기에 대한 기록을 남기는데 주요 주제, 합의된 사항을 위주로 정리하면서 그 내용에 따라 진행하는 것이 중요하다. 각 회기에서 상담자는 처음, 내담자와 합의한 내용과 내담자 간 상호작용과 상담진행 과정에 초점을 맞추어 진행해야 한다. 상담은 회기에 따라서 '내용'과 '과정' 중 어느 한 부분이 우세한 비중으로 진행되는 두 가지 흐름이 있을 수 있다. 부정적인 상담 과정은 좋은 결과를 가져올 수 없기 때문에 이를 피하기 위한 상담 과정구조화는 상담 내용의 선결 요건이 된다. 따라서 긍정적 결정을 이끌어 낼 수 있는 내담자 간 상호작용 발생을 돕는 개입이 상담자에게 요구된다.

매 회기를 마칠 때마다 상담자는 다음과 같은 질문을 해볼 필요가 있다.

- 부부로서 두 사람이 처한 딜레마는 무엇인가? 두 사람 사이의 세력균형 양상은 어떠한가?
- 이들의 다툼은 뿌리 깊은 개인적 신념이나 원칙 때문인가, 아니면 상대적으로 단순한 선호 양식의 차이 때문인가?
- 자녀 문제가 걸린 사례에서는 이 부모의 갈등이 자신의 욕구 충족에 관한 문제 때문인가, 아니면 자녀를 위한 결정이 힘들어서인가?
- 각 내담자가 상대 배우자에게 자신의 의사를 관철시키기 위해 상담자에게 기대하거나 요구하는 것은 무엇인가?

8. 이혼가족상담 사례

1) 1회기

첫 회기는 사례의 구조화를 위한 주요 정보를 모으는 시간이다. 상담자는 내담자들을 만나 그들이 제기하는 문제를 잘 듣고 해결이 필요한 문제를 파악하게 된다. 이 내용을 바탕으로 상담자는 내담자와 상담 목표에 합의하고 진행 과정에 대한 기초안을 세운다. 상담자는 또한 상담 시간 내에, 내담자 상호 간에 그리고 상담자와의 관계에서 어떻게 행동해야 할지에 대한 정보를 준다.

첫 회기에서 상담자는 상담 과정을 설명하고 내담자의 관심사와 요구 사항을 듣는 시간과 일정과 목표를 합의하는 등 후속 회기에 비해 훨씬 구조화된 형태의 상담 진행이 이루어진다. 상담 첫 회기의 진행 형식은 의사가 환자를 처음 만나는 것과 유사하다고 볼 수 있다. 병원을 찾은 환자는 먼저 자신의 증세를 의사에게 이야기하고 의사는 정확한 진단을 위해 필요한 몇 가지 검사를 실시한다. 마찬가지로 상담 시작 전에 상담자는 내담자 부부가 각각 생각하는 문제와 관심사, 부모 역할 체계를 측정하는 체크리스트와 몇 가지 설문지를 작성하게 하는 것이 이들의 문제를 파악하는 데 도움이 된다. 첫 회기에서 꼭 다루어야 할 내용은 상담 계약서를 작성하는 것이다. 그리고 상담 진행 중 지켜야 될 사항을 설명한다. 상담자는 가정폭력이나 협박 같은 대면 상황에서 이야기하기 힘든 일이 부부 사이에 있는지를 몇 분간의 짧은 시간이라도 개별상담 시간을 마련해서 확인해야 한다.

상담자에 따라 첫 회기에서는 20~30분간 개별상담을 진행할 수도 있다. 첫 회기의 개별상담 시간은 매우 유용하게 활용될 수 있으며 각 내담자는 이 시간에 자신이 얻을 수 있는 최선의 결과와 그 반대의 경우를 알 수 있다. 이 시간에 내담자는 이혼 배우자의 목적, 의도, 상담에 대한 두려움에 영향을 받지 않는 환경에서 상담자와 라포 형성이 쉬워지고 보다 개방적이고 건설적인 자세로 이혼상담에 임할 수 있는 가능성을 높일 수 있다. 상담자는 상담을 통해 건강한 상호작용의 모델을 보여주고 또 내담자들의 상호작용 유형을 보고 개입 지점과 방법을 찾게 된다. 그리고 상담자와 내담자 간의 경계를 분명히 하고 이혼부모로서 그들이 가지는 기대를 다룬다.

첫 회기에서 위와 같이 상담자가 내담자를 평가하는 것처럼 내담자도 상담자가 믿을 만한지, 자신의 문제를 의논할 상대인지를 평가하게 된다. 첫 회기가 끝날 즈음이면 내담자의 마음속에서 상담의 지속 여부를 결정하고 상담기간 동안의 상황 대처 방안을 나름대로 모색하게 될 것이다.

상담에서 적용할 수 있는 몇 가지 구체적인 기술을 살펴보면 다음과 같다.

상담 신청 부부의 관계 양상을 평가할 때 다음과 같은 관계 분류가 도움이 된다. 애런(Ahrons)과 로저스(Rogers, 1992)는 이혼상담을 진행해 나가는 부부의 관계를 아래 그림과 같이 훌륭한 친구관계, 협조적 동료관계, 감정이 상한 동료관계, 사나운 적수관계, 해체된 이인조 그룹 관계의 연속선상의 한 가지로 구분할 수 있다고 보았다. 상담 초기에 상담자는 이 분류법을 부부에게 알려주고 본인들이 현재 어느 지점에 위치해 있는지를 평가하여 자신들의 관계 양상을 객관화시켜 볼 수 있게 한다.

훌륭한 친구 ⇒ 협조적 동료 ⇒ 감정이 상한 동료 ⇒ 사나운 적수 ⇒ 해체된 이인조 그룹

[그림 7-1] 이혼부부의 관계 진행 양상

내담자가 이혼 후의 삶에 대하여 구체적인 목표를 설정하도록 돕는 것 또한 상담의 중요기법이 될 수 있다. 이혼 후의 삶을 어떻게 성공적으로 꾸려갈 것인가를 말하게 하는 이야기 치료 기법은 두 사람의 삶을 구체화시킬 수 있는 좋은 기법이다. 이 과정에서 한 사람이라도 이혼에 대해 회의적인 시각을 가지고 있

거나 혹은 화해에 대한 희망이 확인된다면 상담자는 공동 상담회기 시간에 이를 구체적으로 다루어야 한다. 상대 내담자의 의사에 따라 개별상담 시간에 이 문제에 대한 감정을 다룰 수 있도록 도와주거나 다른 심리치료나 지지 집단의 도움을 받도록 해야 할 경우도 있다. 한 사람이 관계 청산에 관한 생각이 명확하지 않아 보이면 다음 상담 내용은 계속해서 같이 사는 것과 헤어지는 것의 의미에 대해 다루어 나가야 할 것이다. 이 과정에서 상담자와 이혼상담 부부는 이혼을 할 경우와 하지 않을 경우의 현실을 같이 구체적으로 탐색해 보는 작업을 해 나갈 수 있다. 상담 과정에서 어떤 결론을 내리기 이전에 이 주제들을 충분히 다루고 필요하다면 화해를 이끌어 내야 한다.

이 과정에서 상담자는 내담 부부에게 이혼 후 예상되는 경제적 · 사회적 요구사항에 대한 계획을 세워 보게 할 수 있다. 이를 위해 상담 과정에서 생활비나 자녀양육 문제와 같은 일상적인 문제를 이혼한 사람처럼 실행해 보게 할 수 있다. 이는 아직 이혼하지 않은 상태에서 실제로 이혼이 이루어졌을 때 어떤 책임을 져야 하는지를 명료화하려는 것이다. 많은 부부들이 갈등에만 초점을 두거나 눈앞의 당면한 문제해결에만 급급해서 이혼 후의 부모역할 문제, 기타 장기적인 문제, 되돌릴 수 없는 선택이 될 수도 있는 이혼이 가져올 결과에 대해 구체적으로 준비하지 못하는 경우가 많은 것이 현실이다. 그러나 이혼상담을 통해 이런 문제를 사전에 다루고 예방할 수 있다.

내담 부부가 상담을 계속 진행할 것을 분명히 하면 상담자는 첫 회기에서 수집된 자료를 바당으로 두 번째 일징을 계획한다.

많은 내담자들은 첫 면담이 끝난 후 주변의 어떤 압력도 없는 상태에서 혼자만의 조용한 시간을 가지면서 상담이 효과적일지, 이혼 과정에 어떠한 의미가 있을지를 심사숙고하면서 상담에 대한 생각이 변할 수 있다. 상담자는 이러한 내담자의 심리적 특성을 고려하여 이들의 의사결정에 도움이 될 만한 과제를 주는 것이 좋다. 상담자는 내담자의 주요 고민이나 관심사에 따라 적절한 읽을거리를 제공하거나 추천하는 방법을 사용할 수 있다. 특히 부부의 이혼이 다른 가족, 자녀의 정서에 미치는 영향에 대한 이해를 돕는 책자를 제공하는 독서요법이 도움이 된다. 또한 자료를 제공하는 과정에서 드러나는 내담자의 태도는 상담의 동기 수준 등을 가늠해 볼 수 있는 좋은 지표가 된다.

자녀가 어린 경우 첫 회기가 끝나갈 무렵에 자녀 돌보기와 같은 이혼 후 일상생활에서 처리해야 할 구체적이고 현실적인 사안에 대해서, 이혼하지 않은 현재의 회기 내에 두 사람이 의논하여 누가 어떻게 할 것인지를 결정하고 다음 상담시간 전까지 실천해 보도록 과제를 줄 수 있다. 이러한 의사결정 과정을 통해 내담자 간 긴장이 줄어드는 효과가 있으며 더불어, 상담자가 두 사람의 상호작용 방식에서 상담 효과성을 예측할 수 있는 단서를 얻을 수 있다. 내담 부부가 사소한 일을 의논해서 처리할 수 있다면 앞으로 진행될 상담에서 이루어질 더 큰 결정을 향한 첫걸음을 내디딘 것으로 볼 수 있을 것이다. 의논이 잘 이루어지지 않는 경우, 이 문제를 상담 과정에 포함시켜 다룰 수 있을 것이다.

상담의 첫 회기에서는 내담자가 동의하고 수용할 수 있는 상담 과정을 확립하는 것이 중요하다. 첫 회기에서 상담자와 내담자는 상담의 과제와 목표를 정하고, 어떤 절차로 상담이 진행되는지 이야기한다. 또 상담자와 내담자 관계에서 지켜야 할 약속 등을 이야기하고 이에 대한 계약을 맺는 상담의 구조화에 많은 시간을 할애하게 된다. 또 상담자는 내담자와 함께 상담 목표를 설정하는 과정에서 이 내담 부부의 논쟁 요점과 관심사, 정서적 특성과 의사소통 양식에 대한 정보를 얻을 수 있다. 결국 갈등의 원인을 다루는 첫 상담은 상담자에게 도전이 된다.

2) 2회기

두 번째 회기에서 상담자는 "지난주 상담 이후에 무슨 일이 일어났나요?"라는 개방형 질문으로 상담을 시작하는 것이 좋다. 법적으로 이혼을 하지 않은 내담 부부의 가변적 특성으로 인해 화해를 시도했을 수도 있고 합의한 과제를 이행하지 않아 신뢰가 더 떨어진 경우도 있을 것이다. 또 내담자에 따라서는 지난주에 상담자가 추천한 책을 읽고 새로운 정보를 얻게 되면서 심경이나 태도에 변화가 일어났을 수도 있을 것이다. 이러한 변화는 갈등을 줄이는 결과를 가져올 수 있지만 때로 그 반대의 결과가 나타날 수도 있다. 위에서 말한 바와 같이 이들에게 어떤 일이 발생했는지 상담자의 관점에서 이들의 노력을 확인하고 과정과 상황을 재정의할 필요가 있다.

상황이 악화된 경우, 상담자는 먼저 공동면담 시간을 마련해서 이에 대해 상대방과 이야기하도록 한다. 이후 다시 각 내담 부부와 개별상담 시간을 가지고 상대 내담자로부터 공동상담 시간에 듣게 된 정보가 어떤 의미가 있는지, 자신의 생각에 어떤 영향을 미쳤는지 같이 탐색해 본다. 이후 다시 공동 회기를 마련하여, 내담자들은 자신의 의견을 나누고 상담 일정을 재조정한다. 내담자는 새로 얻게 된 이해를 바탕으로 논의의 초점을 자녀양육 계획을 세우는 것으로 옮겨간다.

이제 논의를 진행해 나가면서 논의와 관련된 과거사나 두려움, 의견 차이가 드러날 때마다 상담자는 논의를 중지시킨다. 두 사람의 논의 과정이 순조롭고 서로 의논해서 결정할 준비가 되어 있으면 의견 조정이 필요한 문제, 예를 들어 양육 문제에 대한 사회적 · 법적인 내용을 다루고 상담자는 이 논의를 돕는다. 이때 유의할 점은 충분한 정보를 바탕으로 양육에 대한 논의가 진행된 상태에서 결론을 내려야 한다는 것이다.

이혼 시 자녀와 관련된 법적 문제로는 친권, 양육권과 면접교섭권, 양육비 등이 있다. 친권은 부모로서 미성년 자녀를 보호하고 키우고 가르치는 신분상의 권리 및 의무와 재산상 법률 행위에 대한 대리권과 동의권을 포함하는 개념이다. 양육권은 미성년 자녀를 실제로 양육할 권리이자 의무를 말하며, 면접교섭권이란 자녀에 대한 친권이나 양육권을 가지지 않은 부모가 자녀를 만날 수 있는 권리를 말한다. 양육비는 미성년 자녀를 보호하고 교육하는 데 드는 비용을 말한다.

〈표 7-3〉 이혼부부의 자녀 관련 상담의 주요 이슈

- 법적 친권, 양육권, 면접교섭권, 양육비 문제
- 확대가족이나 친척과의 관계
- 의사소통이나 정보제공 수단과 방법
- 자녀를 훈육하는 방법
- 자녀를 갑자기 맡겨야 할 경우
- 부모가 새로운 배우자를 만났을 때

한쪽 부모가 의사결정자 역할을 하는 체제라면 친권자의 불안을 줄이는 예측 가능한 방식으로 논의 과정을 이끌어 갈 수 있을 것이다.

위 주제들에 대한 논의가 보다 세밀하게 더 잘 이루어질수록 장래 문제나 갈등 발생 소지를 줄일 수 있다. 부모가 자녀에게 필요한 사항에 대해 동의할 수 없을 때, 어떤 대안이 더 나은지를 결정할 때 갈등이 발생하게 된다. 이러한 경우 흔히 하듯 법정 싸움을 통해 승자가 모든 권한을 독차지하는 것보다 상담을 통해 문제를 한 가지씩 풀어가는 것이 가족으로서 보다 안정적이고 근본적인 접근 방식이 될 수 있을 것이다.

두 번째 회기에서 자녀양육 문제에 대한 동의가 이루어지면 가족 구조와 역할 구분에 관해 재협상할 때 양육에 대한 주요 결정을 내리도록 도와줄 수 있다. 동의가 이루어지지 않은 경우, 불일치하는 내용을 확인하고 다시 시간을 두고 다른 대안이나 지원 방법이 없는지를 모색해 볼 수 있다.

회기 종료 무렵 논의 내용을 정리해 보는 것이 중요하다. 그들의 공통점을 재인식시키고 격려하기도 하며 의견 차이를 보인 부분에 대해서 다시 확실히 하고 상담 과정에서 갈등이 된 내용들을 조정하기 위해 다음 회기 전까지 필요한 내용을 조사하거나 심사숙고하게 한다.

3) 3회기

세 번째 회기는 상담의 중반에 해당하며 중요한 전환이 이루어지는 시기이다. 이 시점에서 각 내담자는 걸림돌에 부딪치기도 하고 개인적 호오(好惡)에 따른 저항을 보이거나 비교적 쉽게 합의한 내용에 대해 뒤늦은 의구심을 가지기도 한다. 이러한 문제가 드러나면 이를 상담 과정에서 다루어야 한다. 상담의 효율성에 대한 관심을 일단 접고 지금까지 해왔던 상담 노력을 계속할 의향이 있는지를 솔직하게 다루어야 한다. 마치 소설의 구도처럼 새롭게 전개된 스토리의 주인공들에게 해결해야 할 문제가 등장하는 위기 단계에 도달했다고 볼 수 있다. 비교적 논란과 갈등이 단순한 부부는 세 번째 회기에서 대부분 중요한 사안에 대한 결정을 내리거나 적어도 더 나은 대안을 모색할 수 있다. 때로 이러한 작업이 생산적으로 진행되지 않는 순간 상담자가 개입해서 개별적으로 진행한다.

이때 상담자의 역할은 마치 업자 간의 거래를 성사시키는 중개상 역할을 하는 것과 같다고 볼 수 있다. 개별상담 시간에 내담자는 상담과정을 해치지 않으면서 자신의 의견을 이야기할 수 있고 때로 두 사람 모두 받아들일 수 있는 보다 나은 제삼의 대안을 제시하기도 한다.

상담자는 과거 상대방에게 품었던 바람이나 원망을 다루기보다는 지금 현재 일어나는 두 사람의 상호작용 과정 내에 머무르면서 마치 리포터나 거울 역할을 하며 관계에 대한 인식을 돕고 장래 어떤 변화를 기대하는지 조망을 넓히는 작업을 통해 내담자를 도울 수 있다. 이러한 국면은 상담의 발달과정에 따라 어느 지점에서나 일어날 수 있으며, 내담자의 마음속 깊이 자리잡은 갈등 상황을 변화시키고, 가족체계 내에서 이전에 경험하지 못했던 새로운 형태의 상호작용을 일으킬 수 있는 시기이기도 하다.

내담자가 과거의 습관화된 반응 양식을 유지하고 있다든지, 언어적인 능력이 부족할 경우, 혹은 사회적 약자의 위치에 있어 상호작용에서 힘의 균형이 한쪽으로 쏠릴 때 상호작용적 접근을 취하는 상담자는 세력 균형을 기하는 역할을 할 수 있다. 상담자는 내담자에게 "지금 이 문제를 잘 해결할 수 있다면 다른 문제도 잘 해결할 수 있다."는 직접적인 격려와 지지를 할 수 있다. 이는 내담자가 곤경에 빠진 시기가 바로 상담자가 필요한 시기이며 지금 내담자를 곤란하게 만들고 있는 문제가 바로 내담자 개인과 가족체계의 발전 및 성장을 위해 요구되는 도움을 특징적으로 드러내는 것이라고 볼 수 있기 때문이다. 내담자가 지금 눈앞에 놓인 이 문제를 잘 해결할 수 있다면 앞으로 유사한 사태가 닥쳤을 때 적용 가능한 해결 역량을 키울 수 있는 계기가 될 수 있다. 내담자가 용기를 가지고 도약할 수 있다면 상담자는 이 지점을 새로운 변화를 위한 순간으로 보고 전문적 도움을 주어야 한다.

내담자가 현재 닥친 어려운 문제해결을 미룰 경우, 상담자는 어떤 결과가 올지, 이 문제해결을 위해 상담자가 무엇을 해주기를 바라는지 물어야 한다. 이때 상담자는 중재하는 사람, 도와주는 사람의 위치에 머무르기보다 내담자 부부와 가족의 상호작용 체계의 일부분이 되어야 한다. 상담자가 대화체계의 일부가 됨으로써 내담자 간의 대화는 상담자가 개입되기 전과 차이를 보이게 될 것이다. 내담자가 그동안 유지해 오던 상호작용 체계에 개입하는 것은 상담자로서는 많은 에너지가 소요되는 일이다. 어떤 상담자는 이를 소용돌이 속에 갇힌 것과 같은 느낌이라고 보고하고 있다. 내담자 간에 고집스럽게 반복되는 갈등은 상담자의 개입을 방해하는 요소로 작용한다. 이때 상담자는 물러서지 않고 자신을 지키면서 변화 가능한 점은 지지해 주고 변화할 수 없는 것은 알려주는 도움을 줄 수 있다. 내담자가 갈등의 소용돌이에서 맴도는 정도가 심해 상담자의 개입이 전혀 이루어지지 않을 때, 상담자는 소진 상태에서 벗어나기 위해 집중이 요구되지 않는 주제로 화제를 돌리거나 달리 생각해볼 수 있는 과제를 주고 회기를 예정보다 일찍 끝내는 방법을 사용할 수도 있다. 내담자가 상담을 자신의 의사 관철에 성공하거나 실패하는 과정으로 보지 않고 문제해결을 구하는 자세를 가지면 상담실 내의 긴장은 한층 완화될 수 있다. 상담 회기 중이나 회기

사이에 내담자가 자신들의 특징적인 상호작용 양상을 스스로 인식하기 시작하면 두 가지 형태의 엇갈린 반응이 나타난다. 내담자에 따라서는 변화할 수 없을 것만 같은 무력감을 느끼기도 하고 또는 기꺼이 문제의 실마리를 찾아 해결 하려는 의지가 더 생길 수 있다. 이러한 국면이 등장하는 의미는 그동안 합의 내용을 중심으로 진행되던 상담이 내담자 간 상호작용 방식의 문제, 즉 과정의 문제에 도달한 것이라는 점이다. 이 문제가 제대로 다루어지면 후속 회기는 매우 빠르게 진행될 수 있다. 새로운 상호작용 방식을 사용해서 해결이 필요한 현실적인 의사결정 문제를 다루어 나갈 수 있기 때문이다. 상담자는 내담자 간의 의사소통 과정을 지켜보면서 이들이 익숙했던, 하지만 비효율적이었던 과거의 상호작용 패턴으로 되돌아가면 즉시 개입하여 새로운 방법을 사용할 수 있음을 일깨워 주어야 한다. 상담자는 또한 의사소통 과정의 기록자가 되어 언제 두 사람 간의 상호작용 및 역학관계가 변하는지를 주의 깊게 살펴 이에 대한 인식 수준을 높여야 한다. 이때 상담자의 역할은 운동장 밖에서 선수들의 경기를 지켜보고 있는 코치가 효과적인 게임 계획을 가지고 새로운 규칙을 잘 적용하도록 선수들을 돕는 것과 마찬가지라고 할 수 있다. 상담자는 내담자가 스스로 규칙을 익힐 수 있게 도와주어야 한다.

상담 과정이 성공적으로 진행된다면 자녀 양육비 계산이나 위자료 · 재산권 분할 등과 같이 내담자 간의 의견 차이가 있는 사항을 다룰 때, 자칫 과거의 반응이나 체계로 돌아갈 수 있을 것이고 상담자는 이들에게 다시 지금이 바로 새로운 방식을 사용할 기회임을 알려줄 것이다. 내담자의 크고 작은 갈등은 모두 새롭게 구축한 패러다임을 바탕으로 협의할 수 있다. 내담자에 따라 이혼이나 별거 과정을 마무리하는 데 필요한 정보를 얻고 논의해서 결정하기 위해 몇 회기 더 상담을 진행할 수 있다. 회기 연장 문제도 상담에서 다루어야 할 내용이다. 특히, 연장을 원하지 않고 상담을 빨리 마무리짓고 싶어하는 내담자가 그 대상이다. 이때 상담자는 내담자의 상담 종결 요구가 상담을 통해 부과된 새로운 형태의 상호작용에 적응하기가 힘들고 주어지는 의무와 과제에서 한시 바삐 벗어나고 싶은 이유로 인한 회피적 동의가 아닌지 살펴보아야 한다. 이는 자칫 내담자를 성급하고 잘못된 결정으로 이끌 수 있기 때문이다.

상담이 비교적 순조롭게 진행된 경우, 상담자는 내담자의 문제해결력을 강화시키고 두 사람 간에 공정하고 바람직한 상호작용이 가능하다는 믿음을 가지고 성공적으로 상담을 마무리할 수 있다. 또 내담자에 따라서는 과거의 상호작용 패턴을 반복하면서 상대방이 양보하거나 포기하도록 압력을 가하는 행동을 계속하다가 의사조정이 힘든 한 가지 문제를 볼모로 상담을 그만두는 것을 합리화할 수 있다.

상담 초기에 상담 참여를 약속했지만, 이후 상담을 취소하거나 약속시간에 나타나지 않는 내담자가 있을 수 있다. 이는 새로운 과제나 체계가 주는 압박에 대한 하나의 표현일 수 있다. 이때 상담자는 상담에 불참하는 이유를 물어봐야 한다. 내담자에 따라서는 상담에 대한 불만을 말하거나 새로운 체계를 받아들이기에 역부족임을 이야기하는 것이 어려운 일일 수 있다. 내담자가 상담시간에 연락 없이 불참했을 때, 한 번 정도는 전화로 확인해 보아야 하나 계속 전화하는 것은 부담이 될 수 있다. 상담자는 내담자의 자기결정권을 존중해 주되 직접 자기 의사를 표현하고 마무리할 수 있도록 한번 만날 것을 권유하거나 그것이 여의치 않으면 전화를 통해서라도 상담 중지 의사를 본인이 직접 밝히도록 유도하는 것이 중요하다.

상담 약속시간을 잊어버렸다고 내담자가 말할 때 상담자는 선택적 망각의 의미를 간과하지 않아야겠지만 과도한 해석 또한 금물이다.

이혼상담자는 상담을 종결할 때 그동안 상담 과정에서 합의했던 내용, 그리고 논의를 했지만 결론을 내지 못한 주제들을 정리하여 최종기록을 작성하고 교환하여 다음 단계에서 활용하게 한다.

사례 01. 이혼자녀의 적응을 돕기 위한 상담 사례

| 상담신청 경위 및 가족관계

본 사례의 내담자는 중학교 2학년 여학생으로 도벽 때문에 담임교사가 지역 청소년 상담실에 의뢰한 경우이다. 내담자의 부모는 내담자가 초등학교 3학년 때인 6년 전에 이혼하였으며 내담자는 현재 아버지, 오빠와 세 식구와 함께 살고 있다. 내담자의 아버지는 건설현장의 일용직 잡부로 일하고 있으며 이혼 시 양육권을 강력히 주장하였을 정도로 자녀에 대한 애정과 기대가 크다. 제 앞가림을 잘하는 오빠에 비해 초등학교 3학년 때부터 도벽을 보인 내담자는 항상 가족의 불안과 걱정거리가 되어 왔다. 내담자는 아버지에게 심한 체벌을 받고 자랐으며 내담자의 오빠도 보호자 역할을 하지만 한번씩 물건을 던지거나 주먹을 휘두르며 폭력을 행사하였다. 내담자는 엄마를 늘 그리워하며 엄마와 같이 살고 싶다는 말을 하고 있으며 그때마다 아버지와 오빠에게 야단을 맞았고 요즈음은 고모에게 가끔 엄마에 대한 이야기를 한다고 한다. 내담자의 엄마는 이혼 후 바로 재혼해 새 가정을 꾸려서 살고 있는 상태로 경제적 형편이 그다지 넉넉하지 않고 남편의 이해를 구하기도 쉽지 않아 내담자의 소망은 실현 가능성이 떨어진다.

내담자보다 세 살 위인 오빠는 실업계 고등학교 2학년에 재학 중이며 이 가족의 집안일은 근처에 사는 고모가 돌보아 주고 있다.

담임교사와 접수면접: 방과후 담임교사와 함께 상담실에 내방.

(접수면접기록) 학교에서 내담자에 의한 도난 사건이 발생하였고 처벌 대신 상담을 받기로 하였다. 내담자가 부모의 이혼으로 불안정하다. 내담자의 도벽은 애정결핍 때문인 것으로 보인다.

● 1회기: 내담자와 오빠, 고모 개별 상담 및 공동상담

상담실에 오게 된 경위를 묻자 "담임 선생님이 가보라고 해서 왔다" 며 단답형으로 대답하였다. 상담자는 접수면접지에 기록되어 있는 도벽과 관련한 최근의 사건에 대해 바로 질문했다. 내담자는 이번 일이 운이 없어 생긴 일이며 돈을 잃어버린 친구의 엄마 때문에 사건화된 것으로 이야기하였다. 훔치기의 정도와 빈도, 이유에 대해 내담자는 별다른 죄의식을 보이지 않으며 타인의 이야기하듯 진술, 내담자의 도덕성이 비교적 낮은 단계의 발달 수준임을 알 수 있다. 내담자는 아버지가 일주일 치 용돈으로 5,000원을 주시는데 받으면 그날 다 쓰고 용돈이 부족해서 훔치게 되었다고 무표정하게 말을 이어 갔다.

"이런 사건이 있으면 예전에는 아버지가 때렸는데 이번에는 포기하셨는지 그냥 다음에 또 그러면 소년원에 가야 한다고 말씀하셨다. 오빠한테는 맞았다. 내담자의 진술을 통하여 그동안 내담자 가족의 갈등과 스트레스 처리 방식이 폭력적임을 알 수 있다.

상담을 통해 확인된 점은 내담자가 담임 선생님과 우호적인 관계를 형성하고 있다는 점이다. 이는 내담자가 학교에서 사건을 일으킬 때 담임교사가 그의 입장에서 배려해 주며 가정에서의 폭력적 · 공격적인 상호작용과는 달리 언어적인 훈육을 한 것이 내담자에게 신뢰감을 준 것으로 보인다.

이번 사건도 담임교사가 적극 개입하여 내담자가 처벌보다는 상담을 받는 조건으로 정학을 면하게 되었다.

상담을 통해서 변화하고 싶은 점에 대해 묻자 훔치는 행동을 하지 않았으면 좋겠다는 내담자의 바람을 내담자와 합의한 상담 목표로 정하였다.

내담자는 엄마가 자신을 데려가겠다고 약속했으며 엄마와 같이 살게 되면 훔치는 행동은 하지 않을 것이라고 말하였다. 내담자는 엄마하고 같이 있으면 배도 고프지 않고 필요한 것도 없을 것이라고 말하며 엄마와 함께할 생활을 그리워했다. 상담자는 내담자의 마음을 공감해 주었다.

이후 상담자는 상담 스케줄을 정하기 위해 가족들과 상담 가능한 시간을 물었다. 그러자 내담자는 오빠가 있으면 말문이 막히게 되고 오빠는 학교 때문에, 아버지는 직장 때문에 오시기 힘들 테니 엄마와 상담을 같이 받고 싶다며 상담자에게 엄마에게 이야기해 줄 것을 요청하였다. 내담자가 부와 오빠와의 상담을 두려워하는 점에 대한 탐색이 필요함을 확인할 수 있었다.

오빠 면담

내담자 오빠는 동생에 대한 상담의 필요성을 다음과 같이 주장하였다. "아버지나 나는 동생과 대화가 되지 않고 동생의 훔치기 버릇은 고쳐야 하니 상담이 필요한 것 같다. 아버지가 동생이 초등학생일 때 훔치는 버릇을 고쳐 주려고 경찰서에 데리고 간 일이 있다. 그때 호되게 맞고 다시는 안 그런다고 약속했지만 계속 나쁜 버릇을 못 고치고 있다. 동생은 야단을 쳐도 그때뿐이다. 울다가도 뒤돌아서면 언제 그랬느냐는 듯이 또 철없이 군다." 엄마와 함께 상담받고 싶어하는 동생의 소망의 실현 가능성에 대해 묻자 자신이 이미 어머니에게 전화를 했으며 이번 주는 곤란하다고 하셨다고 전했다.

내담자의 오빠는 자신의 생각을 분명하게 이야기하고 어른스러운 면이 보이나 상대방에게 말할 틈을 주지 않고 속사포처럼 자신의 이야기를 쏟아놓았으며 다소 냉소적인 가족관을 가지고 있는 듯 보였다.

고모와의 면담

내담자가 현재 자신에게 관심을 갖고 돌보아 주는 사람이라고 지각하는 유일한 대상으로, 내담자를 측은하게 생각하여 지지적 환경을 제공하고 있으며 부모의 이혼으로 내담자가 비뚤어졌다고 생각한다. 고모와의 면담을 통해 부모의 결혼관계에 대해 다음과 같은 몇 가지 정보를 얻을 수 있었다.

"아이들 생모는 성품이 유순하여 이혼 전에는 가족들 간에 유대가 좋았다. 남동생인 ○○아버지보다 올케와 말이 잘 통했다. ○○가 엄마를 그리워하는 것이 당연하다. ○○가 유치원에 다닐 때까지 형편이 아주 나쁘지는 않았는데 동생의 연이은 사업 실패로 형편이 어려워졌다. 그러자 내담자의 엄마가 식당 일을 하게 된 이후 동생의 의처증이 심해지고 술 먹고 폭력도 행사하면서 이혼을 하게 되었다. ○○가 엄마를 기다리는 걸 보면 측은하지만 이미 재혼을 해서 아이까지 낳은 형편에 ○○를 다시 데려다 키우는 일은 불가능한 일처럼 보인다. ○○는 마음 붙일 데가 없어서 저러는 것으로 안쓰러워 잘해주려고 노력을 하지만 역부족이다."

● 2회 상담(오빠와 공동상담)

지난 상담 후 어떻게 지냈냐는 물음에 내담자는 지금 아무 생각이 없으며 빨리 집에 가고 싶다며 상담에 대한 저항을 나타냈다. 상담자가 지난 상담의 소감을 다시 물었을 때, 다시는 훔치지 않아야겠다고 생각을 했다는 대답을 마지못해 하였다. 동생의 저항에 대해 오빠는 엄마와 전화통화를 한 이후 내담자의 기분이 좋지 않은 것 같다고 상담자에게 대신 말해 주었다.

상담자가 내담자에게 다시 지금 기분이 어떤지 묻자 그에 대한 대답 대신 그래도 엄마가 오실 줄 알았는데 안 오셔서 속상하다고 말했다. 엄마가 상담실에 오시면 어떻게 될 것 같으냐는 상담자의 물음에 엄마가 오시면 기분이 좋아질 것이고 상담도 잘할 수 있을 것이라고 하였다.

상담자는 내담자의 바람이 좌절되어 속상한 마음을 공감해 주었다. 이 문제는 부모님과 의논이 필요한 문제이므로 상담자가 부모님과 통화를 해서 엄마의 상담 참여 문제를 다음 주에 다시 이야기하는 것으로 정리하였다.

내담자는 아버지가 나타나면 상담이 엉망이 될 것이라며 아버지에 대한 부정적 시각을 드러냈다. 엄마에 대해서는 적극적으로 연락처를 주면서 선생님이 전화해서 상담을 받아야 된다고 이야기해 달라고 부탁하였다. 강한 기대를 나타내며 어머니가 현재 살고 있는 곳에서 상담실까지 오는 데 시간이 얼마나 걸릴지를 물었다.

상담자는 내담자와 아버지의 관계에 대해 본인과 오빠의 관점을 물었다. 내담자는 아버지가 싫고 엄마와 함께 사는 것이 꿈이라는 말을 반복하였다. 오빠는 동생과 아버지의 관계에 대해 조금 다른 관점을 가지고 있었다. 오빠가 보기에 가끔 때리기는 했지만 아버지가 자신보다는 여동생을 더 예뻐해서 신경도 더 많이 쓰시고 그래서 더 혼을 많이 내시는 것 같다고 말하였다. 내담자는 아버지와 자신의 관계에 대한 오빠의 관점에 냉소적인 표정으로 "헛소리 하네."라고 응대하였다. 내담자는 분노가 치미는 듯 아버지가 엄마를 내쫓지만 않았어도 이혼까지 가지는 않았을 것이라며 아버지에 대한 원망을 드러냈다. 덧붙여 내담자는 이혼 당시, 엄마가 학교 앞에 찾아와서 자신을 만났고 엄마가 빵도 사주시고 용돈을 주셨다고 회상했다.

상담자는 내담자에게 부모님과 연락을 취해 공동상담 참여를 타진해 보겠다고 약속하였다.

어머니와 전화상담

내담자의 어머니는 통화 내내 명료하게 자신의 의사를 표현하며 협조적인 태도를 보였다. 내담자의 상태에 대해 걱정을 많이 하고 있으며 딸에게 도움이 된다면 형편이 닿는 한 최선을 다하겠다고 했다. 어머니 또한 내담자가 자주 전화를 하여 힘든 상태로, 며칠 전에도 딸이 전화를 해서 '엄마가 없어서 내가 자꾸 돈을 훔친다' 며 원망을 하고 엄마하고 언제 살 수 있는지 물어서 달래서 전화를 끊었다고 한다. 지난번 상담 시간에도 딸이 아침에 급작스럽게 와달라고 전화를 해서 일이 있어서 못간다고 거절을 했더니 울면서 끊어버려 하루 종일 신경이 쓰였다고 한다. 현재 재혼을 해서 낳은 아이가 어리고 조그마한 식당까지 운영하고 있어 시간을 내기가 쉽지 않지만 전화상담은 언제든지 가능하며 이를 통해 자신도 도움을 받고 딸에게 필요한 도움이 무엇인지 알고 싶다고 했다.

전남편에 대한 원망과 형편이 좋지 않은 고모가 손녀를 돌보면서 그나마 딸을 돌보아 주니 다행이고 아이가 마음을 둘 곳이 없어 자꾸 남의 물건을 훔치는 것 같다며 걱정된다는 말을 전하였다.

자신도 어떻게든 아이를 데리고 오고 싶지만 지금 그런 만한 사정이 아니며 아들과 남편이 딸을 폭력적으로 대하는 것에 가슴 아파하고 걱정이 된다고 하였다.

상담자가 아이들을 잘 타일러서 좋아졌으면 좋겠다는 내담자의 어머니가 4회기 상담에 참여하기로 약속하였다.

내담자 어머니와의 전화 통화를 통해 생모와 같이 살고 싶어하는 내담자의 바람이 바로 이루어질 수 없는 현실임을 확인할 수 있었다. 어머니를 찾고 도벽으로 드러나는 내담자의 욕구를 확인하고 이를 상담 과정에서 다루어 주는 것이 상담의 과제로 등장했다.

2회기가 끝난 후, 내담자 아버지와 전화 통화를 시도했으나 이루어지지 않아 연락을 부탁하는 메모를 남겼다.

● 3회 상담(내담자, 오빠, 고모 공동상담)

상담자는 내담자의 바람을 고려해 엄마와의 통화 여부를 물었다. 내담자는 엄마와 통화를 하면서 이다음에 크면 같이 살자고 말했다고 한다. 그러면서 빨리 같이 살고 싶다고 말하면서 울먹였다. 상담자는 내담자가 감정을 토로하게 하고 힘든 마음을 공감해 주었다. 상담자는 내담자에게 그럼에도 불구하고 상담에 참여한 점, 슬픈 마음을 가족과 상담 선생님에게 말해준 점을 긍정적으로 강화해 주었다.

3회기에 상담자는 과제에 따른 부모 개입 전략을 세웠다. 상담자는 공감적이고 지지적인 고모와 엄마라는 내담자 자원을 활용하여 내담자에게 요구되는 양육적인 보살핌을 제공하되 엄마와 같이 살 수 없는 현실에서 현재 가족인 아버지와 오빠 간에 서로 긍정적인 상호작용의 중요성을 인식하고 그것을 늘려 가는 것을 다음 회기 주요 목표로 보았다. 그리고 오빠와 아버지의 내담자에 대한 폭력적 상호작용에 개입하여 강압적인 양육 행동과 내담자의 현재 행동과의 관련성을 직접 가르치고 이에 대한 교정적 기술훈련이 필요하다고 보았다.

내담자와 아버지의 통화가 이루어졌고 아버지는 상담의 필요성을 공감하며 상담날짜도 가까운 시일에 잡는 등 가족상담에 협조적인 태도를 보였다.

● 4회기: 아버지 상담

상담 시간에 아버지는 다소 불안하고 위축된 모습으로 약속시간보다 20분 일찍 와서 기다리고 있었다. 상담자는 아버지에게 딸의 문제에 대한 심정을 물었다. 아버지는 내담자의 도벽에 대해 가슴 아파했고, 그 문제를 해결하기 위해 자신이 취한 행동들을 이야기하였다. 상담자는 아버지가 나름대로 자녀에 대한 관심이 높고 잘 자라기를 바라는 마음을 인정하고 평가하였다. 그리고 남성으로서 자녀양육을 맡은 한부모 역할의 고충에 대해서도 토로할 기회를 주었다.

상담자는 아버지와 내담자 두 사람이 최근 이야기를 나누거나 식사를 같이 하는 행동이 언제 있었는지를 물었고 아버지는 그런 시간을 갖지 못했음을 보고했다. 상담자는 문제행동에 집중하는 양육과 훈육의 부정적 효과에 대해 설명하였다. 아버지는 다른 형태의 훈육방식을 찾지 못하고 체벌을 통한 강압적 훈육으로 일관하다가 내담자가 자라자 애정을 철회하거나 위협하는 방식으로 대체하였다는 것도 인식시켰다. 상담자는 체벌은 훈육이 될 수 없으며 폭력적 훈육의 후유증에 대해 교육했다. 상담자는 아버지에게 자녀와 양육관계를 회복하는 데 도움이 되는 전략을 소개하였다. 내담자의 행동과 상관없이 아버지로서 일상의 근황을 짧게라도 물으며 자연스럽게 이야기하는 것이 그 예이다.

또한, 내담자가 엄마를 찾는 이유는 따뜻하고 양육적인 관계에 대한 그리움을 표현하는 것임을 설명해 주어 숨겨진 '마음 읽기'에 대해 다루었다.

내담자의 아버지는 긍정적 태도로 지시적 상담에 임하였다. 그는 상담을 통해 자녀에 대한 이해가 좀 생기는 것 같다는 긍정적 피드백을 주었고 자녀양육의 새로운 기술에 대한 실행 의지를 보였다.

● 5회기(아버지, 오빠, 내담자 공동상담)

상담자는 지난 상담에 어떤 변화가 있었는지를 내담자와 오빠, 아버지의 순서로 물었다. 먼저 내담자는 아버지가 평소와 달리 자신과 이야기를 나누고 학교, 친구에 대한 이야기를 듣고 싶어하였다고 전하였다. 오빠 또한 아버지가 평소와 달리 낮에 전화도 하시고 노력하시는 것 같다고 하였다. 아버지는 아이들이 지금 겪고 있는 문제들의 많은 부분은 자신에게 책임이 있다는 생각이 들었다고 하였다.

상담자는 서로의 이야기를 들은 느낌을 나누게 하고 어색해하는 분위기 속에 보이는 가족 간의 애정을 이야기해 주었다. 이제부터 서로 좋은 점, 나아진 점을 보고 표현해 주고 인정해 주는 것이 중요하며 이는 꾸준한 노력이 필요한 일임을 다시 한 번 설명하였다.

내담가족은 오빠와 아버지가 평일에는 귀가 시간이 늦어 함께 상담실에 올 수 없고 고모 또한 손녀를 돌보아야 하기 때문에 학기 중에는 같이 올 수 없으므로 상담을 계속 받을 수 없는 형편임을 호소하였다. 이들이 방학 중에 상담을 다시 시작하기를 원하였으므로 상담자는 몇 가지 인지행동적 기법을 과제로 제시하였다.

상담자는 먼저 내담자와 가족에게 내담자의 훔치는 버릇에 대한 계약서를 작성하게 하였다. 내담자에게는 용돈을 하루 만에 쓰지 않기, 돈이 더 필요하면 가족들에게 용도와 필요한 금액을 이야기하기 이렇게 두 가지 과제가 주어졌다. 내담자의 오빠는 동생에게 용돈을 이틀 치씩 나누어 주고 잘 나누어 쓰는지 물어보기, 힘든 점은 없는지 살펴보기, 절대 신체적 폭력을 행사하지 않고 말로 하기, 아버지는 내담자의 용돈을 올려 주고 과제의 진행을 점검하되 조금이라도 잘한 점을 찾아내어 칭찬해 주기, 자녀의 욕구를 물어주고 반응해 주기 등 가족관계 회복을 위한 "Do, Don't" 리스트의 과제가 주어졌다.

이 과제는 표면적으로는 자녀의 훔치기 버릇을 다루지만 사춘기 자녀를 둔 이혼 후 한부모 가족 간의 상호작용양식을 개선시킬 수 있는 과정으로 중간에 어려움이나 문제가 생길 경우 상담자의 도움이나 개입을 청할 수 있도록 하였다.

본 사례는 이혼 후 아버지가 자녀를 돌보는 한부모 가족이다. 이런 가족 구조 형태에서는 한쪽의 부모가 부모역할을 동시에 해야 하므로 피로와 고독감이 배가한다. 또한 자녀는 자신의 나이에 맞지 않는 성숙한 역할을 강요받는 역기능적 위험이 있다. 사례에서처럼 아버지가 양육을 감당하지 못하고 고모에게 역할을 미루거나 강압적 양육을 일삼는것, 오빠가 부모 역할을 하는 것 등, 양육과 보살핌을 담당하던 엄마가 빠져나가면 가족체계의 혼란은 필연적이다. 가족생활의 체계 변화가 초래한 과제가 해결되지 못하면 이로 인한 정서문제는 지속적으로 가족들의 적응과 발달을 방해한다.

이혼가족이나 한부모가족, 재결합가족과 같이 관계가 복잡한 가족문제는 상담자에게 결코 쉽지 않은 도전이다. 특히 이혼 과정에서 분쟁 등으로 상대방에게 화가 많이 나 풀리지 않고 있는 경우 문제해결을 위해 협력하기가 힘들게 된다.

이러한 경우 상담자는 다차원적인 문제를 실행과 해결이 가능한 요소별로 분류하여 우선순위를 정할 수 있어야 한다. 이를 통해 일단 한 가지 문제가 해결되면 다른 문제해결이 이어질 수 있고 내담자들의 동기 수준이 높아지고 상담자를 더욱 신뢰하게 됨으로써 상담의 효과성을 높여 갈 수 있다.

CHAPTER 08

청소년-부모관계 가족상담

1. 청소년기의 발달특성과 가족관계

2. 청소년기 자녀를 둔 부모의 발달과업

3. 가족관계와 청소년 문제

4. 청소년 상담

5. 청소년 자녀-부모 가족상담 사례

CHAPTER

08 청소년-부모관계 가족상담

가족을 하나의 유기체로 보는 체계적 관점에서 보면 청소년기에 이른 자녀의 행동 변화는 전체 가족체계의 변화와 긴장을 유발하는 원인이 된다. 발달상으로 청소년기는 가족과의 분리를 통해 정체성 확립을 추구하는 단계로 이들은 부모에게 의존하지만 또한 독립을 추구하는 특징적 양상을 보인다.

가족 발달주기상 자녀가 청소년기에 이르면 그 부모 역시 힘과 통제의 상실, 신뢰의 문제, 불안정한 애착과 관련된 문제를 겪게 된다. 청소년 자녀를 둔 부모는 분리를 추구하는 청소년과 새로운 상호작용 양식을 확립해 나가야 하는 재적응의 과업이 주어지는 시기이다. 특히 부정적 양육방식을 가진 부모는 자녀의 성장에 따라 새로운 경계를 세워 나가는 과정에서 곤란을 겪게 된다.

역기능적 부모-청소년 자녀관계를 들여다보면 청소년 자녀가(혹은 부모가) 발달의 정상적인 과정을 따라 바람직한 적응을 위해 노력하고 부모가(혹은 청소년 자녀가)가 예전의 관계에 매달리려고 하는 것이 일반적인 패턴이다. 다시 말해 청소년의 역기능적 행동이 단순히 청소년 개인의 문제이기보다는 매일 부딪치는 가족이나 학교 환경에서 겪는 어려움을 반영하는 것일 수 있다고 보는 체계이론적 관점이 설득력을 얻고 있다. 이를 뒷받침하듯 최근의 메타 분석 연구에 따르면 청소년상담 영역에서도 가족체계적 접근이 청소년기 문제해결에 매우 효과적인 것으로 보고되고 있다(Scott P. Sells, 2004).

1. 청소년기의 발달특성과 가족관계

심리학자 에릭슨(Erikson)은 청소년기를 아동기에서 성인기로 넘어가는 과정으로 정체성 확립과 역할 혼미의 위기를 겪는 시기로 규정하고 있다. 청소년은 부모에게 의존하는 관계가 지속되는 가운데 가족과 분리되어 정체성을 형성해야 하는 과업을 가지며 이러한 특성상 부모-자녀관계에 많은 갈등이 유발되는 시기이기도 하다. 청소년기는 사회적 환경 변화에 지극히 취약해지는 시기이기도 한데 가족과의 관계를 회피하거나 거부하면서 친구관계를 더 중시하는 또래지향성이 높아지는 때이다. 특히 우울, 알코올 남용, 폭력과 같은 가족 구성원의 미해결 문제는 청소년의 정체성 확립에 그대로 반영되어 부정적 정체성 확

〈표 8-1〉 청소년기의 발달과업

							자아통합 대 절망
						생산성 대 침체	
					친밀감 대 고립		
시간조망 대 시간혼미	자기확신 대 자기의식	역할실험 대 역할고착	일 배우기 대 일 마비	정체성 대 역할혼미	성역할 분화 대 양성혼란	지도복종 대 권위혼란	이념적 관여 대 가치혼란
			근면성 대 열등감				
		주도성 대 죄의식					
	자율성 대 수치 및 의심						
기본신뢰 대 불신							

출처: Erickson(1968); 김도황, 정태연(2002).

립에 기여할 수 있다. 이들은 청년기를 지나 성인기로 발달이 진행됨에 따라 부모와 동일한 문제를 드러내는 경향이 있다.

2. 청소년기 자녀를 둔 부모의 발달과업

일반적으로 자녀가 청소년기에 도달해 자신의 정체성 확립을 위한 위기를 맞을 즈음, 그 부모는 생산성과 침체의 위기를 맞는 중년의 발달과업을 겪게 된다. 올슨(Olson) 등의 연구에 따르면 가족의 생활주기상 청소년기 자녀를 둔 시기의 스트레스 수준이 가장 높고 위기에 가장 취약한 것으로 보고되고 있다(Olson et al., 1983; 김진숙 등, 1999에서 재인용). 청소년기 자녀의 성장과 변화는 그동안 유지되어 오던 가족체계와 응집성을 위협하며 변화를 요구하는 긴장을 불러일으키게 된다. 특히 지배적인 양육방식을 고수하며 살아왔던 부모는 부모-자녀관계에서 유지되어 오던 규칙과 역할이 더이상 통하지 않는다는 사실을 받아들이지만 재조정은 힘들어진다.

청소년 자녀와 부모 간의 갈등이 심한 경우 가족상담을 통한 접근으로 가족 내 관계양식을 파악하고 가족체제의 변화를 모색하는 것이 본질적 문제해결을 위한 접근법이라 하겠다. 김계현(1997)은 상담의 이론과 기법의 문화의존성을 지적하였다. 교육열이 높은 우리 사회의 사회문화적 특성상 자녀의 학업 성취에 대한 과도한 기대는 청소년 자녀를 둔 부모의 긴장을 가중시키는 주요 원인이 된다.

이러한 현실을 자세히 들여다보면 청소년 자녀를 둔 많은 부모들이 성적에 높은 관심을 기울이는 반면 적성에 맞는 진로에 대한 장기적 관심이나 인식은 부족하다. 부모들이 관심을 두는 상담의 주요 주제로는 성적 문제, 나태한 생활습관이나 주의산만과 같은 학업문제에 관한 것이었다. 상담자는 이러한 문화적 특성을 고려하여 부모의 스트레스나 문제 상황을 인정하고 이들이 그동안 취했던 문제의 대처 양상을 확인하고 문제를 재규정하는 것으로 개입을 시작할 수 있을 것이다.

3. 가족관계와 청소년 문제

청소년에게 가족관계는 세상을 살아나가는 데 힘이 되는 지지적 자원이 될 수도 있고 성장을 방해하고 삶을 더 힘들게 하는 주요 스트레스원이 될 수도 있다. 특히 학대, 유기와 같은 폭력 문제가 있는 가정의 자녀들은 가족 내에서 이성적으로 수용할 수 없는 조건의 직 · 간접적인 희생자로 살아가게 된다. 이런 가정에서 자라는 청소년들은 자신이 처한 환경에 대한 나름의 극복 기제를 발달시키게 된다. 따라서 이들이 청소년기에 이르면 적대적이고 공격적인 행동양식을 나타내며 그 정도가 부모의 통제 범위를 넘어서는 문제가 발생하게 된다. 따라서 청소년상담자는 상담을 시작하기 전에 반드시 다음의 사항을 확인하여야 한다.

- 내담 청소년이 과거나 현재 학대당한 경험이 있는가?
- 내담 청소년에게 미처 진단되지 않은 정신장애와 약물사용 문제는 없는가?
- 내담 청소년의 문제행동의 양상은 현재 어떤 식으로 나타나고 있는가?

미쿠치(Micucci, 1998; 장재홍 외, 2002 재인용)는 가족체계 안에서 청소년의 문제가 촉발되고 지속되는 과정을 다음과 같은 도식으로 설명하고 있다. 그는 가족 내에서 청소년이 나타내는 문제나 증상을 가족 구성원이 상호 통제하거나 조건적인 수용을 하는 과정에서 발생하는 관계의 소외(interpersonal isolation) 문제로 보았다. 문제행동을 보이는 청소년 가족은 청소년의 문제에만 주의를 기울여 청소년을 '문제'로 규정하고 청소년의 여러 가지 다른 측면에 대해서는 간과하게 된다. 한편 청소년의 입장에서는 자신을 문제로만 보는 가족들의 시각이 가족과의 단절감과 소외감을 심화시키게 된다. 부모는 청소년 자녀의 문제행동에만 주목하여 자녀를 이해하기가 점점 어려워지고 이들을 설득하는 일에 실패를 거듭하면서 무력감에 빠지고 이로 인해 자녀는 제대로 지도를 받지 못하고 증상이 더욱 심해지는 악순환이 반복된다. 청소년의 문제는 이와 같이 가족원들이 서로 관계 속에서 단절과 소외의 증상을 낳고 증상이 소외를 심화시키는 과정이 반복되는 것이다. 이를 도식으로 표현하면 아래의 그림과 같다.

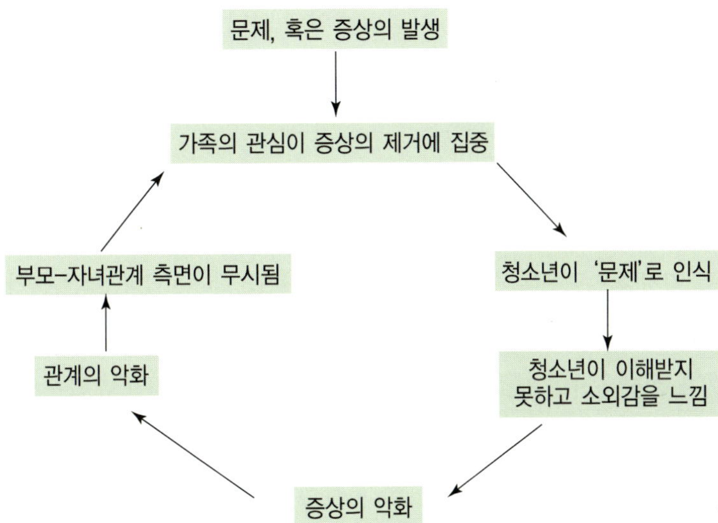

[그림 8-1] 청소년 문제의 강화 과정

약물 사용과 가출을 일삼는 한 청소년의 예를 들어 보자. 그가 보이는 일탈행동은 부모 간의 미해결 문제로 인한 체계적인 증상일 수 있다. 예를 들어, 부모의 결혼관계에 문제가 있을 경우 어머니가 자식을 지나치게 감싸는 밀착관계가 형성되고 아버지는 자식의 문제가 아이를 제대로 다루지 못하고 과잉보호하는 엄마의 태도에 원인이 있다고 비난하는 체계가 형성되기 쉽다. 이럴 경우 부부는 자녀 문제를 중심으로 상호 비난하는 역기능적 상호작용을 계속하게 될 가능성이 높다. 이러한 상황이 지속되면 부부갈등의 정도도 심화된다. 그렇게 될 경우, 부모로서 자녀의 문제행동 자체를 다루기 위한 관심과 노력에 방해를 받게 되고 제대로 지도를 받지 못하는 자녀의 증상은 더욱 심해지는 것이다. 문제 청소년을 바라보는 많은 부모들의 주장을 들여다보면 부모 자신이 가지고 있는 약물이나 알코올 중독과 같은 물질의존이 초래한 동반의존의 문제일 수 있으며, 또는 부모의 자녀 학대 문제로부터 유래할 수 있다.

청소년 문제가 가진 또 하나의 특성은 문제해결을 위한 개입이 지연될 경우, 청소년이 폭력 행위나 절도와 같은 위법행위에 가담함으로써 법체계에 의한 처벌을 받게 되는 것과 같은 2차적인 문제가 발생할 가능성이 높으며, 그럴 경우 개입이 점점 어려워진다는 것이다.

청소년의 폭력 행동은 가족 내에 미처 다루어지지 못한 더 큰 체계적 문제가 증상화된 것으로, 문제를 일으키는 자녀는 희생양일 수 있으며 이는 가족 내에 존재하는 다른 역기능으로부터 주의를 분산하는 역할을 할 수 있다. 청소년기 자녀와 부모 사이에 존재하는 미해결 문제는 청소년기의 폭력, 가출, 약물남용과 같은 일탈의 원인으로 작용하며 청소년 자신뿐 아니라 사회적인 해악으로 작용하게 된다.

일반적으로 사춘기 청소년 자녀와 부모가 겪는 갈등은 크게 다음과 같은 범주로 나누어 볼 수 있다.

- 가족의 규칙, 과제나 기대: 청소년 자녀가 해야 될 일, 규칙 부과 방법과 규칙 위반을 다루는 방법
- 정체성에 관한 문제: 성 정체성, 옷 입기, 행동 유형, 또래 사귀기
- 학교와 다른 장소에서의 행동문제: 따돌림, 학교 적응 및 퇴학
- 약물과 술, 담배: 사용, 속이기, 치료하기
- 동성친구, 이성친구 사귀기, 우정: 사람을 선택하고 영향력을 행사하는 문제
- 부모의 이혼, 별거, 이혼 후 문제: 양부모와의 관계, 동거부모 선택의 문제, 부모 간의 불화
- 청소년의 지위에 맞지 않는 행동이나 경미한 범죄행위: 귀가시간 위반, 물

건 훔치기, 낙서하기

- 인생의 선택, 목표, 방향 설정: 군 입대, 직업선택, 학교 중퇴
- 가족에 대한 기대와 의무: 가출
- 위기, 상처, 의학적 문제: 임신, 에이즈, 치료 거부, 자살, 자해

일반적으로 이런 주제들은 가족들 간의 논쟁이나 갈등을 드러내는 촉매 역할을 하는 표면적 문제이며, 청소년과 그 가족을 위한 가족상담자들은 외현적 문제에 내재하는 근원적인 문제를 다룰 필요가 있다.

4. 청소년 상담

1) 청소년 가족상담의 특성

청소년 자녀와 부모 상담은 부모와 이들 사이에 발생하는 갈등의 해결을 목표로 한다. 청소년과 그 가족을 위한 상담이나 지원 프로그램은 학교, 사회복지기관, 자원봉사기관, 청소년 지원 체계들에서 행해지고 발전되어 왔다. 미국에서는 청소년 문제에 대한 가족상담 기법의 필요성을 일찍이 인식하고 이를 사회문제 해결에 도입하여, 경범에 해당하는 범죄나 지위 범죄를 저지른 청소년을 위한 사법적 지원 프로그램의 하나로 부모-자녀 갈등 중재 프로그램을 포함시키고 있다.

청소년 자녀와 부모 상담은 비교적 장시간 이루어지는 단회 상담이나 혹은 계속 상담의 형태로 제공된다. 청소년과 가족에 대한 상담 및 지원 서비스 시스템이 발달한 미국에서는 청소년상담자 중 자원봉사자가 차지하는 비중이 높다고 한다. 한국의 경우 현재 청소년을 위한 상담 모델은 한국 청소년 상담원을 중심으로 각 시도 상담기관으로 개발 · 보급되고 있다. 또한, 학교 현장에서 전문

상담 교사를 배치하는 학교가 빠르게 늘고 있다.

청소년 가족상담은 일반적으로 다음과 같이 진행된다. 가족 상담자나 상담팀이 만나는 청소년 내담자들은 주로 가족이나 학교 측에 의해 의뢰된 사례들이 대부분이다. 이런 특성을 반영해 청소년상담자가 먼저 해야 할 일은 상담이 강제적인 것인지 자발적인 것인지를 가늠하는 것이다. 상담의 자발성 정도에 따라 가족들과 접촉하고 가족의 참여의사를 타진하게 된다. 상담자는 가족들에게 상담 참여의 필요성과 과정을 설명하게 된다.

그후 상담자와 가족이 한자리에 모이는 첫 회기에서 확인된 문제를 주제로 약속을 정하는 것을 위주로 상담을 진행한다.

상담자는 필요할 경우, 가족 내 학대나 폭력 문제가 개입되어 있지는 않은지, 있다면 이 문제를 다루기 위한 개인면담 시간을 가질 수 있다. 첫 상담시간에서는 상담시간, 비밀보장, 상담 과정에 대한 논의를 내용으로 하는 상담의 구조화 과정이 요구된다. 청소년 가족상담에서 특히 강조되는 것은 상담회기 내에서 작용하는 힘의 균형 문제이다. 상담에 참여하는 청소년과 부모는 모두 동등하게 이야기할 권리가 있으며 강압에 의하지 않고 상호 수용 가능한 의사결정을 내릴 수 있어야 한다. 청소년과 그 부모를 위해, 현재 문제와 더불어 그 저변에 깔린 문제를 탐색하는 것은 기초 상담 과정에 해당한다. 사회복지적 접근의 영향으로 어떤 청소년을 상담하는 경우 과정적 문제해결 모델을 따르는 사례를 종종 보게 된다. 청소년기 자녀-부모 문제는 가족 내의 갈등과 그에 수반되는 부정적 정서 수준이 높은 상호작용이 특징이며 이런 경우, 가족상담자들은 치료적이고 대화적인 접근이나 상호작용적인 접근을 선호하고 있다.

1990년 초반 미국 뉴욕 지역을 중심으로 이루어진 부모-자녀 상담에 대한 연구는 다음과 같은 연구결과를 보고하고 있다(Michael Van Slyk, Marilyn Stern, Lori Newland, 1992). 이들은 상담프로그램 참여자에게 먼저 부모-자녀관계의 특성을 알아보는 표준화 검사를 실시하고 프로그램 실시 후 가족 상호작용 향상에 프로그램이 효과가 있었는지를 묻는 사후평가를 수행했다. 가족상담을 의

회하는 가족들은 대부분 반항적이고 통제 불가능한 행동이나 태도를 보이는 청소년을 문제의 주원인으로 지목하고 있다. 많은 유사한 연구들이 상담 프로그램 사전검사에서 높은 수준을 보였던 가족의 역기능을 감소시키고 가족원 특히, 부모에게 긍정적인 효과를 미치고 있음을 보고하고 있다. 하지만 슬릭(slyk) 등은 가족상담 프로그램 참여자 중 50% 정도가 합의에 동의하지 않고 있음을 보고하였다. 그들은 연구를 통해 다음과 같은 결론에 도달했다.

> 부모-자녀 갈등에 대한 보다 정확한 견해는 청소년의 태도와 행동 문제가 더 큰 가족문제를 드러내는 하나의 증세라는 점이다. 이에 대한 확실한 연구결과는 부모와 청소년은 그들 사이의 갈등 원인과 대응 반응에 대해 매우 다른 견해를 가지고 있으며, 갈등의 원인이 청소년의 잘못된 행동 때문이라고 보는 것은 매우 단순한 견해라는 사실이다.

위 연구를 통해 알 수 있었던 것 중 또 다른 하나는 갈등 수준이 높을수록 가족상담의 효과가 높았다는 점이다. 갈등 수준이 높아지면 해결의 욕구와 상담의 동기 수준 또한 높아지게 된다. '청소년이 문제라는 불공정한 전제' 에 대한 개선책으로 미국의 가정법원프로그램은 가족체계이론에 대한 이해가 높고 훈련을 잘 받은 상담원이 상담 팀에 합류할 것을 강조한다. 청소년 상담 과정을 청소년의 입장에서 보면, 어른들이 상담을 주도하고 있으므로 자신들은 상담 과정에서 결코 동등한 대우를 받지 못한다고 생각할 수 있음을 상담자가 늘 유의하고 상담 과정에서 균형을 취하기 위해 노력해야 한다.

또한 상담자는 청소년과 그 가족에게 현재의 갈등을 해석해 주어 문제해결을 유도하는 방법을 사용할 수 있다. 이 과정에서 상담자는 청소년 내담자에게 심리적 안전판이 되어주고 신뢰 요인을 마련해 주는 역할을 해야 한다. 상담실에서 상담자가 긍정적인 태도를 유지하면서 청소년의 마음속 깊은 이야기를 들어주고, 때로 청소년 내담자의 입장에 서서 대변자가 되어 주고, 십대들의 또래문화를 편견 없이 인정해 주는 태도를 취하면서 문제를 다루어 주는 과정은 중요하다. 이러한 상담자를 지켜보면서 부모들은 과거의 상호작용 방식이나 습관적으로 행해 오던 해묵은 관계의 방해를 덜 받으면서 이전과 태도를 바꾸어 자녀의 관심사를 듣게 된다. 이 모델은 청소년과 부모에게 긍정적 역할 모델을 제공하는 효율성이 있어 수용성이 높은 프로그램으로 평가되었다.

2) 청소년상담자에게 요구되는 역할

상담을 의뢰하는 사람들은 일반적으로 표면적인 행동을 문제 증상으로 가지고 온다. 특히 청소년 자녀와 부모 상담의 증상은 숨겨진 더 큰 문제를 대변하는 경우가 많다. 아동이나 청소년 문제는 부모의 문제와 밀접한 관계가 있다. 헤일리(Haley, 1980)는 청소년 문제와 부부문제 간의 연계성을 삼각관계(triangulation)의 개념으로 설명하였다. 부모 사이의 미해결된 갈등에 기인하는 배우자를 향한 분노, 유감, 괴로움이 있을 때 이를 자녀에게 대치시켜 아이를 그들 사이의 문제로 만들 수 있다. 그는 상담자들이 이 문제를 간과하기가 쉽다고 보았는데 그 이유는 일반적으로 청소년 내담자와 그 가족이 '가지고 왔던 문제'가 해결되는 시점에서 상담이 종결되기 때문이다. 하지만 이런 형태의 상담은 내담자를 문제 삼아 역기능적 역동을 유지하려는 내담자 가족의 행동 패턴을 강화시킬 위험이 있음을 지적하고 있다.

그러므로 청소년 자녀와 부모 상담에서 상담자의 가장 중요한 역할은 다음과 같다.

- 가족 내 양자관계에서 출발, 나아가서는 더 큰 가족체제를 이해시킨다.
- 가족 내 갈등을 재구조화하고 표면적 변화의 요구 밑에 깔린 주제들을 다룬다.

〈표 8-2〉 부모 교육용 유인물의 예: 정서적 박탈 과정의 단계

1단계: 행동문제	초기 청소년기에 십대는 반항하기 시작하고 행동문제를 보인다.
2단계: 부정적 상호작용	십대는 부모의 말이나 설교를 듣지 않고 부정적 상호작용이 대화의 90~100%를 차지하기 시작한다.
3단계: 조건적 사랑	외식이나 애정표현 같은 보상적 성격을 띤 상호작용은 십대가 얼마나 잘 행동했는가에 좌지우지된다.
4단계: 정서적 박탈	부모와 십대가 신체적 · 정서적 애정표현을 하지 않을 때 정서적 박탈이 시작된다. 부모와 십대는 너무 많이 '지쳤다'는 느낌을 갖게 되고, 더이상의 노력을 시도하지 않게 된다.
5단계: '제2의 가족'으로 넘어감	십대가 가족의 양육을 받지 못하면 친구, 비행집단, 약물과 같은 제2의 가족을 찾게 된다.
6단계: 부모와 청소년 자녀가 악순환에 빠짐	부모는 자녀의 관계로부터의 철회에 잔소리를 늘어놓고 통제력을 상실할까 두려움을 가지고 더 많은 규칙을 정하려 한다. 이는 결국 십대를 더욱 물러서게 만들 것이다. 이렇게 하여 부모와 십대는 꽉 막힌 생활을 하게 되고 정서적 상실의 벽을 허물기 위해 첫 발을 내디딜 수 없게 된다.
7단계: 십대가 마음을 닫고, 후회와 공감을 하지 않음	이런 숨막힌 생활이 계속되면서 십대는 점점 마음을 닫게 된다. 시간이 지남에 따라 십대는 후회하고 공감할 능력을 상실하고, 심하면 반사회적 성격장애를 보일 수도 있다. 십대가 어른이 되면 이런 문제를 자기 자녀에게 물려주면서 1단계가 시작된다.

출처: Scott(2004); 정혜정 · 이정연 역.

이를 위한 방법은 상담을 통해 상호작용 과정을 직접 다루면서 진행시킬 수도 있고 부모 교육과 같은 보다 직접적이고 지시적인 방법을 사용할 수 있다.

로빈과 포스터(Robin & Foster, 1989)는 행동적 가족체계 모델(Behavioral-Family System Model)에서 상담사가 청소년의 적응문제를 평가하기 위해시 점검해야 할 주요 사항으로 다음 네 가지를 들고 있다.

첫째, 가족의 문제해결 능력

둘째, 가족 의사소통 능력

셋째, 신념체계 및 인지적 왜곡의 종류와 정도

넷째, 가족 구조

또한 상담자는 내담자 가족관계 내에 밀착과 격리의 정도와 역기능적 패턴의 세대 간 대물림은 없는지를 살펴볼 필요가 있다. 이를 파악하기 위해 상담자는 다세대적 관점(multigenerational perspectives)을 적용해 보는 것이 유용하다. 특히, 체계적 상담에서 문제의 원인이 되는 부모에 대한 이해는 매우 중요하다. 그 이유는 부모의 행동 패턴에 문제가 있을지라도 다세대적 관점으로 문제를 재조명해 보는 과정을 통해 부모 자신의 죄책감이나 부정적 감정을 경감시키며 자기 이해를 높일 수 있기 때문이다. 또한 이 과정을 통해 상담자가 부모에 대해 수용적이고 객관적인 입장을 취할 수 있게 됨으로써 양쪽 모두 자기 비난과 혐오감을 느끼는 것과 같은 에너지 낭비를 줄이면서 문제해결적 자세로 상담의 효과를 높일 수 있게 된다.

3) 청소년상담 개입 모델

장재홍 등(2002)은 청소년기 자녀의 가족문제를 해결하기 위한 개입 방안으로 보웬(Bowen)의 이론을 기초로 다음 세 가지 내용을 근간으로 하는 개입 모델을 제시하고 있다.

첫째, 가족 구조의 변화

둘째, 가족 분화를 촉진시키기

셋째, 가족 간 의사소통을 촉진시키기

가족 구조의 변화는 가족 하위체계의 유형과 체계 간 경계를 재구조화함으로써 가족기능의 향상을 꾀하는 것이다. 구조주의적 관점에서 보면 가족이 서로의 생활에 지나치게 개입하는 밀착과 반대로 가족 간 소통과 충성심이 거의 없는 경계의 분리는 가족문제의 원인이 된다. 상담자는 먼저 내담가족 기능의 양상을 관찰하고 가족 구조를 이해해야 한다. 이를 위해 상담자는 정보를 얻거나 치료적 효과를 얻을 수 있는 상호작용을 이끌어 낼 수 있는 방안을 쓸 수 있다. 또한 상담 효과를 얻기 위해 내담자 가족과 인간적인 상호작용을 늘려가는 기법을 사용할 수도 있으며 이는 보다 기능적인 상호작용 유형으로 변화시키기 위한 기법으로 정의될 수 있다.

가족 분화의 촉진 방법으로는 보웬의 자아 분화 척도를 활용하여 가족 규칙을 변화시키고 분화 정도를 향상시키는 방법을 사용할 수 있다. 상담자와 내담 가족의 자아 분화의 정도를 측정하는 과정에서 가족의 기능을 이해하는 데 초점을 두고 있다. 보웬의 핵심개념인 분화된 자아를 얻는 방법은 내담 청소년과 가족의 '자아'에 초점을 두는 것이다. 이때 상담자는 가족 구성원들이 서로 비난하지 않고 자신들이 갈등에 기여하는 부분이 무엇인지에 대한 인식을 높이고 불안 수준이 높아지는 상황에서 가족들이 과거의 역기능적 패턴에 빠지지 않고 높은 자아 분화 수준을 유지할 수 있게 하는 것이 중요한 과제이다.

가족 간 의사소통 문제의 악순환에 빠진 가족들은 일상적인 대화를 제대로 이어가기가 어렵다. 이들의 대화는 선입견을 가지고 시작되고 서로 간의 이견을 허용하지 않으며 이에 대한 책임을 상대방에게 전가하며 서로를 공격하는 악순환에 빠지게 된다. 상담자는 보다 지시적이고 교육적인 접근법을 사용해 가족 구성원들의 대화 양식을 변화시키는 데 적용할 수 있는 새로운 기법이나 규칙을 알려주고 이를 상담 시간을 통해 시험하고 느낌과 반응의 변화를 살피도록 한다. 상담자는 이러한 과정을 통해 가족들이 감정을 솔직하게 표현해 보도록 하고 서로 이해받고 수용받는 느낌을 가질 수 있도록 도와야 한다. 특히 청소년 내담자의 경우, 자신의 욕구를 직접 행동화하지 않고 언어화하는 것을 격려하는 것이 중요하다. 또 상담 시간에 이루어지는 대화 중 가족들이 그동안 직면을 회피해 왔던 갈등이 드러나는 경우, 이 시기를 다른 형태의 행동양식을 사용하도록 도울 수 있는 기회로 삼아야 한다. 이 상황에서 즉각적인 해결을 구하기 이전에 서로 생각의 차이를 말로 표현하고 이를 인정하면서 갈등의 실체를 찾는 방식으로 진행해 나감으로써 갈등 국면을 상담 과정에 끌어들이는 것이 중요하다.

청소년 자녀와 부모 상담을 진행해 나가다 보면 흔히 부모의 역기능적 행동 패턴이 드러나게 되어 부모에게 책임을 묻는 듯한 분위기가 조성되기 쉽다. 부모에 따라서는 이 국면에서 중압감과 죄책감을 견디지 못해 상담을 조기 종결하는 경우도 생겨난다. 현재 가족에서 나타나는 역기능적 패턴에 대한 보다 심층적인 이해를 위해서는 다세대적 관점을 적용해 문제를 재정의해 보는 것이 부모의 자기 이해를 높이고 문제해결적 자세를 고양하는 데 유용하다. 이는 부모의 원 가족에 대한 정보를 수집하고 이를 현재의 문제와 연결시켜 보는 노력을 통해 얻어질 수 있다.

크리스틴 코츠와 콘 다마츠(1997)는 미국 콜로라도 주에서 성인 부모와 상담자, 청소년 자녀로 이루어지는 청소년 가족상담이 청소년 내담자에게 주는 부담감을 덜고 상담 효과를 높이기 위해 또래 상담자를 활용한 상담 모델을 개발하였다. 이들은 청소년의 일탈 행동, 학업 태만, 가족 논쟁, 부모의 통제 범위를 이탈하는 불복종 행동과 같은, 가족체계뿐 아니라 지역사회에 영향을 미치는 청소년 문제행동 해결을 위해 지역사회 구성원을 참여시키는 팀 상담 프로그램을 가동시켰다. 이 프로그램에서는 훈련받은 성인과 청소년 또래 상담자를 자원봉사자 형태로 가족중재 상담 팀에 합류시켜 긍정적인 효과가 있는 것으로 보고되고 있다. 프로그램은 평균 2시간씩 4회기가 진행되었으며 진행 사례 중 60% 정도가 상담 마무리 단계인 4회기에 이루어지는 서면 계약 형태의 합의서를 쓰는 단계까지 갔다고 보고하고 있다.

청소년 자녀-부모 상담의 진행양상과 효과를 살펴보면 상담이 가족과 청소년의 문제를 악화시키지는 않았지만 사례의 25% 정도가 청소년 내담자나 부모 내담자의 요청에 의해 미해결된 채 종결되거나 다른 기관으로 상담이 이첩되고 있다(Goldenberg, 1998). 위와 같은 결과는 가족상담 자체가 안고 있는 복잡성, 즉 상담만으로 해결할 수 없는 숨겨진 가족 패턴을 고려할 때 그다지 놀라운 일이 아니다. 가족상담의 문제해결 효과를 통계적으로 추정해 보면 정상분포 곡선상의 상위 25%는 상담자가 가진 상담 개입기술 수준에 관계없이 좋은 결과가 예상되며 반대로 하위 25%는 어떠한 유형의 상담개입도 효과를 볼 수 없는 집단이라고 할 수 있다. 결국 청소년과 부모관계에 대한 상담은 중간에 위치한 50%에 속하는 집단에서 효과를 기대할 수 있을 것이다.

또 다른 청소년 자녀-부모 상담 중재프로그램은 미국 오하이오 주 톨레도대법과 대학에서 개발한 프로그램이다. 이 프로그램 역시 소년법원과 학교, 지역사회가 협동하는 팀 작업으로 진행되었다. 이 프로그램은 재판 과정에서 곤란을 겪는 청소년 중재프로그램으로 비교적 성공적인 결과를 가져왔다는 평가보고가 있다. 이 프로그램의 개발 목표는 재판 과정이 시간적으로 지연됨으로써 치르게 되는 사회적 · 개인적 고통을 줄이기 위한 융통성 있는 맞춤형 상담을 제공하는 것이었다.

위 프로그램은 다음과 같은 프로그램 실시 효과를 보고하고 있다.

- 지위범행을 저지른 청소년 본인에게는 범죄자라는 낙인이 찍히는 것을 방지할 수 있었다.
- 자녀의 범법 문제로 겪는 가족의 고통을 덜어 줄 수 있었다.
- 사법체계에 바람직한 영향을 주며 나아가 사회적 비용절감을 가져오는 효과가 있었다. 이러한 프로그램은 처벌보다는 교화에 중점을 둔 성인 교정 프로그램에 기초한 것이다.

하지만 이 프로그램의 자체 평가에서 다음과 같은 몇 가지 문제점이 드러났다.

- 프로그램이 부모와 청소년이 함께 참여하는 공동 회기만으로 구성되어 부모와 청소년 모두에게 자기 개방을 방해하는 요소로 작용하고 있었다.
- 또 프로그램 진행 과정이 강제적이어서 부작용을 낳을 소지가 있다. 그리고 적합한 사례를 제대로 선택하는 것과 관련된 문제가 지적되었다.

위와 같은 평가를 반영하여 이들은 청소년 가족상담의 효율성을 높일 수 있는 개선책으로 다음과 같은 방안을 제시하고 있다.

상담 진행 초기, 적어도 몇 회기 정도는 청소년과 부모를 분리해서 개별상담을 진행하면서 개인과 가족원에 내재된 문제와 가족 내 역학관계를 파악하는 것이 중요하다. 이를 통해 청소년이나 그 부모는 중요한 정보를 말할 기회를 가지게 되며 상담자는 가족관계에 내재하는 역동을 이해하고 사례 선정의 적절성 여부를 판정하며 위험한 사례의 경우, 보고체계를 활용해 사고를 미연에 방지할 수 있을 것이다.

가족상담자나 상담 팀은 접수면접이나 가족상담의 본 회기 내에서 청소년과 부모, 내담자 모두로부터 비방어적 정보를 얻을 수 있는 방법을 모색하고 시행하는 것이 주요 과제라고 할 수 있다.

4) 청소년 자녀-부모 상담 진행 시 유의점

(1) 힘의 균형 취하기

상담자는 부모-자녀관계 상담에 참여하는 가족들 사이에 존재하는 구조적 특징인 힘의 불균형 문제를 염두에 두어야 한다. 부모와 자녀 사이는 이미 힘의 불균형이 내재하는 권위와 위계로 구성된 관계이며 이런 세력 불균형의 문제가 상담 진행을 방해할 수 있다. 이를 방지하기 위해 상담자는 가족원 중 어느 한 사람의 입장이나 관점에 지나치게 동조하지 않도록 유의해야 한다. 상담이 잘 진행되어 중재 회기에서 합의에 이르렀더라도 부모-자녀 중 한편이라도 순응하지 않으면 상담은 효과를 발휘하지 못한다. 부모와 자녀 간에 존재하는 힘의 불균형은 이럴 경우에도 작용한다. 청소년은 부모에 대해 법적 · 사회적 권위와 힘에서 약자 입장이다. 상담자의 힘으로 해결할 수 없을 경우 다른 연계기관으로 사례를 넘기는 등의 일이 청소년 자녀에게 불리하게 전개될 수 있다. 부모가 합의에 따르지 않을 때, 그들이 법을 어기지 않는 한 상담자가 취할 수 있는 현실적인 방법이 없다. 만일 청소년 자녀가 상담 과정에 강제성을 느낀다면 관계에 본질적으로 내재하는 힘의 불균형 때문에 상담이 청소년 자녀의 이익을 대변하지 못하고 부모가 원하는 방식의 일방적인 합의에 이를 수 있다. 상담자는 배우자로부터 학대당한 피해자가 상담에 참여하는 과정에서 위협을 느끼는 것처럼 청소년 자녀도 자신의 주요 욕구를 드러내는 것에 대해 어떤 위협을 느낄 수 있다는 사실을 고려해야 한다. 가족상담자는 자발적 · 비자발적 가족상담 사례 모두에서 힘의 불균형이라는 가족의 기본 구조에 주목해야 한다. 이 과정에서 부모가 자녀를 위협하거나 압력을 행사하는 등 공격적 행동을 취하지는 않았는지 또는 반대의 경우는 없었는지와 같은 가족상담 과정에 내재하는 구조적인 문제를 간과하지 않도록 유의해야 한다. 이런 점을 고려해서 청소년상담자는 청소년 내담자가 상담 과정에서 저항이나 비자발성을 보일 때 그 원인이 내담자 간 힘의 불균형이라는 구조적인 문제가 있는 것은 아닌지 관심을 가지고 지켜보아야 한다.

이 문제를 다루기 위해 사용할 수 있는 방법으로 상담자는 상담 회기를 진행할 때 부모에 앞서 청소년 자녀가 먼저 이야기를 하게 하는 대화 방법을 사용함으로써 힘의 불균형 문제를 어느 정도 해결할 수 있다. 이 기술은 몇 가지 중요한 함의를 가지고 있다. 상담 회기 중 선도적으로 발언을 하는 과정에서 청소년 내담자는 그동안 익숙했던 부모의 행동에 대응적으로 반항하는 위치에서 자발적이고 주도적으로 행동하는 것으로 역할 전환이 이루어지고 이를 통해 상담자는 거부감을 일으키지 않는 방법으로 내담자 간 인식과 행동의 변화를 꾀할 수 있다. 상담자는 이러한 방식으로 힘의 균형이 한쪽으로 기울지 않게 내담자를 대함으로써 청소년 내담자가 보다 자유롭게 진술할 수 있는 환경을 조성할 수 있다.

(2) 가족 내 '희생양 찾기' 역동 보기

청소년 가족상담자는 외현적인 문제 뒤에 숨겨진 역동에 주의를 기울여야 한다. 특히 가족들이 말하는 문제 속에 '자녀에게 모든 책임을 전가하는' 부모의 게임이 내재하지 않는지 유의해야 한다. 부모는 청소년 자녀를 문제아(I.P: Identified Patients)로 세움으로써 자신에게 요구되는 책임과 변화에의 노력을 회피하는 건강하지 못한 심리적 게임의 도구로 자녀를 전락시키는 경우를 흔히 볼 수 있다. 또 한 가지 중요한 무의식적 영역은 상담자 자신이 성인이라는 점이 자칫 청소년에게 불리하게 작용하는 결과를 가져올 수 있다. 이를 예방하기 위해 상담자는 회기 중에 일어나는 상호작용 과정에서 청소년 내담자가 자신의 자녀나 젊은 시절의 상담자 자신을 연상시키는 것과 같은 역전이가 일어나고 있지는 않은지 항상 유의해야 한다.

(3) 자연스러운 진술을 유도하기

청소년 내담자가 자유롭게 말할 수 있는 환경을 조성할 수 있는 한 가지 방법은 청소년 내담자가 자신들이 사용하는 일상어로 자연스럽게 의견을 표현할 수 있도록 하는 것이다. 많은 청소년들이 욕설이나 비속어를 일상어로 사용하고 있다. 하지만 상담 회기 중에 청소년이 비속어나 욕설을 사용한다면 상담자와 부모는 이를 반항이나 모욕으로 받아들여 거슬려 하거나 제지하는 경향이 있다. 하지만 그들이 선택하는 이런 단어들이 부모를 겨냥한 직접적인 욕설이나 위협이 아니라면 청소년으로 하여금 익숙한 자기 표현과 자신의 방식으로 이야기할 권리를 허락하는 가운데 자연스러운 진술을 통한 솔직한 의사표현을 유도하고 상담 과정의 세력균형을 취할 수 있는 기법으로 삼을 수도 있다. 이러한 경우 또래 상담자의 활약을 기대해 볼 수 있다. 이들은 성인 상담자와 팀을 이루어 청소년 내담자가 보다 편안하게 자신의 이야기를 할 수 있도록 공감하고 지지하는 역할을 하고 성인 상담자와의 소통을 돕는 역할을 할 수 있을 것이다.

5. 청소년 자녀-부모 가족상담 사례

청소년 가족상담자는 먼저 가족체계적 관점으로 가족 내 하위체계를 파악하고 상담을 진행해야 한다. 상담자는 가족이 제시하는 문제가 가족체계 내에서 어떻게 얽혀 있는지를 파악함으로써 상담 접근의 순서를 정하고 사안에 따라 관련 전문가의 도움을 청하는 연계상담 방법을 모색할 수 있다.

사례 01.

청소년 부모 가족상담 사례

| 상담신청 경위 및 가족관계

이혼부부의 상담 과정에서 드러난 청소년 자녀와 부모의 문제를 연계상담으로 다룬 사례이다. 공무원 김 모 씨와 전업주부 이 모 씨는 18년간의 결혼생활을 끝내고 2년 전에 이혼하였다. 이들 사이에는 서울에서 대학에 다니는 만 스무 살 된 딸과 중학교 2학년인 만 열네 살 된 딸이 있다. 이들은 친권과 재산권을 두고 소송을 벌였으며 이 과정에서 두 사람 사이의 감정의 골은 매우 깊어졌다. 이혼상담 과정에서 남편 김 씨가 한발 양보해 공동양육권을 주장했지만 아내 쪽이 동의하지 않았다. 결국 친권은 아내에게 주어졌고 이혼 귀책사유가 있었던 김 씨에게는 접견권이 주어졌다. 이후 자녀가 아버지와의 정기적인 만남을 회피하게 되었고 아버지는 이를 부부문제로 인식, 상담을 요청하였다. 이후 상담 진행 과정에서 청소년 자녀와 아버지의 상담을 통해 문제해결에 이른 사례이다.

● 1회기: 어머니 개별상담

먼저 이루어진 개별면접 상담에서 아내 이 씨는 전남편 김 씨가 합의된 양육비를 제때 지급하지 않거나 턱없이 적은 액수를 주어 곤란을 겪고 있으며 자신과 자녀를 비하하는 언행을 일삼고 있음에 대해 이야기하였다. 그리고 그녀는 남편의 양육권 주장은 자녀에 대한 애정이라기보다는 자녀를 소유물로 여긴 집착 때문으로 보았다. 그 근거로 서울에 있는 맏딸이 아버지를 다시는 만나고 싶지 않다고 말해 전남편이 몹시 상심했던 일을 이야기했다. 그녀는 전남편 김 씨가 자녀의 욕구나 바람은 뒷전인 채 자기중심적인 행동으로 자녀에게 많은 부담을 지우고 있다고 평가했다. 이혼 전에도 남편은 매우 독단적인 방식으로 자녀들을 대해 집에 친구를 데려오거나 놀러가는 것조차 허락하지 않았다고 하였다. 이 씨는 자신은 딸들이 아버지와 잘 지내기를 진심으로 원하고 있으나, 지난 6개월 동안 작은딸이 신경성 위염에 걸려 아버지와 만나기로 한 약속 전날이면 복통을 일으켰으며 그럴 때마다 아버지를 만나지 않게 해달라고 부탁했지만 자신은 어떤 행동도 취할 수 없다고 했다. 그 이유는 이혼 당시 험악했던 상황을 생각하면 전남편에게 어떤 부탁도 통할 것 같지 않았기 때문이라고 했다. 자신은 전남편의 요청에 의해 한 회기의 상담에 참여할 뿐 재판 결과를 두고 다시 협의할 의사가 없으며, 협의된 사항의 이행에 반대할 의사도 없다는 것과 이 일은 딸과 남편 사이의 문제이며 자신은 협조할 용의가 있음을 보여주러 나왔을 뿐이라고 단호하게 이야기하였다.

●2회기: 아버지 개별상담

이후 남편 김 씨와의 개별상담이 이루어졌다. 이때 김씨는 자신의 입장에서 다른 이야기를 하였다. 그는 모녀가 결탁해서 자신을 속이는 것이라고 사태를 규정하고 있었다. 아이들의 엄마가 딸에게 꾀병을 부리게 하고 자신의 뒷조사를 하고 다니며, 자식들 앞에서 아버지를 비난해 부녀 사이를 갈라놓고 딸이 자신을 만나지 못하도록 방해하고 있다고 보았다. 이혼 전 자녀들이 자신의 말을 잘 들었고 자신이 싫어하는 행동은 하지 않았다고 하였다. 그는 자신의 접견권을 제대로 행사해서 사랑하는 딸을 만나고 싶다고 이야기하였다.

●3회기: 부모 공동상담

이후 이루어진 공동상담은 이렇게까지 해야 하는가 하는 비난의 표정으로 얼굴을 붉히는 남편과 돌처럼 굳어 있는 아내와 상담자가 마주 앉은 냉랭하고 어색한 분위기 속에서 시작되었다. 상담자는 먼저 두 사람이 개별상담 시간에 다룬 내용을 반영하는 것을 중심으로 상담을 진행하였다. 그리고 두 내담자에게 각각 상대의 의견을 전해 들은 소감을 물었다. 두 사람은 처음 취했던 완강한 태도에서 한걸음 물러나 적대감이 조금 누그러진 듯한 태도를 보였다. 상담자는 두 사람이 모두 원하는 바인 자녀의 입장에 서서 이혼에 의한 결손을 줄이기 위해 최선을 다할 용의가 있는지를 다시 물었고 이에 대해 두 사람은 동의했다. 그리고 이 문제에 대해 자녀의 의사를 물어도 될지를 묻자 아내는 흔쾌히, 남편은 마지못해 동의하였다. 상담자는 법적 합의 사항을 다시 점검하고 자녀들과의 인터뷰 일정을 정하고 김 씨와 이 씨의 상담을 끝냈다.

● 4회기: 자녀 개별상담

상담 시간에 만난 작은딸, 예진이(가명)는 영리한 아이로, 아버지 집에 가고 싶지 않은 자신의 심정을 상담자에게 설득력 있게 피력하였다. 예진이가 아버지를 보고 싶지 않은 이유는 엄마의 이야기와 그 내용이 일치했다. 예진이는 아버지와 자신이 심리적으로 가깝지는 않지만 만남을 강요하지만 않는다면 관계를 유지하기 위해 더 노력하겠다고 하였다. 무언가 강요당하면 도망가고 싶은 것이 인지상정이라고 말하면서 대학진학으로 같은 처지에서 벗어난 언니에 대한 부러움을 표하였다. 예진이는 상담자의 도움으로 먼저 아버지를 만나는 시간을 줄이고 싶은 자신의 마음을 분명하게 밝히고 이에 대해 아버지의 의사를 묻고 도움을 청하겠다고 하였다. 그리고 이전에 했던 방식, 즉 엄마가 문제를 해결해 주기를 바라기보다는 아버지에게 직접 자신의 의견을 이야기하도록 노력하겠다고 하였다. 그녀는 자신의 행동에 대한 아버지의 반응을 예측해 보라는 상담자의 주문에 아버지가 처음에는 약간 으름장을 놓을 수도 있겠지만 자신을 해치지는 않을 것이라고 생각한다고 했다. 그리고 이전에 비슷한 이야기를 엄마를 통해 아버지에게 했다가 온갖 비난을 엄마가 다 들어야 했던 적이 있음을 이야기하였다. 상담자는 예진이에게 아버지와 직접 이야기해 볼 의향이 있는지를 물었고 상담자가 옆에서 조금 도와주면 시도해 보겠다는 답을 들었다.

상담자는 이 정도로 예진이와의 상담을 끝내고 상황을 점검, 이 상담에서 나타난 주요 내용들을 기록하였다.

모든 상담 자료들을 종합해 보건대 이 사례는 자녀 방문에 관한 이혼부부상담이라기보다는 부모-자녀 중재 상담이 요구된다는 결론을 내렸다.

상담자는 아버지 김 씨가 이미 이혼한 엄마 이 씨와의 대화만을 고집하는 것은 건강치 못한 삼각관계를 유지하려는 무의식적 작용으로 보고 이들의 문제를 재규정하여 사례를 부모-자녀 상담자에게 의뢰하는 것이 바람직하다고 판단하였다.

그리고 상담자는 이어질 부모-자녀 상담의 주요 과제를 다음 세 가지로 정리하였다.

첫째, 아버지 김 씨의 자녀와의 상호작용 양식과 그 효과성을 다룬다.

둘째, 자신의 힘으로 바로잡기에는 역부족인 무기력한 상황에 처한 예진이를 지지함으로써 스트레스를 줄여 준다.

셋째, 상담자의 코치 아래 딸과 아버지가 직접 대화할 기회를 주어 궁극적으로 가족 간에 보다 직접적이고 명료한 방식으로 대화하게 한다.

상담자는 부모 각각에게 방문을 요청하였고 이들에게 부모-청소년자녀 상담서비스기관과 상담자에 대해 소개하고 도움을 받을 의향이 있는지를 물었다. 그리고 이들이 만일 이 상담서비스를 이용한다면 목적한 대로 이 과정이 잘 진행되는지 확인될 때까지 부부상담을 중단할 수 있는지에 대해 물었고 남편이 특히 흔쾌히 동의했다. 그는 이 과정을 통해 엄마의 영향을 받지 않은 예진이의 진심을 알 수 있을 것이라고 믿었기 때문이다. 부인 또한 화해를 바라는 것이 딸의 진심이 아니라는 것을 알고 있지만 딸에게 필요한 도움을 받을 수 있을 것이라며 기대를 가지고 동의했다. 상담자는 예진이와 부모의 동의를 얻어 사례를 다른 전문 상담자에게 의뢰했다. 이러한 경우, 만일 상담자가 마땅한 부모-청소년 자녀 상담 프로그램을 찾지 못해 두 가지 상담을 진행할 의사가 있다면 먼저 부부상담과 부모-자녀상담 두 가지를 한 상담자가 동시에 진행하는 것이 불편하지는 않은지와 다른 상담자를 찾을지를 반드시 물어야 한다. 이 과정을 거쳐 부부상담자가 부모-자녀 상담자로 역할을 바꾼다면 이는 상담자 윤리에 저촉되지 않는다고 볼 수 있다.

● 5회기: 부모-자녀 공동상담

본 사례에서 새로운 부모-자녀 상담자는 의뢰서에 따라, 아버지와 딸이 함께 참여하는 상담 회기를 마련했다. 첫 회기는 비밀보장에 관한 조항과 상담자와 내담자의 역할에 대한 설명이 이어지는 상담의 구조화를 염두에 두고 진행하였다. 상담자는 의뢰서의 내용을 토대로 이 사례가 외면적으로는 부모의 접견시간 문제이지만 결국 가족관계 문제란 것을 확인하였다. 먼저 딸에게, 그리고 아버지에게 그들의 주요 문제와 관심사를 설명하게 하였다. 상담자는 이를 듣고 그 내용을 재진술하는 방식으로 상담 목표를 확인하고 설정해 나갔다.

아버지 김 씨는 자신의 주요 관심사는 딸이 엄마에게 세뇌를 받고 있는 문제라고 이야기했고, 딸 예진이는 자신에게 중요한 문제는 접견시간의 질적인 면과 시간의 융통성에 관한 것이라고 하였다. 예진이는 드디어 아버지에 대한 자신의 진심을 이야기하기 시작했다. 이 이야기를 듣는 아버지는 처음에는 딸이 이야기하는 내용이 딸의 진심이 아닌 아내의 사주를 받은 것이라고 주장해서 딸과 논쟁을 벌이기도 하고 자신의 믿음을 확인시키려고도 하였다. 이 과정에서 용기를 내어 진지하게 이야기하던 예진이가 점점 의기소침해지는 모습을 보게 된 아버지 김 씨는 처음으로 그동안과는 다른 방식, 감정을 가라앉히고 설명하는 어조로 딸에게 이야기하기 시작했다. 상담자는 두 사람에게 상담 회기 중에 느껴지는 자신들의 감정을 말로 표현하도록 격려했다. 예진이는 자신이 지금 '고립감'을 느끼며 몹시 '불편하다'는 말로 자신의 상태를 언어화했다. 자신은 아버지의 기분을 상하지 않게 하기 위해 '아버지를 위해 시간을 주고' 그 시간에 하고 싶은 일을 할 수 없는 것이 마치 혼자 남은 듯한 느낌을 들게 한다는 것이다. 그리고 아버지는 딸이 자신의 진심을 알아주기를 바랐고 딸을 기쁘게 해주기 위해 노력했는데 실패로 돌아간 것만 같아 씁쓸한 기분이라고 말했다. 그리고 자신 때문에 딸이 그런 형편에 처하게 된 것에 미안한 마음이 든다고 하였다. 그리고 어떤 대가를 치르더라도 딸과 좋은 관계를 맺고 싶다고 하였다. 딸 예진이 또한 아버지와 좋은 관계를 맺고 싶은 자신의 소망을 피력하였다. 딸은 아버지에 대한 '분노'와 '비난'에서 '이해'로 나아갔고, 아버지는 더이상 딸을 '어린아이'로만 보지 않고 보다 딸의 욕구를 존중해 주는 새로운 관점을 갖게 되었다. 또한 자녀에게 규칙을 부과하는 방식에 변화의 필요성을 절감했다. 비록 감정적으로 격앙된 작업이었지만 관계 속에서 고유한 욕구와 힘을 가진 한 개인으로 자신을 규명해 보려는 딸의 노력을 같이 경험하면서 아버지 김 씨는 새로운 사실을 깨달았다. 그동안 딸과 잘 지내 보려고 통제하고 조정하려 했던 방법들이 오히려 딸과의 관계를 방해한다는 사실을 깨닫고 딸에게 자신이 어떻게 변했으면 좋을지를 묻기까지 하였다. 딸 예진이는 아버지를 방문하는 시기를 매월 초로 재조정해 주기를 원했다. 그렇게 해주면 자신이 학교 특별활동 시간에 참여할 수 있고 하고 싶었지만 시간이 없어 미루어 놓았던 운동을 할 수 있을 것이라고 설명하자 아버지는 이를 허락하였다. 그리고 가끔 친구를 집에 데리고 오고 싶다고 이야기하였다. 예진이는 이를 통해 자신의 교우관계에 대해 알 수 있으니 아버지 김 씨에게도 좋지 않겠느냐고 반문하기까지 하였다. 상담자는 이 조정은 어머니의 동의가 필요함을 지적하여 예진이는 이 점을 이해하고 조정을 기다리기로 하였다. 그리고 예진이는 아버지를 만나서 시간을 보내는 방식에 변화가 있기를 바랐다. 상담자는 예진이의 기분과 요구를 공감하며 안정시키고 불평하거나 비난하는 말은 아버지가 알아들을 수 있는 요구 형태로 바꾸어 말하게 하였다.

이혼부부들을 보면 많은 경우, 이혼 과정에서 자녀를 보호하기 위한 노력을 소홀히 하고 자녀들은 이로 인해 이후 적응에 더 큰 어려움을 겪는다. 본 사례는 관계가 좋지 않은 이혼한 부모 사이를 왕래하는 청소년기 자녀의 정서적 불안정 문제를 다루었다.

부모-자녀상담은 가족에 대한 체계적·통합적 관점에 대한 이해를 바탕으로 한 접근이 요구되는 가족상담의 주요 영역이다.

위 사례에서 볼 수 있듯이 청소년 자녀-부모상담에서는 부모가 엄한 접근과 부드러운 접근의 균형을 취할 수 있을 때 성공할 수 있다. 이혼가족뿐 아니라 모든 가정에서 부모의 지나치게 엄하거나 융통성 없는 양육은 자녀가 청소년기에 접어들면서 문제가 불거진다.

상담자는 이를 위해 가족 내에서 부족한 양육전략을 대체할 효과적인 방법을 소개하고 익히도록 코치하는 교육적 역할을 해나갈 수도 있다.

부모가 더욱 양육적이 될 때 부모-자녀 간에 정서적 유대가 생기고 청소년 자녀는 이에 책임감을 가짐과 동시에 사랑받는 느낌을 받을 수 있고 좋은 관계를 맺게 되면 행동문제에 변화를 가져오게 된다.

CHAPTER 09

가정폭력 가족상담

1. 가정폭력의 양상과 유형
2. 가정폭력의 원인
3. 가정폭력이 피해 배우자에게 미치는 영향
4. 가정폭력이 자녀에게 미치는 영향
5. 가정폭력 가족상담의 유의점
6. 가정폭력 상황에 맞는 상담 모델 정하기
7. 가정폭력 가족상담 사례

CHAPTER

09 가정폭력 가족상담

인간 생활의 기본 단위인 가정 내에서 발생하는 가정폭력(domestic violence)은 개인의 기본 생존권과 안녕을 위협한다. 가정이라는 울타리 안에서 은밀히 발생하여 가족 구성원이 수치스러운 비밀로 여기는 가정폭력은 피해자나 가해자 모두에게 부정적 영향을 끼치고 결국 가정 해체의 주원인이 되고 있다. 폭력적 환경에 지속적으로 노출된 개인은 비인간적인 상황에 무력감을 느끼며 자존감에 심각한 손상을 입게 된다.

현행법에서는 가정폭력을 '가족 구성원 사이의 신체적, 정신적, 재산상 피해를 수반하는 행위'로 정의하고 있다. 일반적으로 가정폭력은 배우자나 가족 구성원에 의한 고의적인 행동의 결과, 피해 가족원의 재산이나 건강, 정신적인 안녕이 위협받고 피해를 받는 정신적 · 신체적 폭력을 포함한다.

가정폭력의 유형을 살펴보면 크게 배우자 간 폭력과 부모에 의한 자녀폭력, 자녀에 의한 부모폭력 등으로 나눌 수 있다. 한국형사정책연구원(1992)의 연구에 따르면 남성의 50.5%가 폭력을 가한 경험이 있고, 여성의 61%가 학대를 당한 경험이 있으며 이중 30% 이상이 신체적 폭력을 당한 경험을 보고하고 있다.

가정폭력은 구타, 집안 물건 부수기, 구타 후 강제 성행위, 폭언, 경제적 학대 등 그 양상이 다양하다. 아내에 대한 남편의, 부모의 자식에 대한 고의적인 신체 · 정서적 폭력은 피해 여성이나 자식에게 심리적 적응 문제를 야기하는 원인으로 작용한다. 가정폭력 피해 여성과 자녀들의 심리적 특성에 관한 연구에서 이들은 다른 여성 및 자녀에 비해 우울감이 높고 자존감이 낮은 것으로 나타났다(이혜경 외, 2001; 조재경, 2004).

가정폭력에 대한 조사 연구결과, 아내에게 폭력을 행사하는 남편은 자녀에게도 폭력을 행사하는 것으로 나타났다(2004, 한겨레신문). 한편, 일반적으로 구타의 대상이 되는 아내는 화풀이로 자녀를 구타하는 악순환적 행동을 행사할 확률이 높은 것으로 보고하고 있으며 폭력을 목격하면서 자란 아이들이 직접 폭력을 당한 아이들과 유사한 정서 체험을 하고 이로 인한 정서 행동상의 문제를 보이는 것으로 나타났다.

연구에 따르면 부부폭력이 일어나는 가정의 자녀 76%가 부모로부터 신체적 학대를 당한 경험이 있으며 부모 간 폭력을 목격하는 경우도 88%에 달한 것으로 보고되고 있다(조순자, 2002).

폭력가정의 자녀는 삶의 안정성이라는 기본 욕구 충족의 기회를 박탈당하게 된다. 이들은 또한 강압적인 양육 경험을 하게 됨으로써 바람직한 문제해결 기술을 학습할 기회를 상실하게 되어 또래집단 내에서 문제를 경험하고 학교생활에 잘 적응하지 못하는 악순환이 발생할 확률도 높아지게 된다. 가족 내 갈등이 잦은 가족 구성원들이 경험하는 부정적 정서성은 내면적으로는 우울취약성을 높이고 외현적으로 드러나는 사회적 대안행동의 범위를 회피와 폭력 두 가지로 제한하는 결과를 가져와 경험을 왜곡하고 적응을 방해하게 된다.

1. 가정폭력의 양상과 유형

가정폭력이 개인의 안녕을 방해하는 병리적인 문제임에도 불구하고 그동안 이에 대한 예방이나 처치, 개입은 그 심각성을 반영하지 못하였다. 이는 가정폭력에 대한 사회적인 시각이 크게 작용한 것으로 볼 수 있다.

배우자 폭력에 관한 전근대적인 시각이나 대응방식은 배우자의 학대가 남의 가정사에 해당하는 대수롭지 않은 것으로, 남편의 폭행이나 학대를 촉발하는 원인은 아내에게 있는 것으로 보는 관점이다.

가족폭력 문제에 접근하는 여성주의적 시각은 배우자 학대의 원인을 남성의 여성에 대한 폭력으로 보는 것이다. 이 관점은 자칫, 배우자 학대에 남성을 가해자로 지목하는 단선적인 관점으로 흐르기 쉬우며 가정폭력의 '가해자'와 피해자의 역할을 고착시키게 된다. 이는 피해자가 합법적 처벌을 요구하고 이로써 또 다른 폭력을 부르는 악순환의 원인이 된다. 이러한 경우 법률적 강제나 처벌, 조정에 의해 가까스로 가정 내에서 발생하는 폭력에 마침표를 찍는다고 하여도 각자 자신의 관점을 고집하거나 상호작용에서 발생하는 변수를 감안하지 않으면 폭력 상황은 언제든지 재연될 수 있고 상담이 위기를 맞게 된다. 갈등 상승과정에서 작용하는 부부간의 관계 요인을 무시하고 여성을 피해자로만 규정하는 것은 여성의 무기력을 오히려 자극하거나 조장하고 이는 다시 폭력을 영속화시키는 조건으로 작용할 수 있다.

스트라우스(Straus, 1980; 권진숙 역, 2001 재인용)는 배우자 간 폭력 행위의 유형을 조사한 결과, 폭력 행위 면에서 여성(부인)에게서도 남성(남편)과 대등한 수준의 난폭한 면이 발견되었고 이는 폭력의 빈도나 심각성, 상호성에 관계없이 관찰되는 현상이었다. 가족처럼 지속적으로 유지되는 관계 체계 내에서 발생하는 폭력 행위는 상대방의 행위에 대한 대처행동으로 볼 수 있다. 두 사람의 행동은 두 사람 산에 이루어지는 상호작용의 연속신에 어떻게 마침표를 찍느냐에 따라서 같은 행위가 원인이 되거나 결과가 될 수도 있다.

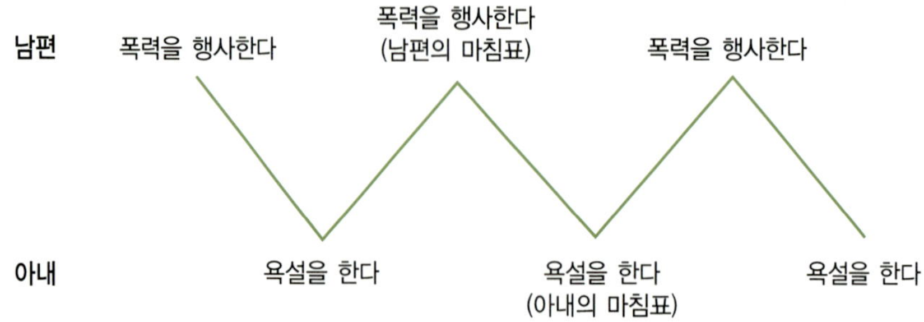

[그림 9-1] 가정 내 폭력적 상호작용의 연속성과 마침표

위와 같은 관점을 상담에 도입하는 것은 개인의 책임감을 향상시키고 긍정적인 개입전략을 세울 수 있도록 하는 유용한 측면이 있다.

폭력가정의 상담 개입전략을 세우려면 먼저 내담자 간 폭력의 양상을 평가해야 한다. 이에 유효한 방법으로 폭력의 유형을 분류하는 것이 중요하다.

가정 내 폭력은 표현적 폭력(expressive violence)과 도구적 폭력(instrumental violence)으로 구분할 수 있다. 표현적 폭력의 특성은 감정이 극도로 고조될 때 폭행을 행사하는 것으로 주로 부부 간의 갈등이 고조될 때 발생한다. 표현적 폭력은 두 사람 중 한 사람이 가족 내의 신화나 암묵적 규칙을 위반하는 것과 같은 촉발 요인이 작용하는 경우로, 갈등 상승과정과 유사한 패턴이 확인된다. 표현적 폭력의 경우, 부부가 정도의 차이는 있지만 감정고조 단계에 기여하는 부분이 있고 피해자와 가해자가 뚜렷이 구분되지 않는 특성을 보인다. 두 사람 모두 자신은 배우자의 촉발행동에 대응행동을 했을 뿐이라고 주장하는 경향이 있으며 오히려 자신이 피해자라고 생각한다. 이들은 폭력이 결코 자신의 가치관에 맞는 행동이 아니라고 생각하며 폭행사건 이후, 한동안 후회와 우울감에 빠져들게 된다. 이런 유형을 보이는 부부의 경우, 변화의 동기가 높다고 볼 수 있다. 하지만 중요한 것은 반복적 · 표현적 폭력이 도구적 폭력화되는 경향이 있다는 점이다. 표현적 폭력 양상을 보이는 부부는 일반적으로 이혼이나 별거를 원하지 않는 경향이 있으며 안전한 삶에 대한 욕구도 높게 나타난다. 따라서 표현적 폭력 양상을 보이는 부부에게는 분노 조절, 스트레스 관리, 의사소통 기술, 갈등조절 기술 향상을 위한 기법이 효과적이다.

반면, 도구적 폭력은 상대에게 영향을 가하려는 수단으로 행사하는 고의적인 폭력을 말한다. 주로 남성의 여성에 대한 '아내 구타' 형태로 이루어진다. 이때 폭력은 배우자에 대한 처벌이나 통제를 위한 수단으로 사용되는 경우가 많다. 특기할 것은 아동기에 학대를 당한 경험이 있는 사람이 표현적 폭력에서 도구적 폭력으로 전이되기가 쉽다는 것이다. 도구적 폭력의 특징은 폭력의 촉발원인이 경미하며 돌발적으로 일어난다는 것이다. 도구적 폭력은 표현적 폭력처럼 상호성을 띠지 않으며 가해자와 피해자의 역할이 정해져 있다. 도구적 폭력의 가해자는 폭행사건 이후 후회하기도 하지만 흔히, 진심어린 후회라기보다는 아내를 집으로 다시 불러들이기 위한 이기적인 동기가 작용하는 경우가 많다. 이들은 폭력 사용을 정당화하고 당연시하는 가치관을 지니고 있으며 변화의 의지

〈표 9-1〉 가정폭력의 유형과 특성

표현적 폭력	도구적 폭력
• 감정 표현을 위한 폭력 • 과거에 심한 폭력을 경험하지 않음 • 상호적 폭력: 피해자와 가해자가 정해져 있지 않음. 갈등 고조 상황 속에서 폭력 • 연계적, 점진적, 예측 가능하게 폭력 진행 • 상호갈등, 스트레스, 좌절로 인한 폭력사건 • 진정한 후회와 슬픔: 폭력행위와 자신의 신념, 가치 불일치 • 감정고조를 예상치 못해 우연히 생긴 상처 • 정신 심리상태는 비교적 건강함 • 대처기술 습득과 같은 비교적 가벼운 부부치료 • 상호투쟁, 배우자 학대, 가정폭력으로 표현	• 목표 달성을 위한 도구로서의 폭력 • 과거에 심한 폭력을 경험함 • 단선적 폭력: 피해자와 가해자가 정해져 있음 벌을 주거나 통제하려는 고의적 폭력 • 돌발적이고 급작스럽게 폭력 진행 • 사소한 촉발 요인에 의한 폭력사건 • 거짓 후회: 폭력을 문제시하지 않는 가치관, 체념, 무기력 • 보복, 자살, 살인의 가능성이 높음 • 심각한 심리적 결과: 무기력, 우울증, 낮은 자존감, 외부 중심의 통제 • 장기적 개인치료와 법적 제재, 별거를 요함 • 아내 구타로 표현

출처: Neidig & Friedman(2001); 권진숙 역.

나 동기가 빈약한 것이 특징이다. 이 경우에 상담자가 취할 수 있는 적절한 개입은 부인을 일단 피난시키는 것이 될 수도 있다.

2. 가정폭력의 원인

사회학습이론에서는 개인의 폭력적 행동을 폭력에 대한 관찰학습과 잘못된 보상과 벌의 결과로 설명하고 있다. 배우자나 가족에게 폭력을 행사하거나 학대하는 사람에게서 드러나는 공통적인 요인은 다음과 같다.

- 알코올: 알코올과 가정폭력의 관계를 기질적으로 설명하고 있는 탈 억제(disinhibition theory)이론에 의하면 알코올은 뇌하수체 중심부에 있는 반사부위의 기능을 억제하는 경향이 있다고 본다. 따라서 폭력을 행사하는 사람은 알코올이 기질적으로 작용하여 반사회적이고 폭력적인 행동을 허용하는 것이라고 볼 수 있다. 그리고 음주 후 상태나 기분에 대한 학습, 기대, 술버릇, 환경 모두가 행동 반응에 영향을 끼친다고 보았다.
- 일탈을 합리화하는 중화이론(neutralization theory)에서는 음주에 의한 행동 문제를 일으키는 사람들이 자신의 일탈 행동이 알코올에 의해 유발된다는 사실을 미리 알고 있음을 강조한다. 이 경우, 자신의 행동에 대한 책임을 회피하고 가족 학대나 폭력행사에 대해 변명할 수 있다. 흔히 이들은 폭력행위의 원인을 술에 전가하여 책임을 회피하려는 것으로 볼 수 있다. 연구에 의하면 술을 마시지 않는 사람이 연평균 2.1회 가족을 폭행한다면, 술을 마시는 경우 평균 30.8회의 폭력을 행사하여 음주와 가족 학대 간의 높은 상관관계를 보여주고 있다.
- 분노를 쉽게 느끼는 인지양식과 부정적 정서명명 습관: 폭력적 성향을 보이는 사람들의 정보처리 특성은 매우 단순화된 경향이 있다. 이들은 중립적 자극을 공격적으로 지각하는 경향이 있으며, 부정적 정서유발 단서에

매우 민감하게 반응하며 부정적으로 편향된 정서 인지 경향을 보인다. 또 이들은 언어화 전략이 발달되어 있지 못해 부정적 정서표현을 행동화하기 쉬운 경향이 있다. 그리고 사용 가능한 행동의 대안 또한 공격적 행동들에 치중되어 있다.

- 강박적 남성성: 남성성에 대한 불안이 많고 정서 안정성이 떨어지는 사람이 물리적 우위를 점하기 위한 목적으로 폭력을 행사하기 쉽다. 또한 강박적 남성성을 소유한 사람 중 남성이 공격당할 경우, 반드시 신체적으로 보복해야 한다는 규칙을 가진 '폭력문화' 속에서 성장한 사람들이 이러한 규칙을 부인에게 적용하는 경우가 있다.
- 갈등 대처방법: 결혼생활에서 어느 정도의 갈등은 불가피하지만 가정에서 발생하는 부부간 폭력은 그들의 갈등 대처양식이라기보다는 과거의 폭력 경험과 더 직접적인 관련이 있다. 부정적 감정의 무분별한 표출은 갈등 상황을 유발하여 결국 폭력을 낳게 된다. 따라서 상담에서는 폭력적 상호작용의 원인이 되는 갈등 조절기술을 교육할 필요가 있다. 이를 통해 갈등의 불가피성과 갈등 발생 시 상호 발전적인 의사소통이나 문제해결을 통한 개방적 방식을 적용하는 능력을 키울 수 있게 된다.
- 감정이입 능력의 부족: 감정이입 능력이 높은 사람은 자신의 목적을 이루기 위해 적개심을 가지고 다른 사람을 공격하거나 상처를 입히는 도구적 폭력을 자제할 수 있다. 하지만 가정폭력을 행사하는 사람은 타인의 입장에 서서 생각하는 감정이입 능력이 부족하며 자기중심성이 강하여 통제력 부족이라는 문제를 보인다.
- 아동기의 상실: 첼리아와 메디나(Celia & Medina, 1981)의 연구에 의하면 아동기에 과도한 책임을 졌던 사람은 성인이 되어서도 해결되지 못한 의존 욕구를 가지고 있다고 보았다. 이들은 자신의 혹독했던 초기 경험을 해소하기 위해 억압과 폭발이라는 부적응적인 감정 해소기법을 사용하거나 폭력에 대해 잘못된 인식을 가지고 있으며 알코올 의존적인 경향을 보이기

쉽다. 이들은 대인관계에 과도하게 의존하거나 거부하는 등 친밀한 관계를 형성하는 데 대한 두려움이 있다.

- 정신병: 연구에 의하면 뇌의 기질적 손상으로 인한 배우자 폭력은 전체의 3% 정도에 이르는 것으로 알려졌다.
- 권위를 지키려는 욕구: 가부장적 사고에 젖어 있는 남성들이 폭력을 행사하는 경우를 종종 볼 수 있다. 이들은 남성이 가정의 우두머리여야 한다고 믿는데 현실적 능력이 뒷받침되지 않아 지위 충돌이 일어났을 때나 남녀 역할에 대한 전통적인 인식이 흔들리는 역할전도를 경험했을 때 자신의 권위에 대한 위협을 느끼고 폭력을 사용하게 된다.
- 학습된 폭력: 개인이 폭력의 유용성을 학습한 경우, 이는 개인으로 하여금 대안행동을 학습할 기회를 제한하게 되고 폭력행위를 고수하게 될 수 있다.

3. 가정폭력이 피해 배우자에게 미치는 영향

호프만(Hoffman, 1981)은 가정폭력이 피해자인 여성에게 초래하는 결과를 다음과 같은 위기의 유형으로 구분하였다.

- 배우자의 폭력으로 인해 신체적 손상을 입거나 주거지를 상실하는 상태적인 위기(situational crisis origin)
- 여성 차별에 대한 불편감을 느끼고 결혼생활과 가정에 대한 심리적인 갈등이 높아 가는 사회문화적 위기(social · cultural origin)
- 남편의 구타로 인한 위기감으로 원치 않는 이혼으로 이혼녀가 되어 스트레스를 겪어야 하는 변화의 위기(transitional origins)

가정폭력의 피해자는 스트레스와 심리적 · 신체적인 상처, 불안, 두려움, 화, 죄의식 같은 감정적인 변화를 겪고, 문제해결 능력이 저하되는 인지적 · 행동적 변화를 경험하게 된다. 개인에 따라 위와 같은 위기 상황을 잘 극복하여 긍정적 결과를 가져올 수도 있지만 폭력이 야기하는 스트레스 요인이 중첩되는 위기 상황 극복에 실패해서 정서적 혼란과 타인에 대한 폭력, 자살과 같은 자기 파괴적 행위, 알코올과 같은 물질의존 등을 일으키는 부정적 결과를 경험할 수 있다.

4. 가정폭력이 자녀에게 미치는 영향

가정 내에서 부모 간의 폭력을 목격한 자녀의 반응은 연령, 성별, 발달단계에 따라 다르게 나타난다.

가정폭력을 경험한 자녀들의 심리 · 사회적 적응은 폭력 정도와 빈도, 사회경제적 상태, 부모-자녀관계 등 여러 요인에 의해서 영향을 받는다. 그 정도와 특성에 있어서 편차가 있을 수 있으나 부모의 폭력을 목격한 자녀들에게서 일반적으로 보고되는 인지, 정서, 행동상의 문제들이 있다.

다음은 부모 폭력이 자녀에게 미치는 영향을 연령별로 살펴본 것이다.

1) 유아기

유아들은 일관되고 규칙적인 양육을 필요로 하며, 부모-자녀 간 애착에 대한 기본적인 욕구를 가지고 있다. 그러나 본인이 폭력이나 학대의 대상이 되는 어머니들은 폭력, 스트레스, 우울 등과 같은 자기 문제에 빠져 유아의 정서적 욕구에 적절하게 반응하지 못하게 된다. 이때 유아는 어머니의 심리적 · 정서적 부재를 경험하게 되며 애착의 욕구를 충족하지 못하고 불안정 애착을 형성하게 된다. 제프(Jaff, 1990) 등은 폭력가정의 유아들이 성장하여 이후 긍정적인 대인

관계 형성에 어려움을 겪는다고 보고하였다.

2) 학령기

학령기 아동은 가정폭력에 대해 성별에 따라 다른 반응을 보이게 된다. 여성과 남성은 성별에 따른 차별적 사회화 과정을 거치게 되며 폭력에 노출되는 경험도 남녀에게 서로 다른 영향을 주게 된다. 폭력과 학대 가정의 자녀에 관한 연구들은 남성이 여성보다 공격적 행동과 같은 외현적 문제를 많이 표출하며, 여성은 남성에 비해 우울, 불안과 같은 내재화된 문제를 더욱 많이 나타낸다고 한다. 이러한 현상에 대해 윌슨(Wilson, 1997)은 부모의 폭력을 관찰하면서 남아들은 폭력을 갈등해결의 수단으로 간주하게 되고, 여아들은 폭력을 피하거나 변화시킬 방법이 없다는 사실에 대해 무력감을 경험하고 폭력의 희생자가 되는 문제를 어쩔 수 없는 것으로 인지하기 때문이라고 설명한다.

폭력에 노출된 경험은 학령기 아동에게 여러 가지 심리적 문제를 야기한다. 외부로 드러낼 수 없는 가정 내의 폭력은 아동으로 하여금 수치심을 가지게 하고, 자존감을 떨어뜨려 부정적인 자아상을 가지게 한다. 이 시기의 아동들은 본인의 잘못이나 결점 때문에 부모가 폭력을 행사한다고 믿으며 그로 인해 죄책감을 느끼게 된다.

3) 청소년기

폭력가정의 자녀들이 성장하여 청소년기가 되면 폭력, 가출, 비행, 자살 시도 등 심각한 부적응 행동을 표출할 가능성이 높아지게 된다. 부모의 폭력을 경험한 청소년들에게서 유의미한 상관관계를 보이는 요인들이 관찰되는 대표적인 역기능적 특성을 살펴보면 다음과 같다(O'Keefe, Lebovics, 1988).

① 수치심

부모의 폭력으로 인해 파괴되는 가정을 보면서 청소년들은 심한 수치심을 느낀다. 수치심은 자존감 형성에 부정적인 영향을 미친다. 인지발달 특성상 타인을 많이 의식하는 청소년들은 그들의 가정이 다른 가정과 다르다는 사실을 더욱 수치스럽게 여긴다. 또래집단의 지지와 인정이 필요한 시기에 청소년들은 가정의 비밀을 유지하기 위해 친구들을 멀리하고 점차 사회적으로 고립되어 간다.

② 불안

청소년들은 가정 내에서 언제 폭력이 발생할지, 자신들이 부모의 폭력을 촉발시키지는 않을지 항상 불안하고 두렵다. 높은 수준의 불안에 장기간 노출되면 스트레스 대처 능력이 떨어지고, 학습된 무기력 상태에 빠져 미래를 계획하고 준비해야 하는 청소년이 발달과업 수행에 방해를 받게 된다.

③ 가해자와의 동맹

폭력가정에서는 때로 자녀가 폭력을 행하는 가해자 역할을 하는 부모와 동맹을 맺고 아버지의 폭력에 대해서 어머니에게 책임을 전가하고 비난하기도 한다. 이러한 태도는 나중에 부모를 폭행하는 패륜으로 이어지기도 한다. 코넬과 겔레스(Cornell & Gelles, 1982)의 연구에 의하면, 부모에게 신체적인 폭력을 행사하는 청소년들 대부분이 폭력가정에서 성장했으며, 과거에 어머니를 학대한 경험이 있다는 것을 발견했다. 한편 청소년이 가해자와 결탁하는 또 다른 이유는 공포심에서 비롯된다는 주장도 있다(O'Keefe, Lebovics, 1988). 폭력이 상존하는 두려운 상황에서 자녀들은 폭력적인 아버지를 오히려 위험을 제거하는 인물로 생각할 수 있다. 그러나 자기방어를 위한 가해자와의 동맹은 청소년 자녀에게 심리적으로 혼란과 죄책감을 갖게 하여 올바른 성장을 방해하게 된다.

④ 부모역할 대행

일부 폭력가정의 청소년들은 자신이 가정의 안전과 평화를 유지해야 한다는 책임감을 가진다. 이러한 청소년들은 일반적으로 아버지의 폭력으로부터 어머니를 보호하고 동생을 보살피려고 애쓰게 된다. 청소년의 부모역할 대행은 상호의존 문제를 발생시키며 건강한 자아 형성에 좋지 않은 영향을 미친다.

⑤ 폭력행동

부모의 폭력행동 목격과 자녀의 폭력행동 간의 상관관계는 높다(O'keefe, 1988). '폭력이 폭력을 낳는다' 는 폭력의 순환 개념과 폭력의 세대 전수 가설은 사회적으로 널리 받아들여지고 있는 통념 가운데 하나이다. 폭력의 세대 전수 가설은 가정에서 폭력을 경험한 아동이 이후 폭력을 행사할 확률이 높다는 예측을 가능하게 한다. 가정에서 폭력에 노출된 아동이 폭력행동을 모방할 가능성이 높다는 것을 사회학습이론에서 다음과 같이 설명하고 있다(Baundra, 1977).

첫째, 아동은 가정에서 폭력을 직접적으로 관찰한다. 둘째, 폭력행동의 모델이 아동에게 가장 큰 영향력을 갖고 있는 부모이다. 셋째, 가정폭력의 특성상 폭력행위의 긍정적인 결과를 자주 목격한다. 사람은 타인의 행동을 관찰하면서 단순히 그 행동을 모방하는 것이 아니라 관찰행동의 결과에 따라 모방행위를 결정한다(Baundra, 1977). 가정에서 일어나는 폭력은 가해자에게 보상이 되는 경우가 많은데 그것은 가정 내에서 발생하는 일에 대해 외부의 개입과 통제가 어렵기 때문에 지속될 수 있다. 폭력으로 배우자를 통제하는 부모의 모습을 지켜보면서 자녀들은 폭력이 효과적인 전략이라고 생각하게 된다. 이와 같이 가정폭력은 직접적인 관찰, 모델 효과, 긍정적 결과들로 인해서 학습 효과를 증대시킨다. 따라서 폭력가정의 청소년들은 폭력을 갈등 해결을 위한 효과적인 전략으로 인식함으로써 폭력을 사용할 가능성이 높아진다고 볼 수 있다.

⑥ 분노

가족 간 폭력이 반복되는 과정을 지켜보면서 청소년들은 심한 분노를 느낀다. 이들은 폭력적인 부모에 대해서뿐 아니라 폭력을 제지할 수 없는 자신의 무력함에도 분노를 느끼게 된다. 청소년의 분노는 폭력을 견디며 결혼생활을 유지하는 어머니에게 폭발하기도 하며, 아버지가 사라지거나 죽기를 바라는 환상을 가지면서 그러한 생각을 하는 자신에 대한 자괴감에 빠지기도 한다. 더욱 심한 경우에는, 폭력사건 발생 후 아버지를 살해하려는 계획을 세우기도 하며 이를 행동화한 경우를 종종 신문 사회 면에서 볼 수 있다.

⑦ 우울

폭력가정의 아동이 나타내는 대표적인 정서로 우울을 들 수 있다. 부모의 폭력은 자녀로 하여금 공격행동뿐 아니라 소극적 과잉 통제 반응을 불러일으키게도 하는데 그러한 반응이 무기력, 불안 또는 우울 정서로 나타나게 된다. 폭력을 겪으면서 아동들은 이 세상이 안전하지 않으며 자신들은 안전하게 보호받을 가치가 없는 존재라고 생각하게 된다(Lynch and Cicchetti, 1998). 이러한 태도는 부정적인 자기상 형성과 우울과 같은 내면적 문제의 원인이 된다.

스턴버그 등(Stenberg et al., 1993)은 연구를 통해 부모의 폭력을 목격하거나 아동학대를 경험한 집단이 비폭력 가정의 자녀들보다 우울증 유병률이 월등하게 높은 것으로 보고하였다. 가정폭력의 피해 경험과 우울증 간의 상관관계는 국내 연구에서도 지속적으로 보고되고 있다. 또한 부모의 폭력으로 형성된 아동기 우울증은 청소년기를 거쳐 성인기 이후의 적응에까지 장기적으로 영향을 미친다. 예를 들면 마커 등(Marker et al., 1998)은 대학생을 대상으로 한 연구에서 부모의 폭력을 목격한 집단이 그렇지 않은 집단에 비해 우울 수준이 높다는 것을 발견했다.

한편, 민병근과 김헌수(1997)는 우울한 성격 특성이 가정폭력과 청소년 비행을 매개한다고 밝히고 있다.

우울 수준이 높은 청소년들은 삶의 목표를 정하기 어렵고, 따라서 성취 수준과 성취 만족도가 낮다. 청소년들의 우울 증상은 때로는 과격한 행동이나 분노로 표출되기도 한다.

⑧ 가출

폭력가정의 자녀들이 청소년기에 접어들면 폭력과 안정감을 주지 못하는 가정에서 그만 벗어나고 싶어하게 된다. 이때 흔히 주변 친구의 영향을 받아 가출을 감행하는 경우가 많다. 많은 연구들이 청소년의 가출 예측 요인으로 부모의 폭력을 들고 있다.

⑨ 비행

폭력적인 부모는 강압적 양육태도를 통해 폭력행동을 학습시키거나 방임적 양육태도를 보이기 때문에 자녀의 자기 통제력을 키우지 못해 결과적으로 비행을 촉발시키는 요인이 되고 있다.

⑩ 갈등해결 기술의 부족

폭력적인 상호작용이 지배적인 가정의 자녀들은 대인관계에서 문제해결 기술의 발달에 제한을 받는다. 폭력적 상호작용을 일삼는 부모의 자녀는 부모나 가족 간의 섬세한 상호작용 경험을 통해 다양한 감정을 느끼고 대인관계 기술을 습득할 기회를 갖지 못하고, 폭력적인 행동을 효과적인 대안행동으로 생각하여 대인관계에서 문제를 일으킬 소지가 높아지게 되는 부정적 순환이 계속된다.

5. 가정폭력 가족상담의 유의점

다른 상담과 비교해서 가정폭력 문제가 개입된 가족상담에서 특히 고려해야 할 세 가지 주요 주제는 다음과 같다.

- 적용될 상담기법이 문제의 특성에 적합한가?
- 상담에서 논의된 사실들에 대한 비밀이 보장되는가?
- 가정폭력 상담의 경우, 상담에서 밝혀진 자료가 바로 사회 보호시설이나 조사기관으로 넘어가서 자료로 이용되어도 무방한가?

모든 가족상담에서는 먼저 내담가족의 문제와 가족 특성을 평가한 후 그 사건에 필요한 적절한 조정이나 상담 절차를 세우는 것이 필요하다. 가정폭력이나 정신 병리적 특성이 개입되지 않은 사례라면 내담자의 특성과 문제의 속성을 파악하고 가족의 상호작용 과정에 대한 정보를 바탕으로 사례를 구조화하고 이를 바탕으로 적절한 문제해결적 접근을 사용하는 것이 유효할 것이다(Lang & Taylor, 2000).

하지만 배우자와 자녀를 대상으로 이루어지는 학대와 폭력 문제는 그 접근법에 차이가 요구된다. 가정폭력 상담은 일반적으로 만성적인 폭력을 직접적인 문제로 보기보다는 위기 상담의 형태로 시작되는 경우가 많다.

가정폭력 상담의 주요 요소는 가족문제에 대한 정확한 평가와 개입기술이라고 할 수 있다. 상담자는 다음의 설문지와 같은 구조화된 기본적 평가를 통해 사례의 심각성 정도를 보아 어떠한 형태의 상담 개입이 적합한지, 혹시 좀더 신속한 개입이 요구되는 사안이 있는지에 대한 평가가 이루어져야 한다.

가정폭력을 나누는 상담사에게는 기본 조정과 논의 기술 등에서 다양한 경험이 요구된다. 상담자는 언어적 자기표현 능력을 가진 성인에 대한 상담 접근은 물론이고 성적 · 신체적 학대에 노출된 아동과 청소년들이 보이는 반응에 대한 정확한 이해와 구별 능력을 갖추고 있어야 한다. 또한 필요한 경우, 연계기관과의 공조지원 체계를 갖추고 장기 치료가 요구되는 내담자나 특별 교육, 구조적 문제해결이 필요한 내담자에 따라 연계 시스템을 달리 활용할 수 있어야 한다.

폭력가정 상담 시 유의할 점은 누가 어떤 방어기제를 사용하고 있는가에 관

〈표 9-2〉 가정폭력 평가지의 예

유형(해당 사항에 모두 표기할 것)	○세력 불균형 문제 ○과도한 통제 ○학대 ○폭력
학대나 폭력의 패턴	○남편(의 아내, 자식에 대한) 간헐적, 지속적 구타, 그 외 다른 폭력 ○아내(의 남편, 자식에 대한) 간헐적, 지속적 구타, 그 외 다른 폭력 ○자식(의 부모, 형제, 다른 직계가족에 대한) 간헐적, 지속적 구타 ○이혼 후유증 ○정신병적 반응
학대의 정도	○거의 미미한 수준 ○약한 수준 ○비교적 보통인 수준 ○심한 수준–아주 심한 수준
	기타 기술 사항:
빈도	○단 1회 : 과거의 일, 현재 없음 ○과거에 있었고 최근 다시 시작됨 ○발생 빈도가 증가하고 있음 ○간헐적이고 예측할 수 없음 ○매일 계속적으로 반복됨
	기타 기술 사항:
치명성	○적음 ○보통 ○높음 ○칼과 같은 흉기 사용
	기타 기술 사항:
경찰이 문제에 개입한 적이 있는가?	○과거에, 다른 파트너와 ○과거에 _ 한 번 _ 수차례 ○과거와 현재 지금의 주요 인물과 ○주요 인물이 신고를 두려워함
학대에 물질 남용이 관련되었는가?	○전혀 ○가끔 ○언제나 ○중독 ○치료 중
사용 물질	○알코올 ○본드 ○신경안정제, 마약 ○잘 모름 ○없음
자녀에 대한 가정폭력	○없음, 자녀는 폭력을 직 · 간접으로 목격하지 않았음 ○자녀가 개입되거나 목격했음 _ 직접적으로 _ 간접적으로
	기타 기술 사항:

한 것이다. 폭력 행위를 무시하거나 그런 적이 없다고 발뺌하지는 않는지, 또 가족 모두가 상황의 심각성을 인정하지 않고 부인(否認)하고 있지는 않은지, 또 남편의 경우 단편적인 기억만을 얘기하지는 않는지, 아내의 경우 망각을 가장하는 것과 같은 억제나 억압기제를 많이 사용하는 것은 아닌지를 살펴보아야 한다. 상담자는 다면적 평가를 통해 문제행동의 양상을 정확하게 파악하기 위한 구체화 작업을 진행하게 된다. 이 과정이 잘 진행되면 내담자는 자신의 기억을 재구성하는 작업을 거쳐 폭력이나 학대에 관한 문제에 직면하게 된다. 폭력의 책임을 상대 배우자에게 돌리거나 직업상의 스트레스나 자신의 불운으로 원인을 돌리는 것, 용서를 빎으로써 폭력사건을 무마하려는 경우, 특히 책임을 구체화하는 작업이 필요하다.

상담의 효율성을 예측하기 위해 가족을 평가할 때, 폭행의 정도를 보는 것은 전혀 도움이 되지 않는다. 서로 심한 상처를 입혔던 부부가 상담에 더 적극적일 수도 있고 경미한 학대를 주고받은 부부가 개입 상담에 비협조적일 수도 있다.

학대나 폭력의 가해 경험이 있는 내담자를 보면 많은 경우 배우자나 아동에 대한 힘과 통제와 관련된 문제를 안고 있다. 따라서 이들은 상담자나 여타 지원 시스템과 같은 권위적 대상과 관계하는 것에 상당한 어려움이 있을 수 있다. 그러므로 폭력이나 학대 사례는 일반적으로 적용할 수 있는 개입 모델보다 특별히 높은 수준의 평가와 개입기술이 상담자에게 요구된다.

사안에 따라 조금씩 차이가 있겠지만 폭력문제로 고통받는 가족들은 대개 상실감과 절망감에 시달리고 있기 때문에 적절한 안정감과 가족 내의 경계가 요구된다. 가정폭력을 다루는 가족상담자에게는 또한 권리, 책임, 규제, 필요할 경우 고지 의무와 같은 합법적인 처리 절차에 대한 지식이 요구된다.

가족상담자는 가족의 충돌문제를 보다 체계적인 관점에서 파악하는 것이 매우 중요하다. 또한 사실에 관한 정보수집과 현재의 상황이 지속될 경우 예상되는 결과에 대한 예측 등을 통해 피해 가족의 안전을 보장하는 것이 중요하다.

미국이나 캐나다의 경우를 보면 상담자는 상담 중에 드러난 아동학대나 방치에 대한 정보는 반드시 아동보호기관(Children Protective Services: CPS)에 보고할 것을 의무화하고 있다. 우리나라에서도 아동학대가 일어나고 있다는 사실을 알게 된 사람은 이를 아동복지 전문기관 또는 수사기관에 신고할 의무를 가진다(아동복지법 제26조 2항). 특히 아동의 보호, 교육을 담당하는 기관 종사자와 기관장, 아동보호시설과 장애인 보호시설 종사자, 아동상담소, 가정폭력 상담소, 성폭력 상담소에 근무하는 상담원은 이를 즉시 신고하여야 한다. 하지만 이러한 조치를 취할 때 유의할 점은 적절한 쉼터 같은 마땅한 안전장소를 마련하지 않고 신고부터 하게 되는 경우, 피해자에게 더 큰 해가 될 수도 있으므로 상담자의 윤리에 따라 최대한 신중한 배려가 요구된다.

가정폭력 상담자가 처할 수 있는 딜레마는 상담 과정에서 자신의 내담자가 학대나 폭력의 가해자임이 밝혀질 때 행동하는 요령에 관한 것이다. 이런 사태가 발생했을 때, 수퍼바이저와 협의하에 상담자 윤리규정안에서 적극적으로 양심에 따라 행동할 필요가 있다.

6. 가정폭력 상황에 맞는 상담 모델 정하기

가정폭력 상담은 그 대상이나 피해 범위, 지속 기간 등 양상이 다양한 만큼 사례에 적합한 상담 접근법을 선택하는 것이 중요하다. 폭력가정을 위한 가족상담은 크게 피해자 위기상담, 피해자 중재상담, 가해자 중재상담, 자녀중심 가족상담으로 나누어 볼 수 있다.

먼저 가정폭력을 피해 쉼터로 긴급 피신한 내담자를 위해 이루어지고 있는 피해자 위기상담은 다음과 같이 구조화된 방법으로 진행할 수 있다.

- 먼저 피해자가 자신의 감정을 솔직히 털어놓도록 한다.
- 피해자가 보이는 반응이 당연한 현상이라는 것을 말해 주고 안심시킨다.
- 벌어진 상황에 대해 자기 비난에 빠지지 않도록 도와준다.

- 피해자로서 법적인 권리를 알려준다.
- 자조 그룹과 같은 사회적인 조력기관을 연계시켜 준다.
- 위기에 대한 인지적 이해 수준을 높인다.
- 가정폭력 문제 대응방법을 같이 모색해 본다.

또, 폭력가정의 자녀를 위한 개입으로 가정폭력을 목격하거나 학대당한 아동을 위한 다섯 단계의 위기개입 모델이 있다(Roberts, 1996).

1단계: 관계를 형성한다.

2단계: 문제를 확인하고 감정을 표현하도록 격려한다.

3단계: 대처 능력을 개발한다.

4단계: 해결 대안을 창출한다.

5단계: 전체 상담 과정을 평가하고 종결한다.

또 다른 접근 방법은 폭력전문 상담기관에서 시행하는 폭력가정 자녀를 위한 집단상담 프로그램이 있다. 집단은 6~10회기로 진행되며 1회기는 60~90분 정도 진행된다.

가족 프로그램은 부모를 대상으로 하는 교육과 과정 상담으로 구성된 페레드와 데이비스(Peled & Davis, 1995) 교육상담 프로그램과 같은 형식의 가족상담이 있다. 이런 형식의 프로그램들은 가족 내 문제를 나누고 서로 지지해 주는 비구조화된 형식에서부터 폭력가정 자녀에 대한 전반적인 교육을 통해 부모들의 태도와 신념, 자녀양육 기술들을 향상시키는 것을 목표로 하는 구조화된 형식으로 나눌 수 있다. 다음은 가정폭력과 그로 인한 가족의 역기능성을 담고 있는 사례이다.

7. 가정폭력 가족상담 사례

사례 01.

가정폭력 가족상담 사례

가정폭력을 다루는 상담자는 가족체계 속 내담자 간 역할과 다세대적 관점에서 문제를 파악하는 것이 유용하다. 역기능적 패턴의 대물림 현상을 이해하기 위해서는 내담자의 원 가족 체계를 다루어야 하며 상담을 통해 적어도 삼대의 가계도를 그려보고 관계를 확인해 나가는 작업이 필요하다. 이 과정은 내담자의 자기 이해와 자기 수용을 높이고 체계 변화에 개입할 수 있는 첫 작업이 된다.

다음은 남편의 폭력과 자녀문제로 상담실을 내방한 이 모 씨 가족의 사례이다.

상담신청 경위 및 가족관계

상담을 신청한 아내 이 씨는 25년 전, 초등학교 5학년 딸을 둔 남편 정 씨와 결혼했다. 버스 회사 경리로 일하던 당시 미혼이었던 이 씨는 같은 회사에서 버스 운전사로 일하던 정 씨가 어린 딸을 데리고 혼자 사는 것이 측은해 잘 대해 주다가 결혼에 이르게 되었다. 결혼 당시 남편 정 씨는 평소에는 주변에서 법 없이도 살 사람이라고 이야기할 정도로 유순하지만 일단 술을 먹으면 기물을 부수고 사람들과 시비가 붙는 등의 문제를 보였다. 결혼해서 가정이 안정되면 남편의 술버릇도 좋아지리라는 생각에서 이 씨는 이를 알고도 결혼하였다.

하지만 그런 기대와는 달리 그녀의 결혼생활은 정 씨의 음주, 사고, 싸움으로 조용한 날보다 시끄러운 날이 더 많았다. 남편 정 씨의 음주벽은 집에 들어와서는 아이들을 깨워 앉혀놓고 훈계를 하다가 시간이 길어져 아이들이 움직이거나 싫은 표정을 보이면 폭행하는 것이었다. 아내 이 씨가 말리면 폭행이 그녀에게로 옮겨지고 아이들은 옆집 사는 이웃에게 말려 달라고 달려가는 일이 다반사였다. 상담 신청을 한 하루 전날에도 남편 정 씨가 술을 먹고 지나가던 행인과 싸워 경찰서에 다녀왔다.

자녀들에 대한 폭행은 작은아들이 중학교를 퇴학하기 전까지 계속되었고 요즈음은 남편이 술을 마신 기미가 보이면 가족들이 아예 피하고 있어 예전같이 꼼짝없이 폭행을 당하진 않는다고 한다. 지금은 아들이 다 자라 아버지를 꽉 붙잡고 이 씨는 도망가곤 하는데 맨발로 옆집으로 피신하곤 한다.

전처 소생인 맏딸은 고등학교 졸업 후 바로 중매결혼을 해 다른 지방으로 시집을 간 후 서로 연락을 거의 하지 않고 살고 있으며, 본인이 낳은 작은딸은 대학 졸업 후 취직이 되지 않아 취업준비중이며 큰아들은 군대에 가기 위해 휴학한 상태이다. 작은아들은 중학교를 중퇴하고 비디오 가게 점원, 주유소 주유원 등 여러 가지 일을 전전하고 있다.

현재 남편은 일정한 직업 없이, 여기저기 일자리를 알아보고 있는 상태이다. 생계는 아내 이 씨가 남의 땅을 관리해 주면서 가꾸는 야채를 내다 판 돈과 교회를 청소해 주고 받는 돈으로 어렵게 살아가고 있다.

● 1회기: 어머니 개별상담

상담자가 내담자에게 현재 제일 힘든 점을 묻자 그동안 공부도 잘하고 엄마 마음을 잘 이해해 사는 낙으로 삼던 큰아들이 많이 변한 것이 제일 힘들고 답답하다고 하였다. 상담실을 찾은 계기는 작은아들이 며칠 전 오토바이를 훔치다가 걸려 절도죄로 구속되어 합의금을 물고 나온 사건이 있었다. 그 일 이후 마음이 답답했고 이전에 퇴학당한 작은아들의 학교 담임교사가 상담을 권유했던 기억이 나서 찾아오게 되었다고 밝혔다.

내담자가 중복된 스트레스 상황에 위기의식을 느껴 상담실을 찾은 것으로 본 상담자는 이를 충분히 공감해 주고 내담자와 가족에 대한 정보 수집에 들어갔다.

다음은 그녀의 가족에 대한 진술이다.

지방 국립대를 나와 취업 준비를 위해 도서관을 다니는 작은딸은 아침에 나가서 밤늦게 들어오니 만날 수도 없고 동네 사람들을 만나도 인사를 하지 않고 피하여 이웃들 사이에 버릇이 없다는 소리를 들을 정도이다. 친구도 없는 것 같고 매일 혼자 지내는 딸이 걱정스럽다. 군대에 가기 위해 휴학 중인 큰아들은 속이 깊고 말이 없어 늘 듬직했다. 하지만 사는 모양이 제 누나와 비슷해서 걱정이다. 누구와 통화를 한다거나 친구를 만나러 밖에 나가지도 않고 하루 종일 방에서만 지내고 있다.

작은아들은 어릴 때는 싹싹하고 말을 잘 들어 순종적이었지만 사춘기를 보내면서 집 밖으로만 돌다가 결국 중학교 3학년 때 친구들과의 싸움에 휘말려 퇴학당했다.

남편은 사고를 내서 재산을 날리고 취업도 못하자 교회에서 불쌍하게 생각해 교

CHAPTER 10

노인문제에 대한 가족상담

1. 노인의 범위와 가족 특성
2. 노년기의 성격 특성
3. 노년기의 적응 특성과 과제
4. 노인상담의 기본 원리와 주요 상담 영역
5. 노인상담의 유의점
6. 노인상담의 방법
7. 노인가족 상담 사례

CHAPTER 10

노인문제에 대한 가족상담

급속한 경제발전에 따른 사회체제의 변화는 우리나라의 가족 구조에 많은 변화를 가져왔다. 특히, 한 세대 내에 이루어진 급격한 경제발전과 그에 따른 생활양식의 변화는 삶의 질을 한 차원 올려놓았다. 하지만 효율성과 경제성을 우선시하는 서구적 가치관의 유입은 우리 사회에 가치갈등의 문제를 야기하고 있으며 그 중 하나가 노인문제라고 볼 수 있다. 서구적 가치의 빠른 유입이 한국의 가족 구조에 미친 영향 중 하나는 가정 내 노인의 권한과 역할의 약화이다. 과거 가부장적 대가족 구조의 생활 형태가 지배적이었던 시절에 비해 노인의 역할은 부양의 대상으로 축소되었다. 의학과 생활환경의 발달로 평균 수명이 점점 늘어나면서 노년기가 점점 길어지는 추세인데 반해 노인의 역할이 축소되어 가는 현실은 노년기의 삶을 점점 무겁게 하는 원인으로 작용하고 있다.

인구학적으로 오늘날의 우리 사회를 고령화 사회라고 한다. 고령화 사회란 전체 인구 중 65세 이상의 비율이 7%를 넘어서는 경우를 두고 하는 말인데 우리나라는 2000년에 이미 노인인구가 전체 인구의 7.1%를 넘어서고 있다(2002, 통계청). 이렇게 노인인구가 증가함에 따라 노인의 적응적 삶을 돕는 문제는 상담의 주요 영역으로 대두되고 있다.

1. 노인의 범위와 가족 특성

전통적으로 발달심리학의 주요 주제는 유아기와 아동기와 같은 생애 초기의 발달 특성에 관한 것이었다. 하지만 에릭슨(Erikson)의 전 생애적 발달에 관한 이론을 기점으로 노년기의 삶과 발달 과제에 대한 학문적 관심이 높아지게 되었다. 이후 노년학(Gerontology)은 발달심리학의 주요 영역으로 자리잡게 되어 노년기의 삶과 적응에 관한 많은 연구결과들을 내어놓고 있다.

먼저, 노인에 대한 개념 정의를 살펴보면 국제노년학회(Report on the 2nd Inernational Conference of Gerontology, 1951: 5)에서는 노인을 다음과 같은 특성을 가진 사람이라고 보았다.

- 환경변화에 적절히 적응할 수 있는 자체 조직에서 결핍이 있는 사람
- 자신을 통합하려는 능력이 감퇴되어 가는 시기에 있는 사람
- 인체기관 조직 기능 등에 있어서 감퇴 현상이 일어나는 시기에 있는 사람
- 생활 자체의 적응이 정신적으로 결손되어 가고 있는 사람
- 인체의 조직 기능 및 기능 저장의 소모로 적응이 감퇴되어 가는 시기에 있는 사람

위의 정의는 신체와 정신의 적응기능 쇠퇴에 중점을 둔 것으로 자각연령(self-awaring age)의 개념으로 볼 때 개인차가 있을 수 있다.

우리나라 노인들의 생활 실태에 대한 한 조사연구를 보면 다음과 같다.

- 남자 노인에 비해 여자 노인의 사망률이 상대적으로 매우 낮아 여성 노인 인구 비율이 높으며 교육 수준이 낮고 빈곤한 노인이 많다.
- 만성질환, 복합적 질병을 앓고 있는 노인이 많으며 독거노인, 노부부 가구가 증가하여 다수 노인들은 거동이 불편함에도 부양자 없이 생활하는 경우가 많았고 주거 상태도 열악한 경우가 많았다.

- 노인들은 친구나 자녀, 이웃, 친척들과 왕래가 적고 사회적 관계망이 빈약하였다.
- 노인의 반수 정도는 자녀와의 동거, 특히 장남과의 동거를 희망하고 있으나 삼세대 가구는 39%였고 노인 주거 시설을 선호하는 노인은 7.5%에 불과하였다(1994. 4. 노인생활실태조사, 통계청).

유교적 전통이 강한 우리나라에서는 과거 노년의 삶을 따로 계획하기보다는 노후를 자녀 특히, 장남과 더불어 사는 것을 미덕으로 여겨 왔다. 오늘날까지 이러한 문화적 관습의 영향은 계속되고 있다. 자료에 따르면 노부모에 대한 부양 책임을 묻는 질문에 83.7%의 응답자가 자녀에게 책임이 있다고 응답했으며, 노부모에 대한 생계 지원을 실제 하고 있다고 응답한 비율이 62.1%에 이르는 것으로 나타났다(1994년 통계청). 아래 표에서 볼 수 있는 것과 같이 노인을 상대로 한 조사연구 결과를 보면 과거에는 부모와 자녀의 동거의 원인이 규범에 의

〈표 10-1〉 노인의 자녀와 동거 및 별거 이유

동거 이유	%	별거 이유	%
경제적 도움을 받기 위해	17.4	따로 사는 것이 편해서	23.5
몸 시중을 받기 위해	8.9	경제적 능력이 있으므로	2.6
노인끼리 살면 적적해서	5.7	신체적으로 건강하므로	1.2
경제적 도움을 주려고	2.8	자녀의 직장, 교육관계로	50.9
손자녀, 가사를 돌보려고	7.1	한 집에 살기에 주택이 불편	2.1
당연한 일이므로	35.3	자녀가 싫어하므로	4.9
가정의 관습이니까	16.0	슬하에 자녀가 없어서	0.7
기타	6.7	고향을 떠날 수 없어서	6.1
		기타	8.0
계	100(493)	계	100(574)

출처: 통계청(1994).

한 것이었지만 최근에 이르러서는 노인들의 의식도 많이 변화된 것으로 드러났다. 최근 부모 자녀가 동거하는 이유가 부모의 노화에 따른 자녀의 부양이라는 의존적 관계만이 아닌 가사와 손자녀를 돌보아 주는 것과 같은 상보적 목적을 가진 것으로 드러났다. 하지만 각종 조사결과에서 두드러지는 최근 경향은 자녀와 별거하는 노인 단독세대가 꾸준히 증가하고 있다는 사실이다. 이는 노인과 가족의 가치관과 가족 구조, 사회적인 여건 등의 변화를 반영하는 결과로 볼 수 있다.

2. 노년기의 성격 특성

노년기에 나타나는 주요 특성은 시간 조망의 변화이다. 출생 이후 평생 유지해 왔던 미래지향적 삶에서 현재를 즐기고 과거의 삶을 통합하는 것은 노년기의 가장 중요한 발달 과제이다. 하지만 많은 경우 장년기의 삶을 살다가 은퇴 이후 갑자기 환경적 자극이 줄어들면서 내성적 성향이 높아지고 우울 경향이 증가하게 된다. 노년기의 우울은 신체적 질병이나 배우자와의 사별, 대인관계로부터의 소외 및 고립과 같은 노화에 따른 스트레스를 주원인으로 볼 수 있으나 적응 수준에 따라 그 정도가 달라질 수 있다.

노년기의 주요 성격 특성 중 하나는 성역할 지각의 변화로 남자 노인은 유친성과 양육 동기가 늘어나고 여자는 공격성, 자기중심성, 권위적 동기가 증가하게 된다(Lowental, 1977; 윤진, 1985, 재인용). 55~70세를 대상으로 한 TAT검사에서 피험자들은 남자 노인을 위축되고 수동적인 것으로, 여자 노인들을 보다 능동적이고 권위적으로 보는 것으로 나타났다(Newgarten & Gutman, 1958; 윤진, 1985, 재인용).

노년기의 의존성은 생활주기상 나타나는 자연스러운 현상으로 볼 수 있다. 노년기는 역할을 상실하고 심신기능이 쇠퇴해져 자유로운 신체활동에 제약을 받아 환경에 대한 통제력이 떨어지면서 시간이 지날수록 수동적 성향과 의존성이 증가하게 된다. 노년기에 증가하는 의존 경향성을 다음과 같이 구분할 수 있다. 은퇴 후 경제활동을 할 수 없는 데서 오는 경제적 의존, 퇴화한 신체기능에 대한 보완적 도움을 구하는 신체적 의존, 기억이나 판단능력이 떨어지는 데 따른 정신능력의 의존, 고립을 면하기 위한 사회적 접촉을 추구하는 사회적 의존, 감정적 유대를 구하는 심리적 의존 등 다섯 가지로 구분할 수 있다.

인간의 삶에서 영 · 유아기가 성장을 위한 절대적 의존기인 것처럼 노년기 또한 노화에 의한 주변의 원조가 필요한 시기임에도 불구하고 노년기의 의존은 가족에게 긍정적으로 받아들여지기 어려우며 많은 경우 가족 긴장과 갈등의 원인으로 작용하게 된다.

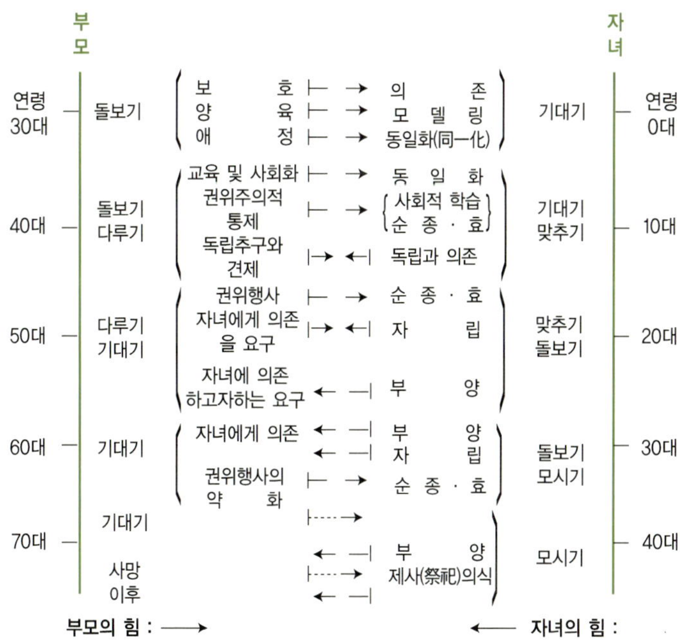

[그림 10-1] 부모-자녀관계의 발전도

출처: 김재은(1972).

노인가족의 갈등을 교환 이론적 관점에서 설명해 보면 노인가족의 경우 흔히 가족 구성원 간의 정서와 역할의 교류가 원활하지 못하고 일방향적인 것이 문제 발생의 원인으로 작용할 수 있다. 이는 가족체계적 관점에서 말하는 체계 간 폐쇄성이나 경계를 상실하고 다른 체계를 침범하는 상황이 발생하기 쉬운 조건이 되며 이로 인해 가족 간 긴장과 갈등의 가능성도 증가하게 되는 것이다. 노인가족의 갈등의 주원인이 되는 부양 문제는 역할과 교류의 일방향성과 그로 인한 경계 침범의 관점으로 설명할 수 있다.

3. 노년기의 적응 특성과 과제

미국의 버클리 성장연구소(The Berkeley Growth Study)에서는 적응유형에 따른 고령자의 인격 유형을 분석하였다. 이들은 노인의 성격을 비교적 적응을 잘하고 있는 세 가지 유형과 부적응적인 두 가지 유형으로 다음과 같이 구분하고 있다.

첫 번째 유형은 성숙한 유형(mature types)으로 삶에 대해 건설적으로 접근하며 과도하게 충동적이지도 않고 방어적이지도 않다. 자신을 수용하고 활동을 즐기고 사람들과 만족스러운 관계를 맺고 비교적 자연스럽게 노화를 받아들인다.

두 번째는 흔들의자 유형(rocking chair types)으로 타인 의존도가 높으며 수동적이고 삶에 대해 무심한 듯한 특성을 보인다. 이들은 타인이 자신을 만족시켜 주기를 바라고 책임이 없어 자유롭다는 점에서 노년기를 환영한다.

세 번째는 무장한 유형(armored types)으로 노년기에 흔히 경험하는 다양한 상실이 야기하는 불안감에 대한 방어가 잘 발달되어 있으며 계속 활동함으로써 육체적 쇠잔의 두려움을 극복하려 한다.

네 번째는 화난 유형(angry types)으로 삶의 목적을 성취하지 못하고 실망감과 실패감을 느끼는 부적응적인 사람들이다. 이들은 적대감을 가지고 타인의 단점을 비판하는 것을 즐겨 하며 나이 듦을 받아들이지 못하는 특성이 있다.

다섯 번째는 자기 혐오자(self-haters)로서 과거에 대한 실패감, 실망감에 빠져 있고 자기 비판적이고 스스로 무가치감을 가지는 것을 특징으로 한다.

이러한 분류와 설명은 상담자가 사례 개념화 단계에서 노인 내담자를 평가하는 지표로 사용할 수 있다.

에릭슨은 노년기의 발달과업인 자아통합과 절망의 위기를 겪는 적응 양상을 다음과 같이 설명하고 있다. 그는 노인들이 지난 시절을 회고할 때 자신의 지난 일생에 대해 그런대로 만족하며 최선을 다해 노력을 해왔던 의미 있는 인생이라 여기며 이루지 못했던 일보다는 이룬 일을 기억하고 감사할 때 자아통합이 이루어지는 것이라고 보았다. 반대로 자신의 인생이 무의미하게 흘러갔으며 많은 기회를 놓쳤고 이제는 황혼기에 접어들어 다시 시작하기에는 때가 늦었다고 탄식하는 경우에는 절망감만 쌓이게 되고 이로 인해 우울증에 빠져 외로운 노년기를 보내게 될 것이라고 보았다(윤진, 1985).

노인인구 증가에 따른 사회적 요구를 따르지 못하는 우리나라의 사회정책은 노인 정서적 · 경제적 부양 책임의 많은 부분을 개인의 몫으로 넘기고 있다. 이러한 이유로 우리 사회에서는 노인과 부양 가족의 부담과 갈등이 증가하고 있다. 때문에 노년기의 삶을 어떻게 잘 살 것인가 하는 문제는 노인과 그 가족을 위한 새로운 가족상담서비스 체계의 필요성을 높이고 있다.

노인가족은 특히 만성 혹은 급성 질환과 관련된 위기 상황이나 죽음을 맞을 가능성이 높으며, 이런 사태가 생겼을 때 관련된 여러 가지 선택이나 의사결정이 필요한 상황이 발생할 확률이 높다. 치매, 암 그리고 다른 장기적인 치료가 필요한 만성질환을 앓는 노인이 있을 경우 누가 부양할 것인지, 비용문제는 어떻게 해결할 것인지 등 여러 가지 문제들이 쟁점으로 떠오르게 된다. 이런 문제들은 가족 구성원들에게 경제적 · 사회적으로 미치는 영향이 적지 않으므로 신중한 선택을 해야만 하며 최선의 선택을 위한 상담 개입의 필요성이 증가하고 있다.

노인문제에는 가족 세대 간에 있을 수 있는 기본적 가치관의 갈등과 같은 심리적인 문제에서부터 치명적인 의학적 문제가 있어 빨리 의사결정을 해야 하는 사태와 같은 응급 위기 상황의 발생과 그 해결까지를 포함한다. 문제가 발생해서 가족원 간 논의가 진행되는 경우, 어떤 문제는 해결되기도 하지만 사안에 따라서는 복잡함을 안고 미해결 상태로 살아가기도 한다. 과거에 비해 고령인구의 비율이 높아질수록 가족들이 위와 같은 문제에 접하는 비율도 증가하게 되는 것이다.

미국에서는 일찍 주 정부를 중심으로 급·만성적 위기와 갈등을 가진 가족들을 도울 수 있는 전문 상담이 서비스 시스템으로 개발되어 노인이나 아동, 만성질병 환자와 같은 의존적인 가족 구성원의 문제해결에 도움이 필요한 가정을 위해 활용되고 있다. 예를 들면, 오리건 주에서는 어린이보호 서비스기관과 노인보호 서비스기관이 통합된 기구가 구성되어 노인과 가족 구성원을 위한 공적 서비스를 제공하고 있다. 이러한 통합 서비스 시스템을 이용하는 가족들은 여러 기관을 찾아다닐 필요 없이 자신들에게 필요한 사항을 종합적으로 처리해줄 수 있는 한 사람과 만남으로써 재정적인 보조문제, 상담, 치료 그리고 고용정보와 연금신청 등의 도움을 받을 수 있게 된다. 이러한 시스템은 일시적이거나 만성적인 곤란이 닥쳤을 때 해결에 필요한 자원을 찾는데 효율성을 보장받을 수 있으며 문제해결 중심의 가족상담 방법이 효과적임을 보여주는 하나의 예로 볼 수 있다.

노인가족 상담은 어려운 결정을 내려야 하는 문제로 씨름하는 가족에게 토론의 장을 제공함으로써 문제해결을 이끈다. 반드시 필요한 의사결정 사안을 두고 가족 간에 이견이 있고 이로 인한 논쟁이 발생하는 경우가 바로 상담개입이 효과를 발휘할 수 있는 영역이며 가족 상담원들이 앞으로 담당해야 할 중요 영역이기도 하다.

4. 노인상담의 기본 원리와 주요 상담 영역

노년기의 성공적인 적응을 위해서는 노인 자신의 개인적 노력과 함께 가족의 지원이 요구되는 특성이 있다.

체면을 중시하는 유교적 문화 가치관을 가진 우리 사회의 노인 세대는 자신의 불편함과 곤란을 다른 사람에게 말하는 것을 수치스럽게 생각하는 경향이 강하며 따라서 노인들이 자발적으로 상담을 요청하는 경우는 드물다.

가족체계적 관점에서 요구되는 노인가족 상담자의 태도는 다음과 같다.

- 노인 및 그 가족의 개별적 상황에 따라서 상담서비스를 개별화해야 한다.
- 노인들에게 잠재되어 있는 부정적 감정을 의도적으로 표현하도록 하여 이를 긍정적 감정으로 전환하게 한다.
- 노인의 심리사회적 특성에 따른 가족 구성원 각각의 감정을 수용한다.
- 노인의 감정과 사고를 비판단적인 자세로 들어주고 문제해결에 공동으로 참여할 수 있도록 한다.
- 노인 자신의 능력과 자원에 맞는 자유로운 의사를 존중, 자신이 스스로 설정한 목표에 이르도록 한다.

나이를 불문하고 내담자들은 공동적으로 다음과 같은 문제를 가지고 상담 장면을 찾는다.

- 개인적인 문제해결을 위해서
- 중요한 결정을 앞두고 도움을 받기 위해
- 불행하고 생의 방향을 상실한 듯한 느낌에서 벗어나고 싶어서
- 어려운 상황에서 어떻게 해야 할 바를 몰라서
- 위기를 겪는 동안에 도움과 위로, 지지를 받기 위해서
- 공감적이고 지지적인 누군가와 대화하기 위해서
- 자신을 더 잘 이해하고 싶어서

이에 비해 상담이 필요한 전형적인 노인문제에는 다음과 같은 것이 있다.

- 생활비 및 의료비용, 부채와 유산 배분

- 부양자와 부양기관의 선택과 결정
- 급성 혹은 치매와 같은 만성질환의 치료를 위한 적절한 의료 요양기관의 선정
- 노인 학대와 차별에 관한 문제
- 갑자기 누군가 돌보아 줄 사람이 필요할 때

위와 같은 문제가 가족 내에서 발생했을 때 관련 가족 구성원 간의 논의로 결정을 하지 않게 되면 이는 가족 간 갈등과 불화의 사유가 될 수 있다.

노인문제를 국가적 사업으로 제도화하여 원조하고 있는 서구에서는 다음과 같은 새로운 형태의 노인문제가 등장하고 있다. 노인을 위한 사회보장 시스템이 발달하고 생활 수준이 향상됨에 따라 노인이 이용 가능한 시설이 많아지고, 주거 형태도 다양해지게 되었다. 이에 따라 노인의 서비스 의존도가 높아지게 되었고 이것이 새로운 문제 발생의 원인이 되고 있다. 노인들이 일상생활 유지에 요구되는 계약이나 서비스기관이 증가함에 따라 노인 서비스 이용자들은 여러 가지 갈등이나 분쟁에 노출될 위험성 또한 높아지게 된다. 우리나라에서도 최근 이러한 유형의 문제가 빈발하고 있는데 노인을 위한 공동 주거시설인 실버타운에 입소했으나 운영사 업체의 부도로 재산손실을 당하고 관리유지가 되지 않는 상태에서 오갈 데 없게 된 노인문제, 노인을 상대로 고가의 물건이나 장례 서비스를 약속하고 돈을 편취하는 등의 문제가 등장하고 있다.

노인문제와 관련 가족 구성원 간의 갈등과 그 해결에 관한 중재적 상담 영역은 크게 다음 네 가지로 분류할 수 있다(남부 노인 상담소, 2002).

- 고독과 소외감, 가족 갈등, 이성교제, 말벗 등에 관한 정서적 문제
- 노년 취업, 경제적 지원, 사회보장, 재테크, 유산분쟁 등에 관한 경제적 문제
- 여가 및 사회활동, 교육 및 법률 문의 등에 관한 사회적 문제
- 질병, 건강상담, 노인복지시설 문의 등에 관한 신체적 문제

5. 노인상담의 유의점

노인가족 상담에서 상담자는 노인 내담자와 가족 구성원 간 관계의 특성, 성격 특성, 인지적 역량, 지식 정도, 경제적 자립도, 성별과 연령차, 문화적 · 사회적인 배경에 따른 고정관념화와 훈련, 사회적 계층들에 대한 인식을 가지고 상담을 진행해 나가는 것이 중요하다(John Kelly, 1995).

1) 가족관계의 특성

일시적이거나 장기적으로 보호시설이나 요양기관에 부모를 보내는 문제를 의논하는 가족의 경우 흔히 결정에 걸림돌이 될 만한 오래된 갈등의 역사를 가지고 있을 수 있다. 예를 들어 엄마와 전혀 마음이 맞지 않았거나 아버지가 부재했던 유년기, 혹은 어렸을 때 학대를 당한 경험을 가진 자녀가 부모에 관한 어려운 선택을 해야만 하는 상황에 이르게 되었을 경우를 보자. 이들의 문제에 상담이 개입되면 과거 갈등과 역기능적인 관계의 추가적인 짐을 지고 있는 성인이 된 자녀의 문제가 상담 과정에서 드러나게 된다. 이 자녀는 현재 나이 든 부모에 관한 어떤 결정을 내려야 하는 현실적 문제를 들고 왔지만 그 내면에 과거의 해결되지 못한 부정적인 상호관계의 경험이 결정 과정에 작용할 수 있다.

이러한 상황은 과거의 분노를 다시 불러일으키기도 하며 때로는 오랫동안 지속되어 온 부정적인 상호작용 패턴이 오히려 강화될 수도 있다. 이런 경우, 도움이 필요해서 상담자를 찾았음에도 미해결된 과거의 분노나 복수심이 상담자와 신뢰로운 관계를 맺는 것을 방해하게 되고 결국 상담자에 대한 불신으로 전이되어 도움의 기회를 스스로 포기하는 경우를 볼 수 있다.

2) 성격 특성

흔히 내성적인 성격을 가진 노인은 은퇴 후 요양원이나 실버타운과 같은 공동 주거지가 자신에게 필요하다는 것을 잘 알지만 사생활을 거의 누릴 수 없다는 이유로 결정을 미루는 경우를 볼 수 있다. 반대로 사교적이고 외향적인 노인들은 아무리 자신에게 좋은 곳이라고 하더라도 자신의 사회적 관계를 상실하게 되는 환경을 선택하지 않을 것이다.

강직한 세월의 변화에 대한 유연성이 떨어지는 성격의 노인은 자신에 관한 결정을 내릴 때, 본인에게 자세한 정보가 모두 제공되지 않거나, 최종결정이 나기까지 기다려야 한다든지 하는 상황에 대하여 극도의 불안감을 느낄 수 있다. 노인의 성격 특성에 따라 나타나는 이러한 반응의 차이는 노인과 가족들, 관계자 간의 긴장을 가중시킬 수 있으며 상황에 대처하는 개인의 성격 특성이 가족의 불화를 촉발하는 원인이 될 수 있다.

3) 인지 · 정서적 역량

노인의 인지적 역량은 가족상담에 영향을 미칠 수 있다. 쿠퍼(Kyupers, 1977)는 자신의 삶과 운명에 대한 통제감을 가지고 있는 노인을 그렇지 못한 노인과 구분하여 자아개념의 차이와 적응 간의 상관지수를 구하였다. 그 결과 통제감을 가진 노인 집단이 그렇지 못한 집단에 비해 활동적이고 복합적인 반응을 보이고 있음이 드러났다. 또한 자신이 노인임을 인정하는 통합적 태도를 보이는 사람에 비해 노인임을 인정하지 않는 사람이 과거생활에 대한 회상에 자주 빠지는 백일몽과 방심 상태, 불안, 근심과 같은 부적응적 심리상태가 많은 것으로 나타났다.

상담자는 노인의 건강 상태에 따라 약물을 사용하는 경우, 인지능력에 부정적 영향은 없는지 유의해야 한다. 노인과 그 가족을 위한 상담에서 노인 내담자는 상담 과정에서 전달되는 정보를 처리할 정도의 인지적 능력과 빠지지 않고 상담회기에 참석할 수 있어야 한다는 전제 조건이 중요하다. 다른 모든 상담에서와 마찬가지로 노인상담에서도 의뢰인의 자기결정력이 기본적으로 요구된다. 상담자는 노인가족 상담이 성립되고 제대로 진행되기 위해서는 그들의 행동능력을 평가하고 이를 상담회기에 반영해야 한다. 이러한 평가와 그 결과의 반영 과정은 상담 시간의 효과적인 사용을 위해 한 회기 진행 시간이나 상담 횟수를 조정하는 것과 같은, 노인 내담자가 최적의 도움을 받는데 요구되는 능력을 평가하고 상담을 유지하는 데 도움이 될 수 있다.

4) 정보와 지식 수준

노인 내담자와 상담할 때 이들이 가진 지식이나 정보 수준이 문제가 될 수 있다. 노인들의 경우 보호기관이나 전문가의 지식이나 견해를 절대 신뢰하고 따르도록 훈련된 경우가 많아 의사나 간호사, 행정사 또는 병원의 사회사업가들의 지시를 그대로 따르기만 하면서 점점 무기력한 환자가 되어 가는 경우가 많다. 이들은 자신의 건강이나 재정문제, 그 외 다른 영역에서 스스로에 대한 책임을 회피하려는 경향을 보인다. 이런 수동적인 자세는 적극적인 자세로 충분한 정보를 수집하고 최선의 선택을 해나가는 원활한 상담 과정의 진행에 걸림돌이 될 수 있다.

상담 참여자가 모두 공평한 정보를 가진다는 것은 공정한 선택의 선결요건이다. 이를 위해 상담자는 상담 과정에서 내담자 모두에게 필요한 지식과 정보를 개방하여 충분히 다루어질 수 있도록 해야 한다. 또한 이를 바탕으로 노인 내담자와 그 가족이 상담에서 여러 대안 중 유리한 선택을 할 수 있을 만큼 정보에 대해 잘 이해하고 있는지를 확인해야 하는 윤리적인 의무를 지닌다. 만약 이 부분이 미진하다면 상담 또한 미진하게 진행되고 있는 것으로 볼 수 있다. 상담자는 상담 과정에 소개된 관련 정보가 제대로 전달되고 활용되고 있는지에 대한 재평가를 위해 상담을 잠시 중단할 수도 있다.

상담자는 노인의 전반적 상황을 고려해 지식정보와 전달력을 높이려는 부단한 노력을 기울여야 한다.

5) 경제적 자립도

많은 노인들이 자식에게 경제적 부양을 받거나 정부보조금이나 연금과 같은 공적 부양에 의지해서 살아가고 있다. 자녀나 외부의 도움 없이 스스로 경제적 삶을 꾸려 가는 자기부양 인구는 그다지 많지 않으며 상대적으로 의존적 상황에 놓인 노인은 자신과 관련된 결정에서 무기력하게 수동적인 역할을 하고 있는 것이 현실이다. 따라서 경제적인 문제가 노인문제의 중요한 원인을 차지하고 있다고 볼 수 있다. 또 경제적으로 무력한 경우가 아니더라도 물질에 대한 가치관이 문제의 원인으로 작용할 수 있는데 대부분의 노인 세대가 전쟁과 가난으로 궁핍했던 시절을 겪었고 이런 인생 경험으로 인해 경제적으로 풍족해도 이를 누리지 못하고 지나친 내핍생활을 유지하기도 한다.

반면에 높은 생활 수준을 유지했던 사람들 중에는 자신의 재정 상태에 대한 현실적인 인식을 하지 못해 가진 돈을 제대로 관리하지 못하고 다 써버려 자식에게 손을 벌리는 지경이 될 수 있다.

6) 관습과 문화

병들고 약한 부모를 돌보는 일은 전통적으로 장남 혹은 아들과 며느리의 몫이었다. 아직도 우리 사회에서는 많은 가정에서 며느리가 시부모를 모시는 것을 당연시하고 있다. 오늘의 자녀가 있기까지 내가 기여를 했으므로 자녀는 나를 부양해야 한다는 공생주의, 권위주의적인 사고와 기대는 많은 저항에 부딪히고 있다. 하지만 가족 내 역할에 대해 젊은 자녀들은 자신의 경제적 수입이나 부는 자신의 몫이므로 부모들의 가치관을 불편해하고 삶을 침범하는 것으로 받아들여 부모님을 모시지 않거나 연을 끊기까지 하는 문제가 노인가족 갈등의 많은 부분을 차지하고 있다. 이는 가치관의 갈등 문제이며 노인가족 상담의 주요 주제이다. 이때 상담의 일차적 목적은 상호 간에 수용할 수 있는 의사결정을 돕는 것이다.

6. 노인상담의 방법

노인상담은 노년기의 발달과업인 자아통합을 이루기 위한 과정으로 볼 수 있다. 노인 상담자가 고려해야 할 요소를 살펴보면 노인은 표현력이 부족할 수 있으므로 여타 연령층과의 상담에 비해 기술과 인내심이 필요하며 단기간의 변화를 목표로 하는 현실적인 문제해결 기법이 보다 유효하다. 또 자기보호 의식과 경직성이 높은 시기이므로 체면과 자존심을 손상시키지 않는 범위 내에서 해석, 경청, 질문 등 지지적인 방법을 사용하는 것이 좋다. 때로 지나간 시절을 회상해 나가는 과정을 통해 상실감, 우울, 죄책감 등을 경감하며 그 결과 자존감, 자아성취감이나 자아통합감을 회복할 수 있다. 상담을 구조화해 계획대로 진행해 나갔더라도 종결을 앞둔 노인과 가족은 불안해할 수 있으므로 변화를 앞두고 경험할 수 있는 불안을 정상적인 과정으로 인식시켜 주고 안도감을 느끼도록 배려해야 한다.

상담자는 노인 내담자를 만날 때 위의 요소를 잘 반영하면서 다음 단계에 따라 사례를 진행할 필요성이 있다.

내담자의 이해 → 라포 형성 → 문제의 정의 → 상담목표 설정
문제 명료화 → 대안목록 작성 → 대안 탐구 → 결정 지지 → 종결

다음은 노인상담 문제와 목표의 대표적인 예이다.

- 의료적, 사회적, 정서적 지원을 효과적으로 이용하도록 돕는다.
- 신체적 강점을 강화하고 건강 악화에 대비하고 적응하도록 돕는다.
- 보호/주거에 대한 욕구가 충족되도록 돕는다.
- 새로운 역할을 가질 수 있도록 돕는다.
- 손 자녀, 친척 및 지역사회와의 관계를 회복하도록 돕는다.
- 배우자와 친구 등 가까운 사람의 상실에 적응하도록 돕는다.
- 은퇴와 그에 따른 경제적인 여건의 변화에 적응하도록 돕는다.
- 심신이 쇠약해져 가는 가운데서도 삶에 대한 통제력을 유지하도록 돕는다.

7. 노인가족 상담 사례

사례 01. 며느리와의 갈등으로 치매증상을 보인 노인

상담신청 경위 및 가족관계

일흔두 살인 내담자 김 할머니는 지난 7년간 동네 복지관을 오전 8시부터 문을 닫는 시간인 오후 4시까지 열심히 이용하였다. 김 할머니와 4년 정도 가까이 지냈던 박 할머니는 얌전하던 사람이 복지관의 다른 노인들과 자주 다투고 씻지도 않고 비위생적인 행동을 서슴지 않는 등 점점 변해가는 김 할머니의 모습에 당황하여 딸에게 연락을 취하였고 딸이 노모를 모시고 상담기관을 찾아왔다.

● 1회기: 내담자와 딸 공동면담

내담자의 딸이 복지관에서 모시고 온 김 할머니는 몸에서 냄새가 많이 나고 위생 상태가 좋지 않아 보였고 전날 잠을 못 잤다고 하셨다. 할머니는 짧은 머리가 부숭부숭 헝클어져 있었고 한쪽 눈에 백내장기가 있어 보였다. 체구가 작고 얌전한 인상으로 보이지만 막상 이야기를 하면 목소리가 가늘고 높아 신경질적인 느낌을 주었다. 할머니는 눈치를 살피고 말이 없었다. 상담자가 가족관계를 묻자 "막내아들네에 얹혀 살아."라고 자르듯 말씀하셨다. 딸이 자신들의 가족관계를 이야기하였고 할머니는 남의 이야기인 듯 무표정하게 듣고 있었다.

자녀들의 아버지이자 남편인 할아버지와 할머니는 이북 함경도 같은 마을 출신으로 한국전쟁 때 월남해서 몇 해를 살다가 할아버지가 이북에서 월남한 다른 여자와 살림을 차려 할머니 혼자 갖은 고생을 하며 세 아들과 막내딸을 키웠다.

큰아들은 며느리가 자식을 데리고 집을 나간 후 막노동으로 생계를 꾸리며 혼자 살고 있다는 것만 알 뿐 정확한 주소지를 모르는 상태이다. 둘째 아들은 형제들 중 유일하게 대학을 나와 기대를 많이 한 자식이지만 졸업 후 지방 회사에 취직하여 그곳에서 가정을 꾸리고 살고 있고, 셋째 동생과의 불화로 지난 몇 년 간 명절에도 오가지 않는 사이가 되었다. 할머니를 부양하고 있는 셋째 아들은 얼마 전 하던 가게가 부채를 안고 문을 닫아 온 가족이 취업해서 빚을 갚고 생활을 꾸려 나가고 있는 상태이다.

할머니를 상담실에 모시고 온 막내딸 또한 넉넉지 않은 살림에 할인점에서 점원으로 일하며 두 자녀를 키우고 있다.

딸이 할머니를 모시고 온 이유는 며느리에게 이야기를 해보았자 귓등으로도 안 듣기 때문이라는 말로 두 사람의 관계를 드러내었다. 상담자가 고부간 관계를 구체적으로 딸에게 묻자 딸은 엄마의 차림새나 사람이 점점 이상해지는 것들이 다 올케가 엄마를 많이 구박해서인 것 같아 속상하고 그래서 오빠 가족들을 잘 만나지 않는다고 하였다.

할머니에게 바라는 점이나 소원이 있는지를 물었다. 할머니는 셋째 며느리의 구박이 심해 집을 나오고 싶으며 자신은 당뇨가 심해서 몸이 힘들다고 말씀하셨다. 상담자는 이 문제를 중심으로 주변 정보를 탐색해서 상담 목표를 잡기로 하였다.

셋째 며느리와의 전화상담

셋째 며느리는 괄괄한 목소리로 시어머니가 복지관에 다니면서 아들 며느리 흉을 보고 다녀 창피하다는 말로 고충과 시어머니에 대한 불만을 토로했다. 근래 특징적으로 시어머니가 건강식품에 집착하는 증상을 보이는 것에 대해 이야기하였다. 상담자는 상담 목적을 설명하며 참여를 권유하자 시간을 내보겠다는 응답을 받고 구체적인 상담 일정을 잡기로 하였다.

● 2회기: 방문 상담

상담자는 사흘 후 복지관으로 내담자를 방문해서 일상생활에서 할머니가 어떻게 지내시는지 살펴보았다. 상담자가 방문했을 때 할머니가 다른 노인들과 떨어져 혼자 우두커니 앉아 있는 모습이 관찰되었다. 상담자는 복지관 직원들과 동료 노인들을 통해 할머니의 적응과 현재 기능에 대한 정보를 수집하였다.

복지관에서 할머니 개별상담

할머니는 며느리가 신경질적으로 매사에 참견을 하면서 말을 심하게 하고 무슨 말을 해도 듣지 않는다며 단절감을 드러내었다. 또한 건강식품문제는 젊은 시절 고생을 많이 해서 나이 들어서는 많이 먹어야 하기 때문이라고 대답하였다.

상담자는 그동안 이루어진 면담과 정보 수집을 통해 내담자 문제에 대한 다음과 같은 가설을 세웠다. 할머니는 가족 중 부양을 담당하고 있는 삼남 가족과 갈등관계를 겪고 있으며 대화가 단절된 상태로 한집에 거주하는 상태였다. 경제 사정이 어려워 아들과 며느리, 손자까지 취업을 해서 생활비를 벌고 빚을 갚아 나가려고 노력하고 있는데 내담자는 몸에 좋다는 것을 지나치게 선호하고 효도관광이나 소풍과 같은 동네 노인 모임에 절대 빠지지 않고 다녀 이러한 할머니의 행동을 이기적이라고 생각하는 셋째 며느리와 갈등을 겪고 있다.

●3회기: 셋째 아들과 며느리, 할머니 공동상담

셋째 며느리와 아들이 할머니를 대하는 상호작용 양식이 거친 말투로 드러났다. 상담자는 할머니를 인격적으로 대하는 대화방식의 모델로서 아들과 며느리의 말을 되물어 주기를 시작하였다. 상담을 시작하자 며느리는 불평을 쏟아 놓았다. 그녀는 맏며느리도 아닌데 시어머니를 모셔야 하는 억울함과 경제적 부담이 많은 사정을 토로하였다. 그리고 시어머니가 된장, 다시마, 미역 같은 음식을 방에 감추어 놓고 먹는데 몸과 방에서 냄새가 나서 아무리 그러시지 않도록 말려도 듣지를 않으신다고 하였다. 또 시어머니가 자신이 당뇨병이라고 고집하고 멀쩡히 이불에 소변을 본 얘기를 하였다. 상담자는 불평을 쏟아 놓다 흥분한 며느리의 발언을 중단시키고 흥분을 가라앉힌 뒤 잠깐 할머니와 분리상담을 실시하였다.

분리상담을 통해 요에 소변을 보실 즈음, 할머니가 스트레스가 많은 긴장 상태에 있었음을 확인하였다. 또 한 번도 당뇨병 검진을 제대로 받지 못했음을 확인하고 일단 며느리와 아들이 할머니의 의사를 존중해서 당뇨검사를 하기로 하였다.

며느리 전화상담

상담 후 말다툼의 횟수가 감소했고 몇 마디의 대화가 시작되었다는 긍정적인 소식을 며느리가 전했다.

며느리와의 전화상담 후 상담자가 복지관을 방문 상담

할머니는 건강검진을 받은 후 마음이 많이 풀어진 사실을 인정하였다. 옷을 적어도 이틀에 한 번 갈아입고 화장실에서 용변 보기를 약속하고 그동안 목욕을 거의 하지 않았으나 앞으로는 1주일에 1회 하기로 하였다. 그리고 상담자는 도움이 필요하면 언제든지 찾아줄 것을 부탁해 도움을 개방해 놓았다.

가족은 살아 있는 유기체이며 제대로 기능하지 못할 경우, 누군가를 희생양으로 삼아 겨우 기능을 유지할 수 있다. 본 사례는 가족 간 대화가 부족한 가운데 내담자를 I.P. 삼아 삼남과 며느리의 협력적 상호관계가 이루어지고 있는 체계적 문제가 보였지만 가족상담에 대한 태세나 물리적 여건의 한계로 다루지 못한 점이 아쉬움으로 남아 있다.

사례 02. 노인요양시설에 부모를 모시는 문제

상담신청 경위 및 가족관계

장성해 집을 떠난 세 명의 자녀를 둔 일흔여섯의 김 모 할머니는 5년 전 남편과 사별한 뒤 매주 일요일 교회 예배에 참석하는 일 외에는 별다른 바깥 출입 없이 혼자 지내고 있었다.

쉰일곱인 큰아들은 결혼 후 분가해서 어머니의 집에서 1시간 거리에 있는 곳에서 살고 있다. 큰아들과 며느리는 제법 잘 되는 가게를 운영하고 있으며 하나 있는 손자는 서울에서 대학에 다니고 있다. 교사인 둘째 아들은 마흔아홉 살로 2년 전에 이혼한 상태이며 지방에서 살고 있다. 그는 카드 빚으로 고생하고 있으며 2년 전 형에게 돈을 빌려 아직 갚지 못하고 있다. 마흔다섯인 셋째 아들은 결혼해서 열다섯 살, 아홉 살된 자녀를 두고 지방 대학의 교수로 재직하고 있다. 이들은 어머니의 집에서 30분 거리에 살고 있고 지난 2년 동안 매주 어머니를 방문했다.

사건은 3주 전 셋째 아들이 어머니의 집에 들렀을 때 시작되었다. 방문 당시, 냉장고에 먹을 만한 음식이 별로 없었고 가스레인지 위에 타버린 주전자를 목격했다. 어머니를 더이상 혼자 둘 수 없다는 걱정이 든 그는 빠른 조치가 필요하다는 생각에 큰형에게 연락을 취했다. 큰아들은 주변 사람들과 의논 후 근처에 있는 복지관에 도움을 청했고 기관에 거주하는 상담원을 소개해 주었다. 그는 노인과 그 가족에 대한 상담이 필요한 경우 적절한 노인 시설을 소개해 주는 역할을 하고 있다고 했다.

● 가족과의 전화상담

상담자는 전화상담으로 노인 내담자에 대한 정보를 수집했다. 이에 따르면 김 할머니는 남편이 남긴 연금으로 생활하고 있으며 건강이 비교적 양호한 편이었지만 최근에 심장박동이 불규칙해졌고 몸이 점점 더 쇠약해지고 있었다. 이 문제를 두고 지난 3개월 동안 형제가 걱정을 하고 있으며 어머니를 더이상 지금처럼 혼자 지내게 할 수는 없으며 최소한 간호사가 상주하는 실버타운이나 노인시설에 들어갈 때가 온 것 같다는 결정을 내렸다.

아직 어떤 결정도 내리지 못하고 있으나 어머니가 변하고 있다는 것을 자녀들이 느낀 것이다. 주전자를 태우고 식사를 제대로 안 하시는 어머니의 상태가 치매의 조기증상은 아닌지 걱정이 된 셋째 아들은 큰형에게 연락을 해 빠른 조치가 필요하다고 생각한 것이다. 당시 큰아들은 우선 가까운 곳에 사는 셋째가 어머니를 전적으로 돌보기를 부탁하자 셋째는 이에 대해 현실적인 어려움을 들어 난색을 표했다. 이 일로 두 형제는 감정이 상해 있었다.

가족들과의 전화통화를 통해 상담자는 상담 개입점을 탐색하였다. 큰아들은 어머니와 가장 가까운 거리에 살고 있기도 하지만 어머니와 더 친밀한 관계를 유지하고 있는 셋째가 어머니를 돌보아야 한다고 생각한 것이다. 본인은 어머니를 보실 형편이 못 된다고 생각했다. 우선 낮 시간에 집에서 어머니를 돌볼 사람이 없고 아내도 건강이 좋지 않아 가게 일을 그만둘 생각을 하고 있다는 것이다. 그리고 자신의 가족들과 어머니 사이에는 항상 크고 작은 갈등이 있어 왔고 그로 인해 그다지 사이가 좋지 않다는 이야기도 했다. 그는 동생이 어머니를 모시지 않겠다면 가까운 도시의 실버타운에 어머니를 모셨으면 하는 생각도 하고 있었다.

셋째 아들은 가까운 곳에 산다는 이유만으로 자신이 어머니를 모셔야 한다는 형의 얘기가 불쾌하게 여겨졌다. 그는 며칠 전에 맏아들로서 어머니를 모실 책임이 형에게 있다는 취지의 이야기를 했다. 셋째는 어머니를 자신의 집에서 모시라는 의견에 매우 방어적이었는데 그는 현실적으로 어머니를 모실 수 있는 공간도 없고 지금은 자신의 가족문제만으로도 스트레스가 많다고 이야기했다. 경제적으로도 중학교 2학년과 초등학교 5학년에 다니는 아이들 뒷바라지로 어머니를 모실 여유가 없다는 것이다. 그는 자신과 아내가 지난 5년간 어머니를 정기적으로 찾아뵙고 보살펴 드린 것에 대해 형으로서 고마워하기는커녕 당연한 것으로 생각하는 것이 서운했던 차에 더 부담을 떠넘기려는 것 같아 이번에 마음이 상했다고 했다. 하지만 그는 어머니를 노인시설에 맡기는 것에 대해 반대하고 있다. 그는 어머니가 그곳에서 행복하지 않으실 거라는 생각이 들었다. 그리고 어머니가 요양원이나 시설기관에 들어갈 자격이 되는지, 만약 들어갈 수 있다고 하더라도 경제적 부담이 클 것으로 알고 있었다. 그는 다른 방법이 없겠느냐고 형에게 물어봤지만 형이 대답도 없이 전화를 끊어버려 상처를 받았다. 그 이후 두 사람은 서로 통화를 하지 않았다.

● 2회기: 할머니 전화상담

다시 상담자는 김 할머니에게 전화를 걸어 할머니의 상황에 도움을 주기 위해 몇 가지 질문이 있다고 말했다. 처음 김 할머니는 낯선 사람에게 전화로 이런 질문에 대답하는 것에 거부감을 보였다. 상담자는 그녀의 뜻을 존중하여 전화를 끊고 난 후 셋째 아들에게 전화를 걸어 상담에 대한 할머니의 이해를 돕도록 도움을 청했고 그는 그렇게 해주었다. 그후 상담자는 다시 김 할머니에게 전화해 집으로 방문해서 이야기를 나누는 것이 더 편하겠는지 등을 물었더니 할머니가 방문에 동의하였다.

● 3회기: 할머니 방문 상담

방문 상담 시 거주지를 옮기는 문제에 대한 이야기가 나왔을 때, 할머니는 죽은 남편은 아마 자신이 그 집에서 계속 살기를 바랄 것이라고 말하면서 우회적으로 그녀의 의사를 표현하였다. 할머니는 집은 평생의 기억이 있는 곳이어서 이곳을 떠난 삶을 생각해 본 적이 없으며 누구에게도 짐이 되고 싶은 생각이 없다는 심정을 밝혔다. 그녀는 지금처럼 손자 손녀들 곁에 가까이 살았으면 한다고 했다. 또한 큰아들 내외와는 같이 살 생각을 해본 적이 없다고 하였다. 그녀는 현재 아무 문제도 없는데 왜 가족들이 이 난리인지 모르겠다며 자신의 건망증이 조금씩 심해진다는 것은 인정하지만 아들들이 걱정하는 정도로 심각하진 않다고 말했다. 그녀는 이재에 밝은 큰아들이 자신의 집을 팔아 돈을 챙기기 위한 목적으로 자신을 내보내려고 하는 것은 아닌지 걱정을 했다.

할머니의 집을 방문해서 상담자가 받은 인상은 여기저기 널린 물건들로 조금 지저분했지만 위험해서 당장 조치를 취해야 할 정도라는 생각은 들지 않았으며 치료가 필요할 정도의 우울이나 불안정의 징후도 보이지 않았다.

상담자는 상담 시간을 통해 김 할머니에게 의사소통과 대화 능력에 문제가 있는지 관심을 가지고 지켜보았고 그녀가 비교적 일관성 있게 자기의사를 표현하는 것으로 판단되었다. 상담자는 두 아들에게 이런 검토 결과를 통보해 주었다.

그후 상담자는 현재 진행 중인 논의에 대해 생각해 보았다. 현재 이 결정 과정에 둘째 아들이 빠져 있었고 자신의 주거를 결정하고 선택하고 유지할 만한 능력이 있는 김 할머니 본인의 의사가 경시되고 있는 점이 보였다.

김 할머니가 무언가를 결정하기 위해서는 자녀들의 도움이나 개입이 어느 정도 필요하겠지만 그에 대한 결정은 스스로 내릴 정도의 심신 건강은 유지하고 있었다. 이 문제 때문에 더해진 형제간의 긴장감을 해결하지 않는다면 이 가족관계는 나빠지고 상황은 더욱 악화되고 말 것이다. 현재 이 가족은 책임과 의무 문제를 놓고 갈등 중인 것으로 판단되었다.

상담자는 둘째 아들에게 연락을 취하였다. 그는 형제들이 늘 자신을 빼놓고 무슨 일이든 진행했다고 말했다. 이제는 형제들이 원하는 대로 하게 두어야 한다며 체념한 듯 당연시하고 있었다. 일 때문에 많은 시간을 낼 수 없지만 상담 전화통화는 가능하도록 하겠다고 했다. 그는 당분간 독립적으로 사시겠다는 어머니의 의사를 존중해 드리는 것이 필요하다고 보고 그 집에서 가능한 한 사시는 것을 보고 싶다고 했다.

상담자는 김 할머니와 가족의 사정을 고려해서 모두 만나는 가족상담 시간과 날짜를 정하였다. 둘째 아들은 전화로 연락이 항상 가능하도록 해달라고 부탁을 했다.

● 4회기: 가족 공동상담

첫 번째, 공동상담은 김 할머니의 집에서 있었다. 상담자가 시간에 맞추어 도착했을 때, 두 아들은 이미 거실에 자리를 잡고 있었다. 상담자는 상담회기 초기에 이 상담은 가족들이 어머니를 도와드릴 수 있는 기회라는 공동의식을 확인했고 마지막 결정을 내릴 권리는 어머니에게 있다는 것을 상기시켜 주었다. 그리고 상담자의 역할은 긍정적인 의도를 가진 형제들의 조언자 역할을 하는 것이며 어머니에게 어떤 결정을 억지로 내리게 해서는 안 된다는 점을 분명히 했다. 이 모임의 목적은 가족 모두가 참여하는 것이며 어느 누구도 소외된 느낌을 받거나 소식을 듣지 못하는 사람이 없도록 하는 것이라고 말했다. 상담을 구조화하면서 나온 이 말은 바로 이 가족의 힘의 동력을 바꾸어 김 할머니에게 권한을 부여했고 그녀를 마지막 결정자로 세웠다.

상담자는 최근에 발생한 일들과 그 일에 대한 각자의 생각과 의견을 김 할머니에게 이야기하라고 형제들에게 말했다. 큰아들은 혼자 계시다가 쓰러지시거나 집에 화재라도 날까봐 두렵다고 했고 셋째 아들은 자신과 아내가 가지고 있는 어머니에 대한 걱정을 최근에 일어난 사건을 예로 들어 가며 설명했다. 상담회기에서 두 아들은 '어머니의 안위에 대한 걱정' 이라는 공통 주제로 대화를 시작했고 김 할머니는 대화를 통해 자녀들이 자신을 진심으로 염려하고 있음을 알 수 있었다.

상담자는 상담진행 내용에 대한 김 할머니의 의견을 물었다. 그녀는 자녀들 간의 갈등이 계속될까 봐, 또 그녀가 이 집에서 쫓겨나듯 떠나야 하는 일이 생길까 봐 걱정이 된다고 했다. 또한 집안일에 도움이 필요하다는 것을 인정한다는 이야기도 하였다. 하지만 아직 집을 떠나기에는 너무 이르다고 본다는 그녀의 생각을 말했다. 상담자는 모두의 의견을 차례대로 정리해서 재진술하고 모두가 원하는 것은 어머니를 돕는 것과 어머니가 바뀌고 있는 상황에 적응하는 것임을 다시 재확인했다.

그리고는 그들에게 가장 걱정되는 것을 다시 이야기하도록 했다. 아들들은 어머니가 혼자 계시면서 혹여 아프거나 다치시는 것이라고 했다. 김 할머니는 아들의 걱정을 충분히 듣고 도움을 받는 것은 좋지만 이사하는 것에는 반대하셨고 아들들도 이사하는 것은 되도록 피하도록 하겠다고 밝혔다. 그 말을 들은 후 김 할머니는 아들들이 집을 팔고 싶어하는 것이 아닌가 걱정했지만 지금은 더이상 그런 걱정을 하지 않겠다고 말했다. 아들들은 금전적인 문제가 아닌 어머니의 안전이 가장 중요하다는 것에 대해 계속해서 안심을 시켜드렸다. 그리고 감정적 긴장이 흐르던 분위기는 이번 회기를 시점으로 많이 바뀌었다. 이사를 하느냐 안 하느냐를 두고 이루어지던 아들들의 설전이 줄어들었고 함께 대책을 논의하는 방향으로 대화는 진행되어 갔다.

상담자는 김 할머니부터 시작해 온 식구가 어머니를 안전하게 지켜드리기 위해 어떻게 도움을 줄 수 있는지에 대해 자신들의 생각을 이야기해 보라고 했다. 김 할머니는 일주일에 한 번씩 하는 교회 여전도회 소모임 장소로 자신의 집을 내어주면 다른 사람들과 대화도 나눌 수 있고 도움을 받을 수 있을 것 같다는 의견을 냈다. 큰아들은 매일 배달되는 음식 프로그램에 대해 이야기를 했다. 그렇게 하면 적당한 영양가를 섭취해 식사문제를 해결할 수 있고 매일 배달하는 사람을 통해 어머니의 상태가 어떤지 확인할 수 있을 것이라는 의견을 제시했다. 그리고 자신이 일주일에 한 번 가사도우미를 고용할 수 있다고 말했다.

그리고 큰 손자가 여름방학 때 집에 내려오면 할머니 집에서 지내는 방법을 모색해 보기로 하였다. 셋째 아들은 자신의 아들이 학교를 마치고 일주일에 한두 번씩 와서 심부름도 하고 다른 일을 도와줄 수 있을 것이라고 말했다. 온 가족이 한 달에 한 번씩 와서 대청소와 같은 큰일을 할 수 있다고 했다. 큰아들은 일요일 교회 참석 후 아내와 같이 와서 도와줄 수 있다고 동의했다. 그들은 함께 어머니를 도와주고 보호하고 관찰할 수 있는 여러 가지 방법과 아이디어를 생각해 냈다.

상담자는 지금까지 생각해낸 사항들을 요약하고 그날의 상담을 마무리했다. 그리고 김 할머니에게 음식, 집안일, 그리고 여러 가지 필요한 사항을 해결할 더 좋은 방법이 있는지 생각해 보라고 했다. 그녀 또한 아들들이 생각해낸 방안들 중 당장 결정해야 할 시급한 일을 물었다. 이어 김 할머니가 음식물 배달업체로 어디가 좋을지를 물었고 큰아들은 자신이 제안한 일이므로 알아보고 진행시키겠다고 자원했다. 그들은 모두 일주일 후 다시 김 할머니 집에서 모여 마지막 결정을 내리기로 했다.

둘째 아들 전화상담

상담자는 둘째 아들 또한 이 가족의 일부분이라는 것을 일깨워 줬고 어떤 방법으로라도 함께 참여할 수 있다고 이야기하고 그에게 전화를 해 모든 아이디어를 말해 주었다. 그는 시간을 내서 한 달에 하루 또는 이틀 정도 정기적으로 방문하고 이때 어머니와 함께 하면서 도와드릴 일이 없는지 살피도록 하겠다고 했다.

● 5회기: 가족 공동상담

두 번째 상담을 위해 그들이 모두 모였을 때 김 할머니는 매일 배달되는 음식을 먹기로 결정했다. 하지만 할머니는 매주 도우미가 와서 청소하는 제안은 반대했고 나중에 필요하다고 느껴지면 그때 가서 요청하기로 했다. 그리고 한 달에 한 번씩 가족들이 모두 모일 것과 매주 하루 날을 정해 둘째 며느리가 와서 필요한 일들을 도와주기로 했다. 그리고 할머니는 매일 한 사람씩 전화를 해주는 것을 또 다른 대안으로 내놓았다. 상담자는 모두 동의한 이 내용들을 옮겨 적은 후 가족들과 나누고 3개월 후에 어떻게 진행되고 있는지, 어떤 것들이 더 필요한지, 새로운 아이디어가 있는지 간단히 의논하기 위해 모이는 것이 어떻겠느냐고 물었고 모두 동의했다. 상담자는 둘째 아들에게 전화를 걸었고 그는 참석을 위해 시간을 조정해 보겠다고 했고 날짜를 정했다.

● 6회기: 추수상담

3개월 후 다시 모였을 때, 김 할머니의 건강이 많이 악화되어 있었다. 의사는 수술을 권했다. 셋째 아들은 수술 후 몇 주 동안 입원을 해야 하고 회복실에서 지내야 하지만 모든 게 잘 되면 집에 다시 돌아갈 수 있다는 의사의 이야기를 전했다. 가족들은 어머니가 안 계시는 동안 집을 돌보고 어머니가 돌아온 후에도 더 많은 참여를 해 그녀를 돌보기로 했다. 그렇게 하기 위해 아들과 며느리의 도움 그리고 간병인의 방문이 필요했다. 수술 후 첫 한 달은 저녁 동안 간병인을 쓰기로 했고 비용은 큰아들과 셋째 아들이 분담하기로 하였다.

그들은 회복실에서 또다시 모여 그들의 계획에 대해 다시 한 번 검토해 보기로 했다. 이후 상담자는 다시 중재요청이 있으면 기꺼이 도와줄 수 있음을 내담자 가족에게 알려 추수상담의 가능성을 열어 놓았지만 새로운 요청은 없었다.

본 사례를 통해 알 수 있듯이 노화로 야기되는 인간문제는 상실과 이에 따른 적응력의 감퇴라고 볼 수 있다. 노화는 신체적 · 심리적 · 사회적인 면에서 소외의 길로 접어들게 하고 이에 따른 부적응의 가능성이 높아지는 시기이기도 하다.

노인이 독립된 한 인간으로서 기본적인 욕구 충족과 문화적 생활을 유지하도록 가족과 더불어 돕는 것이 노인가족 상담의 목적이라고 할 수 있다.

CHAPTER 11

분거가족을 위한 가족상담

1. 분거가족의 개념
2. 분거가족의 유형
3. 분거가족의 주요 문제
4. 분거가족을 위한 심리적 개입 프로그램
5. 분거가족 상담 사례

CHAPTER

11 분거가족을 위한 가족상담

최근 우리나라에서는 '기러기 가족'이라는 새로운 형태의 가족이 급증하여 이들의 생활과 적응에 관한 문제들이 사회적 이슈로 떠오르고 있다. 기러기 가족은 외국으로 조기 유학을 가는 자녀를 따라 부모 중 한편이 자녀를 돌보아 주러 떠나고 남은 한편은 한국에 남아 경제활동에 종사하는 새로운 형태의 별거가족을 말한다. 가족이란 동고동락하며 지내는 인간의 가장 기초가 되는 생활 단위라고 할 때 이러한 통념을 벗어나는 것이 바로 기러기 가족이라 볼 수 있다. 기러기 가족은 우리나라 경제구조의 급격한 변화를 초래했던 IMF 시기인 1990년대 말에서 2000년을 전후해서 중산층을 중심으로 급증하였다. 이후 사회적으로 자녀교육을 위해서 가족이 분거하는 것이 과연 옳은 일인가 하는 기본적인 문제에서부터 자녀들의 양육과 적응, 부모의 외로움과 고립감 등 적응과 관련된 여러 가지 형태의 문제를 야기하고 있다. 여러 가지 부정적인 측면에도 불구하고 기러기 가족은 해마다 지속적으로 증가하는 추세였으나 최근 들어 그 증가세가 주춤하는 현상을 보이고 있다. 하지만 이 문제는 우리 사회의 교육의 질, 삶의 질에 대한 문제의 심각성을 대변하는 사회적 현상이라는 이해가 자리 잡고 있다. 따라서 이 장에서는 사회적 문제로서 주로 논의가 이루어지고 있는 분거가족의 갈등을 다루는 상담 과정을 소개해 보고자 한다.

1. 분거가족의 개념

우리나라에 존재하는 가족의 형태는 점점 다양해지고 있으며 특히 가족이 함께 거주하지 않는 장기 분거 형태의 가족을 주변에서 어렵지 않게 찾아볼 수 있게 되었다. 그 중 대표적인 예가 부부가 근무지를 따라 각각 거주지를 달리하며 사는 형태로 주말에만 만난다는 의미에서 주말부부라고 하기도 한다. 또 다른 형태는 앞서 말한 대로 가족 중 한 사람은 국내에 남고 나머지는 해외에 나가 사는 기러기 가족이 있다.

이와 유사한 개념으로 미국 가족학자들은 일찍이 통근 결혼(commuter marriage)이란 용어를 사용하였다. 이는 1970년 대 미국 사회에서 직장이나 경력을 위해 가족이 떨어져 사는 새로운 형태의 대안가족을 일컫는 것으로 남편의 직장을 중심으로 생활권을 정하는 과거의 전통적인 가족생활 형태와 구분되는 개념이다. 통근 결혼의 특징은 부부가 직업과 결혼과 가족을 동시에 중요시 하며, 부부 간의 경제적 · 정서적 평등을 인정하며, 부부 각자의 직업과 경력 쌓기에 우선권을 두고, 같은 지역에서 직업을 갖도록 지속적으로 노력한다는 것이다.

통근가족이 보다 양성평등적이며 개인의 희생보다는 자기실현에 무게를 두는 부부 중심의 가치를 반영하는 반면 기러기 가족은 자녀를 위해 부모가 희생하는 자녀 중심의 가족 가치를 반영하는 대안적 가족 개념이라고 볼 수 있다.

미국의 일간지 〈워싱턴 포스트(Washington post)〉는 한국의 '기러기 가족'을 특집기사로 다루면서 기러기가 먼 거리를 여행하며 새끼의 먹이를 구하는 특성이 있는데 한국의 부모들이 기러기처럼 아이들을 미국에서 교육시키기 위해 태평양을 사이에 두고 갈라져 살고 있다고 소개하고 있다(2005. 1. 9.).

조은(2004)은 분거가족 중 기러기 가족을 '세계화' 의 맥락에서 새롭게 볼 필요성이 있음을 주장하면서 사회학적인 관점에서 이를 유연적 시민권(flexible citizenship)의 최전선에 있는 가족 형태라고 보았다. 이러한 맥락에서 기러기 가족을 초국적 가족(transnational family), 다국적 가족(multinational houshold)으로 명명하기도 하며 이들의 주요 소통 수단이 인터넷이라는 특성을 반영해 N(network) 패밀리로 부르기도 한다(조은, 2004).

가족의 형태가 다양해지고 떨어져 사는 가족의 수가 늘어나는 만큼 분거의 목적이나 이유에 따라 분거가족의 명칭도 다양하게 불리고 있다.

2. 분거가족의 유형

자녀교육을 위해 분거하는 기러기 가족은 부부 중심 가족 가치를 지향하는 서양 문화권에서는 보기 드문 현상이지만 중국이나 대만, 한국과 같은 유교적 전통이 강한 동양 문화권에서는 드물지 않게 보이는 현상이다. 우리나라의 기러기 가족과 유사한 사례로 중국의 '까마귀 엄마(The Crow)'가 있는데 이는 싱가포르에 조기 유학 온 자녀의 학비 마련을 위해 중국 여성들이 여러 가지 힘든 직업을 전전하는 현상을 고발한 책 제목에서 유래한 용어라고 한다.

한국의 분거가족 또한 위의 싱가포르에 이주한 중국의 여성들처럼 어떤 희생을 감수하더라도 자녀를 잘 키우겠다는 공통 목표를 가지고 있지만 차이점은 전자의 경우 자녀와 같이 이주한 여성이 경제적 부양책임을 지는 반면 한국의 경우는 가족을 경제적으로 부양할 책임을 남성 혹은 여성 중 한 사람이 지고 직업 환경이 나은 국내에 머무르면서 가족을 위해 희생한다는 점이라고 볼 수 있다.

우리나라 분거가족의 유형은 크게 세 가지 형태로 구분할 수 있다.

첫 번째 유형은 해외에서 주재원으로 근무했거나 유학생활을 하고 귀국하면서 아내(남편)와 자녀들은 현지에 남거나 일단, 귀국했다가 다시 외국으로 나가는 경우이다. 이들 가족은 부모나 자녀 모두 외국생활이 한국생활보다 훨씬 좋다고 생각하는 경향이 있으며 특히, 분거 후 수월한 재적응을 하는 것으로 드러났다. 귀국 후 다시 출국하는 예들을 보면 자녀들이 한국의 학교생활에 적응 문제를 보여 더 잘 적응했던 해외 학교로 돌아가는 경우가 많다.

분거가족의 두 번째 유형은 국내에서 가족들과 생활하다가 가장만 남고 아내(남편)와 자녀를 해외로 보내는 경우이다. 배우자가 자녀의 조기유학에 동반하는 형태로 분거가 이루어지며 위의 첫 번째 유형에 비해 재적응에 어려움을 더 많이 겪는 것으로 나타났다.

분거가족의 세 번째 형태는 가족 전체가 이민을 갔다가 가장이 혼자 귀국해 생활하면서 비자문제로 정기적으로 가족을 방문하는 가족 형태이다.

이에 대해 조은(2004)은 한국의 가족이 빠른 속도로 변하고 있으며 가족의 형태조차도 선택의 문제가 되어가고 있다고 보았다.

3. 분거가족의 주요 문제

부모의 양육 행동에 영향을 미치는 주요 변인 중 하나가 문화라고 한다면 기러기 가족은 한국 특유의 자식중심 가족생활 문화를 반영하는 자녀를 위한 한시적 별거라고 볼 수 있다.

기러기 가족은 자녀교육의 문제가 분거의 일차적 이유이며 경제적으로 남편이 가족과 떨어져서 일하며 얻은 수입을 나머지 가족에게 보내 생활하는 경우가 대부분이라고 볼 수 있다. 기러기 가족을 거느리는 가장은 한국에 남아 경제적인 긴축생활을 하며 대부분의 수입을 자녀의 학비와 생활비로 아내에게 보내는 경우가 많다. 이러한 분거가족들이 당면하는 문제를 살펴보면 제일 큰 문제가 장기 분거로 인해 가족 구성원 간 소통이 단절되는 것이다. 한국에서 혼자 지내며 희생을 감수했다고 생각하는 가부장적 사고를 가진 아버지와 성장기를 외국에서 보낸 자녀 간에 가치관의 차이를 느끼고 소원해질 수 있으며 이로 인해 불화가 발생할 수 있다.

또 부부간 의사소통에 문제가 있을 경우, 남편은 아내나 자녀가 자신을 돈 버는 기계라고 생각하는 것 같아 섭섭해 하고 아내는 자신도 희생했다고 생각하면서 갈등이 증폭되고 이혼까지 이르게 되는 경우를 흔히 볼 수 있다.

또 자녀의 입장에서는 분거 부모로부터 받을 수 있는 정서적 지원과 교육의 기회를 상실하는 결과를 초래하게 된다.

엄명용(2002)은 자녀의 조기유학을 위한 분거 후 경험하게 되는 남편의 심리적 변화로 외로움, 허전함, 쓸쓸함이 문제가 됨을 조사 연구를 통해 밝히고 남편이 혼자 살면서 이런 어려움을 이겨내지 못하고 외도로 가정이 깨지는 사례도 많은 것으로 나타났다.

또 가족의 교육비와 생활비에 대한 부담이 가정경제 사정을 점점 어렵게 하고 가장으로서의 책임감과 부담감이 많은 남편들을 심리적으로 힘들게 하는 것으로 드러났다.

엄명용(2002)은 분거가족 가장의 어려움에 대한 조사연구를 위해 일곱 사례를 심층 면접하였다. 그 결과 다섯 사례에서 성문제를 어려움으로 들고 있으며 두 번째로 많은 대답이 몸이 아플 때, 일상생활 속에 크고 작은 문제를 의논할 상대가 없는 문제를 힘든 점으로 꼽았으며 자신의 처지를 이상하게 바라보는 사람들의 시선 때문에 힘이 든다고 대답하였다.

한편, 최경석(2003) 등은 분거가족의 문제점을 다음 여섯 가지로 정리하고 있다.

첫째, 오랜 분거로 인한 가족 구성원 간의 관계 단절, 둘째, 부부 간의 갈등, 셋째, 혼자 남게 된 배우자가 외도를 하거나 가정을 등지는 문제, 넷째, 아버지의 빈자리로 인한 성장기 자녀의 가정교육 문제, 다섯째, 교육비와 생활비 부담과 관련된 경제적 문제와 가족 뒷바라지에 대한 강박감, 여섯째, 국부 유출 및 사회문제이다.

분거가족은 일반적으로 자녀의 초 · 중 · 고 재학 시기에 수년간 생성되고 자녀가 장성해 대학에 진학하게 되면 소멸하는 한시적인 가족 형태이다.

최양숙(2004)은 연구에서 분거가족들이 앞서 말한 어려움을 토로하면서도 지금의 어려움을 가족 전체의 더 나은 삶을 위한 하나의 과정으로 여기고 있다고 보았다.

〈표 11-1〉 분거 후 가족생활의 장단점

사례	가족생활의 변화	힘든 점	장점
1	• 아내에 대한 생각이 더욱 긍정적인 방향으로 변했음. 아내를 있는 그대로 수용하면서 부정적인 면보다는 긍정적인 면을 찾아 인정 · 지지해 주는 경향으로 바뀜. • 본인의 부모와의 관계는 종전보다 많이 좋아짐. • 가족(특히 아이들)에 대한 책임감을 더 의식하게 됨. • 스킨십이 그리워 부모와 함께 생활하려 하나 아내가 반대함. 부모와 합가 시 귀국하지 않겠다고 함.	• 성(sex) 문제 • 가족을 곁에 두고 품지 못하는 스킨십의 부족 현상은 채워질 수 없는 숙제	• 전문 분야 활동에 대한 가족의 간섭이 없어 자기 일에 전념할 수 있음. • 자기 절제력이 향상됨.
2	• 가족 갈등의 조짐이 있음. 분거 전 건강하시던 어머니의 건강이 악화되어, 아내가 귀국하면 노인을 부양해야 하는 부담이 생김. • 부부관계가 이전보다 못함(일상적인 다툼은 없어졌으나, 지난번 재결합 시 성관계가 매우 어색했고, 공백기간 동안의 다른 경험 때문에 서로 낯선 것을 느낌)	• 성(sex) 문제 • 일어나고 자는 등의 일상생활 유지가 가장 어려움. • 명절 때 가족이 모두 모였을 때.	• 별로 없음.
3	• 부부관계가 이전에 비해 좋아지고 있음	• 몸이 아플 때	• 없음
4	• 부부관계가 이전에 비해 좋아지고 있음. 부부 서로 존재에 대한 감사함 자각, 서로 존중하게 됨. • 분거 상황을 종결해야 할지에 대한 내적 갈등은 종종 있음.	• 성(sex) 문제 • 가족 안전에 대한 걱정 • 스트레스 받을 때 혼자 견디고 삭여야 하는 것(예: 경제 문제)	• 심리적 해방 (그러나 자기절제를 좀 더 하게 됨).
5	• 본인과 큰아들 사이의 갈등이 해소됨(이메일을 통한 대화로 아들을 이해하게 되었고 아들을 항상 타박만 해왔던 자신을 반성하게 되었음). • 아내의 소중함과 필요성을 절감하면서 부부관계가 이전에 비해 좋아지고 있음.	• 성(sex) 문제 • 몸이 아플 때 • 혼자 식사하는 것	• 자신을 돌아볼 수 있었음. • 가족관계를 재정립할 수 있는 기회를 가짐. • 자기만의 시간과 여가시간이 늘어남.

6	• 아내가 전업주부라는 사실을 힘들어 했는데, 외국에서 자녀를 돌보면서 자신감을 갖게 됨. • 부부관계는 종전 상태 그대로임.	• 사람들의 시각(수군거림) • 몸이 아플 때	• 내 생활이 식구들에 의해 구속되지 않음.
7	• 상호 소중함을 깨닫게 됨. • 갈등이 때로 발생하나 예전과는 달리 차분하고 이성적으로 해결됨(이메일을 통한 정제된 의사전달). • 친가와의 관계가 개선됨.	• 성(sex) 문제 • 몸이 아플 때 • 문제가 있을 때 상의할 사람이 없다는 것.	• 가족 스케줄에 구속받지 않고 일에 전념할 수 있음.

출처 : 엄명용(2002).

4. 분거가족을 위한 심리적 개입 프로그램

분거가족이 당면하고 있는 문제를 중심으로 이들 가족에게 요구되는 상담 개입을 다음과 같이 정리해 보았다.

① 부모-자녀 간의 장기적 분거로 인한 의사소통의 단절과 문화적 차이를 극복하기 위한 프로그램

② 부(모)의 부재로 인한 정서적 지원과 성역할 모델링 결핍을 보완하기 위한 프로그램

③ 가정불화나 가족 해체 예방과 방지를 위한 상담 개입 프로그램

위와 같은 내용을 주제로 가족을 떠나보낸 분거가족의 가장을 위한 집단상담 및 자조집단 구성, 분거가족의 자녀를 위한 집단상담 및 역할 강화 훈련, 분거가족의 부모-자녀관계 향상을 위한 의사소통 기법 훈련과 같은 가족 기능 강화 프로그램에 대한 연구가 요구된다.

엄명용(2002)은 분거가족 가장을 위해 요구되는 일곱 가지 개입 영역을 다음과 같이 제시하고 있다.

① 혼자 해결할 수 있는 식사 서비스

② 아빠와 자녀 및 어머니 사이에 커져 가는 문화적 격차를 극복할 수 있는 방안
③ 엄마와 생활하는 아이들(특히, 아들)에게 결핍되기 쉬운 남성 역할 모델과 정서적 지지를 보완할 수 있는 대책
④ 가정 해체 방지를 위한 대책
⑤ 혼자 남은 분거가족 가장에게 응급상황 시 가용한 대응체계의 개발
⑥ 주변의 이해와 협조 유도 방안
⑦ 가정 불화의 도피 방안으로써의 분거가족에 대한 개입

5. 분거가족 상담 사례

사례 01. 분거가족 상담 사례

상담신청 경위 및 가족관계

남편 김철수 씨(가명, 50)와 부인 정연희 씨(가명, 48)는 슬하에 상호(가명, 20), 민호(가명, 17)라는 두 아들을 두고 있다. 가장인 김 씨는 의사이고 부인 정 씨는 전업 주부이며 큰아들 상호는 미국 대학에 재학 중이고 막내 민호도 미국에 있는 고등학교에 재학 중이다. 이들 가족은 5년 전부터 두 아들의 조기 유학으로 김 씨가 한국에 혼자 남아 가족의 경제를 담당하고 있다.

김 씨는 직업이 의사인 까닭에 외국에서 열리는 학술대회차 가족들이 머물고 있는 미국에 일년에 서너 차례 들러 가족을 만나곤 하지만 시간이 흐를수록 가족들에게 소외당한다는 느낌이 들어 외롭고 허전하며 한편으로는 억울하다는 마음을 갖게 되었다. 5년 전 한국을 떠나 조기유학을 간 큰아들 상호는 바라던 대로 미국의 명문 대학에 합격하여 대학생이 되었으며 작은아들 민호는 고등학생이다. 두 아들 뒷바라지 때문에 함께 미국으로 떠난 부인 정 씨는 특유의 활달한 성격으로 주위에 여러 친구를 사귀면서 외롭고 고단한 외국생활을 나름대로 즐기면서 보내고 있다.

한국을 떠나 미국에서 생활하는 어머니와 두 아들은 한울타리 안에서 서로 믿고 의지하며 낯선

상황에 적응해 가는 가운데 세 사람 간의 새로운 가족관계는 더욱 돈독해졌다고 볼 수 있다. 그들 사이에 가끔 출현하는 아버지 김 씨는 시간이 흐를수록 그들 관계에서 겉도는 일이 빈번해졌다. 아버지는 날로 어색해져 가는 가족관계에서 억울한 감정과 섭섭한 마음에 별일 아닌 것으로 두 아들을 혼내고 부인에게는 심한 말을 자주 하게 되었다. 예를 들면 어머니는 두 아들이 서로 영어로 대화하는 것에 대하여 대견해하는 것에 반하여 아버지는 자신을 무시하느라 둘이 영어로 이야기하는 것으로 생각하였다. 그래서 아들들이 영어로 이야기할 때 아버지는 한국어로 이야기하라면서 화를 내기도 하고 아니면 그 정도로 영어하는 것이 대단하다고 여기느냐며 유학이 성공적이지 않았다고 혼내기도 하였다.

급기야 아버지에게 혼이 난 작은아들 민호가 집을 나가버리고 그 과정에서 아버지는 부인에게 폭언을 퍼부었다. 아버지를 제외한 나머지 가족들은 아버지가 없을 때는 평안하고 안락하게 잘 지내다가 아버지가 나타나면 가족의 평화가 깨진다고 여기게 되었다. 민호의 가출 사건이 있은 후로 어머니와 두 아들은 방학을 맞아 한국에 오게 되었고 그 기간을 이용해 가족상담을 받게 되었다.

● 상담 접수

상담 신청 계기는 아버지 김철수 씨가 동료에게 자신의 입장과 처한 상황에 대하여 고민을 털어놓게 되면서 이를 딱하게 여긴 동료의 적극적인 권유가 있었기 때문이다. 김 씨는 처음 자신만 상담을 받기 원했으나 상담자의 권유로 가족상담을 받기로 결정하였다. 마침 여름방학을 이용하여 부인과 두 아들이 한국을 방문할 계획이어서 방학 기간 동안 가족상담을 하기로 하였다.

접수면접에서 만난 김 씨는 조용한 목소리로 조리 있게 자기 표현을 하는 편이었다. 그가 말한 부인의 성품은 활달하고 솔직하며 직선적이어서 가족 내에서 자신보다 목소리가 항상 큰 편이라고 하였다. 그는 가족 내에 크고 작은 문제가 있을 때마다 자신이 참고 이해하며 덮어 가는 양상을 보였다고 말하였다. 도움을 받고 싶은 문제는 5년 동안 따로 살아온 탓으로 두 아들은 어머니와 밀착된 관계를 갖고 있으며 반면 자신과 두 아들의 관계는 소원해졌고 부부 간에 큰소리가 날 때마다 아들들이 어머니 편을 들고 있는 현재 상태를 해결하고 싶다고 하였다.

● 첫 면담

상담에 대해 두 아들 상호와 민호는 처음에는 저항을 보이며 참석을 거부하였다. 상담자가 전화를 통해 상담참여를 권유하여 첫 면담에서 가족이 모두 모이게 되었다. 앞으로의 상담 진행 계획과 상담을 통해 해결하고 싶은 문제나 기대에 대하여 서로 이야기를 나누는 과정에서 가족들은 서먹해하며 이야기를 잘 하지 않았다. 하지만 긴장을 풀기 위한 몇 가지 질문으로부터 시간이 흐를수록 상담에 몰입하여 상담 목표나 가족이 서로 변해야 할 부분을 기대에 담아 진지하게 이야기를 나누었다. 특히 상담에 대하여 부정적인 태도를 보였던 큰아들 상호도 시간이 지날수록 상담에 적극 참여하는 모습을 보였다.

먼저 상담 횟수는 여름방학이라는 제한된 시간 내에 진행해야 하는 시간적 조건을 감안하여 문제해결에 초점을 둔 단기상담으로 계획하였다. 다음으로 현재 가족에게 가장 문제가 되는 것은 무엇인지 그리고 어떤 부분이 바뀌어야 하는지 등에 대하여 의견을 교환할 때 어머니와 두 아들은 아버지의 태도 변화를 이구동성으로 말하였다. 가족들의 이러한 이야기를 들으면서 아버지 김 씨는 허탈한 표정을 보였으며 어머니와 두 아들이 한편 그리고 아버지가 홀로 대립되는 양상은 상담시간에도 가시화되었다.

가족들이 정한 상담 목표는 여러 의견 끝에 의사소통이 잘되는 가족의 모습으로 변화하는 것을 목표로 설정하였다. 여기에서 상담자는 이러한 목표 달성을 위해서는 무엇보다 가족 각자의 노력, 즉 변하고자 하는 열의와 변할 수 있다는 희망 그리고 상담에 적극적으로 참여하는 자세 등이 필요하다고 강조하였다. 김 씨의 경우에는 부인에 대한 이해와 배려, 두 아들에 대해서는 한국에 있었던 5년 전의 모습이 아니라 성장한 모습으로 이해하는 것이 필요하고, 부인 정 씨의 경우에는 홀로 남겨진 남편의 외로움과 힘든 점을 충분히 공감하고 배려하는 것이 요구되었다. 두 아들에게는 아버지를 잔소리만 하는 돈 버는 기계가 아니라 어머니 못지않게 감사하며 존경해야 하는 가족의 어른으로 대접하고 홀로 지내시는 외로움을 이해하고 배려하는 마음이 요구된다.

구체적인 상담 목표와 일정이 잡히면서 아들들이 처음 보였던 소극적이며 상담자의 요구에 마지못해 따라가는 듯한 수동적인 태도가 상당히 협조적으로 바뀌었고 상담에 대한 기대를 보이며 다음 상담에서 만날 것을 약속하였다.

● 2회기

먼저 부부가 함께 상담실에 도착하였고 약 5분 후에 상호와 민호가 들어섰다. 두 아들은 친구들과의 만남으로 조금 늦었다며 공손하게 사과하였다. 상담자는 지난 첫 만남 이후 가족 간의 관계나 분위기에서 변한 것이 있는지 물었다. 오랜만에 한 서울 나들이라 두 아들은 친구들과의 만남으로 거의 집을 비우다시피 하였고 어머니는 어머니대로 친지들과 친구들과의 모임으로 무척 바쁘게 보냈기 때문에 가족들이 한자리에 모일 기회가 거의 없었다고 하였다. 즉 가족들끼리 한자리에 모일 기회가 없었으니 가족들과의 관계에서 딱히 변할 것이 없었다는 의미인가를 물었고 이에 대해 작은아들은 이렇게 시간 맞춰 상담에 임하는 모습이 달라진 점이 아닌가 하고 대답했고 가족과 상담자는 이에 동의하며 함께 웃으며 상담을 시작했다.

상　호: 가족끼리 함께할 시간이 필요한 것은 알지만 우리도 이제 다 커서 우리만의 일들이 많아서 가족끼리 늘 같이 지낼 수 없어요. 그건 옛날 우리 어릴 때나 가능한 거고 지금은 좀….

민　호: 맞아요. 우리가 얼마나 바쁜데….

아버지: 야, 아무리 그래도 가족이라면 하루 한 끼는 같이 먹어야 하는 거 아니냐? 이건 한국에 온 지 열흘이 넘었는데 식구들끼리 식사한 게 손으로 꼽아야 할 정도니 참, 뭐 이런 게 다 있나 싶다.

어머니: 또, 애들이 얼마나 바쁘면 그럴까. 그리고 나도 오랜만에 온 거라 만나야 할 사람이 많고 우리 탓하지 말아요.

아버지: 또 나만 나쁜 사람 되네. 보세요. 늘 이런 식이에요. 나는 우리 집에서 식구들을 이해 못하는 속 좁은 사람으로 취급당하고 늘 내 잘못이고….

위의 대화를 통해 어머니와 두 아들이 연합하여 아버지의 몰이해를 탓하고 있음을 알 수 있다. 아버지 김 씨는 가족들에 의해서 따돌림당하는 듯한 자신의 처지에 대해 화나고 가족들에게 섭섭한 감정을 부인에게 대화로 전달하기보다는 불쾌한 표정과 행동으로 나타내고 있었다. 아버지 김씨는 가족의 일, 특히 양육 문제에 있어서는 거의 부인에 의해 좌지우지되며 자신의 의견이나 동의 없이 결정되는 일이 다반사라며 불만을 토로하였다. 그에 반해 어머니 정 씨는 남편과 두 아들 사이에서 집안의 화목을 위해 열심히 노력하며 사는데 남편은 정작 가족 일에 무관심하며 도움은커녕 만나면 늘 잔소리와 불평만 이야기한다고 반박하였다.

부부 사이에 서로의 잘못을 비난하는 대화가 상호작용의 많은 부분을 차지하고 있다. 특히 떨어져 산 이후로는 남편은 외로움을 잊기 위하여 병원 일에 몰두하며 바쁘게 지냈고 처음엔 자주 하던 화상 전화도 언젠가부터 하지 않고 있어 결과적으로 부부 간의 대화가 점점 줄어들게 되면서 현재와 같은 가족 갈등이 초래된 것이라 볼 수 있다. 두 아들 역시 조기 유학 이후 어머니와 아버지가 만나면 서로 다투는 일이 많아지게 되어 아버지가 점점 불편해진 것 같다고 말하였다. 아버지가 그들을 방문하면 처음엔 반가웠지만 어느 사이엔가 아버지의 출현은 집안 분위기를 어색하게 만들고 불편하게 한다고 생각하였다. 권위를 내세우고 쓸데없는 잔소리와 꾸중을 하는 일이 반복되면서 차라리 아버지가 바빠서 오지 않기를 바라기도 했다며 큰아들 상호는 아버지와의 관계가 소원해지자 답답한 마음이 들었다고 말하였다.

첫 면담에서의 상담 목표를 다시 상기시키며 가족 각자가 해야 할 일에 대하여 확인하였다. 상담자는 가족들에게 서로 어떻게 대화하는가에 대해서 생각해 볼 것을 과제로 제시하고 회기를 마쳤다.

● 3회기

3회기는 부부만의 상담으로 이루어졌다. 먼저 지난 회기 상담 이후 가족들의 변화에 대하여 물어보았더니 어머니와 두 아들이 사람들을 만나느라 집 밖에서 소일하는 것을 줄이고 가능한 한 집에서 아버지와 같이 보내려고 노력하였다고 답하였다. 아버지 역시 여러 바깥 모임의 참가 횟수를 줄이고 가족들과 함께하는 시간을 가지려 애썼다고 말하였다. 가족들이 함께 식사하는 횟수도 늘어났고 집안에서 함께 있는 시간도 늘어났지만 아직은 어색하다고 김 씨가 덧붙여 말하였다.

상담자는 변화를 위한 가족들의 노력을 이 가족의 자원으로 평가해 주었다. 그리고 지난주 과제에 대해 물었다. 남편은 문제가 많다는 것을 느꼈다고 말했다. 최근에 일어난 일에 대하여 이야기를 나누도록 유도하였다.

아내: 말하자면 서운한 일이 너무 많아 일일이 얘기하기도 힘든데 최근의 일이라면 며칠 전에 애들 앞에서 내가 무식하다고 면박 준 일이 생각나네요.

남편: 내가 언제? 서운한 일은 당신보다 내가 더하면 더했지 덜하지 않네.

아내: 아, 글쎄 갑자기 병원에서 일어난 일을 얘기하다가 어떤 영어로 된 의학 용어를 못 알아듣자 애들 앞에서 그것도 모르느냐며 무식한 여편네라고 면박을 주었잖아요. 얼마나 무안했는지, 뭐 그런 일이 한두 번이 아니지만….

남편: 반날 쓰는 말을 못 알아들으니 그랬지. 아니, 어떻게 그렇게 자주 쓰는 말을 아직도 못 알아들어? 그러는 당신은 내가 그 말을 하자마자 애들 앞에서 돈 못 버는 의사라며 빛 좋은 개살구라고 모욕을 주었잖아.

아내: 사실이 그렇잖아요. 남들은 우리가 의사 가족이라 돈 많은 부자인 줄 아는데 나는 늘 절절거리고 돈 걱정하며 살잖아요. 개업하면 좋을 텐데 죽어라 대학 교수를 고수하니 나머지 식구들이 힘들지.

남편: 난 죽어도 개업은 안해, 아니 못해. 그리고 내 월급으로 애들 외국 유학비 다 충당되는데 뭘 더 바래? 늘 궁지에 몰리면 내 월급 타령이야? 그게 얼마나 나를 비참하게 만드는지 알아?

두 부부는 상대편의 약점을 공격하고 비난하는 식의 대화를 다시 시작하였다. 상담자가 이들의 대화를 중단시키고 대화양식을 반영해 주었다. 아내는 자신의 말이 남편의 마음을 상하게 한다는 것을 알고 있으면서도 화가 나는 상황

상담자는 마지막 회기에서 관계 회복을 위해 기울인 가족 한 사람 한 사람의 노력을 다루었다. 특히 적극적으로 주변에 도움을 구하고 상담이라는 해법을 찾아나선 아버지의 노력을 가족에 대한 애정으로 재명명해 보았고 다소 이견으로 인한 불편감을 견디며 성실하게 상담에 참여하면서 진심을 말하고 부모님의 말씀을 경청하는 자녀의 진지한 노력에 대해 상담자가 받은 느낌을 전하였다.

상담을 종결하면서 각자 가족에 대한 희망을 담은 짧은 이야기를 한마디씩 돌아가면서 하는 집단상담의 형식으로 마무리하였다.

최근 우리 사회에서는 점차 늘어가는 추세인 기러기 가족으로 불리는 분거가족과 그 가족들의 적응문제가 중요한 사회문제로 등장하면서 이들에 대한 지원의 필요성은 계속되고 있으나 구체적인 개입 프로그램은 찾아보기 힘든 실정이다.

분거가족에 대한 심리학적 논의는 이제 시작 단계에 있다고 볼 수 있다. 개인의 안녕과 적응력을 향상시키는 것을 돕는 것이 상담의 중요 목적임을 생각할 때 분거가족을 위한 심리적 개입 프로그램은 상담의 주요 연구 영역이자 과제라고 할 수 있다.

CHAPTER 12

가족평가

1. 가계도
2. 가족체계 유형에 관한 질문지 Ⅲ
3. 가족관계 진단용 SDS
4. 부모-자녀 의사소통 측정 도구
5. 갈등 대처방안 척도Ⅱ
6. 역기능적 의사소통 유형 척도
7. 가족기능 설문지

CHAPTER

12 가족평가

가족평가는 가족을 측정하고 진단하는 것으로 가족의 내부 체계 및 외부 체계 간의 상호작용을 이해하기 위한 것이다. 가족평가 활동에는 관련된 자료를 수집, 분석, 종합하고 그것을 바탕으로 가족에 대한 개입 계획을 세우는 일련의 과정이 모두 포함된다. 상담자는 가족평가를 통하여 가족이 갖고 있는 문제가 무엇인지, 가족체계의 구조 및 관계 유형은 어떤 것인지, 나아가 가족의 문제해결을 위하여 이용 가능한 사원들은 어느 것인지 등에 대한 정보를 얻을 수 있게 된다.

가족평가는 상담 과정의 어느 특정 시기에 제한되어 이루어지는 것이 아니라 상담의 전 과정을 통해 이루어지는데 크게 초기 단계에서의 평가, 개입 단계에서의 평가, 종결 단계에서의 평가로 나누어 볼 수 있다. 초기 단계에서의 평가는 주로 개입 계획을 세우기 위하여 필요한 것이므로 상담자와 가족 간에 라포(rapport) 형성이 중요하며 가족과의 일상적인 가벼운 대화에서 평가가 시작된다. 이 단계에서는 가족들의 이름과 연령, 그리고 발달단계 및 가족들의 문제가 무엇인지 등을 파악하고 상담을 필요로 하는 이유와 가족들이 자신들의 문제에 대하여 어떻게 생각하고 있는지 등을 확인하는 것이 포함된다.

개입 과정에서의 평가는 주로 가족 상호작용의 방식이나 가족 구성원들 간의 의사소통 방식 등에 대해 알아보며 평가를 통해 가족들이 그들의 역동성의 특징과 가족 구성원과의 견해차 등을 확인하게 된다. 그래서 현재의 방식으로는

2. 가족체계 유형에 관한 질문지 Ⅲ

가족체계 유형에 관한 질문지 Ⅲ(Family Adaptability and Cohesion Evaluation Ⅲ: FACES Ⅲ)은 개인이 지각하고 있는 가족체계의 유형을 평가하는 질문지인데 올슨(Olson), 포트너(Portner)와 라브(Lavee, 1985)가 개발한 것으로서, 국내에서는 한상분(1992)이 번안하였다.

이 질문지는 서컴플렉스 모델(Circumplex Model)의 두 차원에 해당하는 가족 응집성과 적응성을 측정하는 검사로 FACES 척도에 관한 시리즈 중 세 번째 것이고, 성인 및 청소년을 대상으로 실시할 수 있는 자기보고식 검사이다.

총 20개 문항으로 홀수에 해당하는 10문항은 가족응집성을 측정한 반면에 짝수에 속하는 10개 문항은 가족적응성을 측정한다. 또한 이상적인 가족체계에 대한 질문지가 있는데, 이것은 각 문항들이 '우리 가족은 … 했으면 좋겠다' 라는 식으로 된 것이다. 각 문항은 5점 척도로 평정하는 것이고, 전체 점수의 범위는 응집성과 적응성 두 차원 각각에서 10점에서 50점까지 얻을 수 있으며, 높을수록 응집성과 적응성이 높다고 해석할 수 있다.

가족체계 유형에 관한 질문지 III

FACES III

다음의 문항들은 여러분이 평소에 가족들과의 생활에서 느끼고 있는 것들에 관한 것입니다. 각 문항을 읽고 그 내용이 현재 여러분의 가족과 가장 가깝다고 생각되는 번호에 ○표 하십시오. 응답을 고치고 싶은 경우에는 ×한 후에 다른 번호를 찾아 다시 ○표 하시면 됩니다.

1. 거의 아니다 2. 대체로 아니다 3. 반반이다 4. 대체로 그렇다 5. 항상 그렇다

현재 가족체계에 대한 질문지

1. 우리 가족은 서로에게 도움을 청한다.
2. 우리 집에서는 문제를 해결할 때 자녀들의 의견이 받아들여진다.
3. 우리 가족은 각자의 친구들을 서로 인정한다.
4. 우리 집에서는 자녀들도 자녀교육 문제에 대해서 부모에게 이야기할 수 있다.
5. 우리 가족은 우리 가족의 일에만 관심이 있다.
6. 우리 가족은 어느 한 사람만이 아니라 식구 누구라도 가족 내에서 주도적인 역할(리더 역할)을 할 수 있다.
7. 우리 가족은 다른 사람들보다는 우리 가족끼리 더 친하게 느낀다.
8. 우리 가족은 문제를 해결할 때 한 가지 방법이 아닌 여러 가지 방법을 쓴다.
9. 우리 가족은 여가시간을 함께 보내기 좋아한다.
10. 우리 집에서는 자녀가 받을 벌에 대해 부모와 자녀가 함께 이야기를 나눈다.
11. 우리 가족은 서로 매우 친하게 느낀다.
12. 우리 집에서는 자녀들도 의사결정을 할 수 있다.
13. 우리 집에서는 가족행사가 있으면 가족이 모두 참여한다.
14. 우리 집에서는 경우에 따라서는 규칙이 바뀐다.
15. 우리 가족은 가족 모두가 함께 할 수 있는 일을 쉽게 생각해 낼 수 있다.
16. 우리 집에서는 집안일을 한 사람이 도맡아 하지 않고 식구 모두가 함께 돌아가면서 한다.
17. 우리 가족은 각자의 일을 결정할 때 다른 식구들과 상의한다.
18. 우리 집에서는 누가 가족 내에서 주도적인 역할(이 역할)을 한다고 분명하게 말하기가 어렵다.

19. 가족의 담합은 매우 중요하다.
20. 우리 집에서는 집안일에 대한 분담이 분명하게 정해져 있지 않다.

이상적인 가족체계에 대한 질문지

1. 우리 가족은 서로에게 도움을 청하면 좋겠다.
2. 우리 집에서는 문제를 해결할 때 자녀들의 의견이 받아들여졌으면 좋겠다.
3. 우리 가족은 각자의 친구들을 서로 인정하면 좋겠다.
4. 우리 집에서는 자녀들도 자녀교육 문제에 대해서 부모에게 이야기할 수 있으면 좋겠다.
5. 우리 가족은 우리 가족의 일에만 관심이 있으면 좋겠다.
6. 우리 가족은 어느 한 사람만이 아니라 식구 누구라도 가족 내에서 주도적인 역할(리더 역할)을 할 수 있으면 좋겠다.
7. 우리 가족은 다른 사람들보다는 우리 가족끼리 더 친하게 느끼면 좋겠다.
8. 우리 가족은 문제를 해결할 때 한 가지 방법이 아닌 여러 가지 방법을 쓰면 좋겠다.
9. 우리 가족은 여가시간을 함께 보내기 좋아하면 좋겠다.
10. 우리 집에서는 자녀가 받을 벌에 대해 부모와 자녀가 함께 이야기를 나누면 좋겠다.
11. 우리 가족은 서로 매우 친하게 느끼면 좋겠다.
12. 우리 집에서는 자녀들도 의사결정을 할 수 있으면 좋겠다.
13. 우리 집에서는 가족행사가 있으면 가족이 모두 참여하면 좋겠다.
14. 우리 집에서는 경우에 따라서는 규칙이 바뀌면 좋겠다.
15. 우리 가족은 가족 모두가 함께 할 수 있는 일을 쉽게 생각해 낼 수 있으면 좋겠다.
16. 우리 집에서는 집안일을 한 사람이 도맡아 하지 않고 식구 모두가 함께 돌아가며 했으면 좋겠다.
17. 우리 가족은 각자의 일을 결정할 때 다른 식구들과 상의하면 좋겠다.
18. 우리 집에서는 누가 가족 내에서 주도적인 역할(리더 역할)을 하는지 분명하면 좋겠다.
19. 가족의 단합은 매우 중요하게 여겨졌으면 좋겠다.
20. 우리 집에서는 집안일에 대한 분담이 분명하게 정해져 있으면 좋겠다.

출처: Olsen, Portner & Lavee(1985); 한상분(1992).

3. 가족관계 진단용 SDS

가족관계 진단용 SDS는 부모 · 형제자매 등 가족 구성원을 표시하는 어휘들에 대한 지각과 그 의미를 통해 가족 구성원 간의 사회적 및 심리적 상호작용의 특징과 거리를 찾는 도구이다.

오스굿(C.E. Osgood)에 의해 개발된 이 도구는 의미미분법(SD)을 사용한 일련의 연구를 통해 언어와 문화를 초월한 모든 문화에서 평가 요인과 역능 요인 그리고 활동 요인 같은 세 가지의 일반적인 요인으로 구성되어 있다. 장동환(1964)은 여기에다 한국어의 의미론적 구조의 특유한 요인인 정신적-사변적 요인을 하나 더 첨가해서 열두 개의 개념과 열 개의 척도로 이루어진 가족관계 진단용 SDS를 만들었다.

가족관계 진단용 SDS

이 질문은 여러분이 여러 가지 낱말에 대해서 어떤 느낌이나 생각을 가지고 있는지를 알아보기 위한 것입니다. 다음에 각 페이지마다 할아버지를 비롯하여 가족을 표시하는 낱말이 열두 개 있고, 그 밑에는 서로 반대되는 형용사가 한 짝으로 된 척도가 있습니다. 각 낱말을 보시고 그 낱말이 주는 첫인상과 직접적인 감정에 따라 판단하여 각 척도의 적절한 위치에 V 표를 하여 주십시오.

〈유의점〉

(1) V표는 반드시 경계점 위가 아니고 점 사이의 빈 칸에다 해야 합니다.
(2) 어느 척도도 빠뜨리지 말고 끝까지 모두 해주십시오.
(3) 한 척도 상에는 V 표시를 하나만 해야 합니다.
(4) 각 척도에 대한 표시는 주저 말고 빨리 결정하여야 합니다.
(5) 낱말의 뜻이 여러분에게 주는 첫인상 또는 직접적인 감정에 따라 판단하여 주십시오.
(6) 문제를 미리 보지도 말고 지난 것을 다시 보지도 마십시오.
(7) 하나하나의 문항을 따로 따로 독립된 것으로 다루어 주십시오.

1. 할아버지

깨끗하다								더럽다
추하다								아름답다
좋다								나쁘다
멀다								가깝다
넓다								좁다
작다								크다
연하다								굳다
빠르다								느리다
무디다								날카롭다
이르다								늦다

2. 할머니

깨끗하다								더럽다
추하다								아름답다
좋다								나쁘다
멀다								가깝다
넓다								좁다

작다								크다
연하다								굳다
빠르다								느리다
무디다								날카롭다
이르다								늦다

3. 아버지

깨끗하다								더럽다
추하다								아름답다
좋다								나쁘다
멀다								가깝다
넓다								좁다
작다								크다
연하다								굳다
빠르다								느리다
무디다								날카롭다
이르다								늦다

4. 어머니

깨끗하다								더럽다
추하다								아름답다
좋다								나쁘다
멀다								가깝다
넓다								좁다
작다								크다
연하다								굳다
빠르다								느리다
무디다								날카롭다
이르다								늦다

5. 형(남자에 한함)

깨끗하다								더럽다
추하다								아름답다
좋다								나쁘다
멀다								가깝다

넓다 |———|———|———|———|———|———|———| 좁다
작다 |———|———|———|———|———|———|———| 크다
연하다 |———|———|———|———|———|———|———| 굳다
빠르다 |———|———|———|———|———|———|———| 느리다
무디다 |———|———|———|———|———|———|———| 날카롭다
이르다 |———|———|———|———|———|———|———| 늦다

6. 누나(남자에 한함)

깨끗하다 |———|———|———|———|———|———|———| 더럽다
추하다 |———|———|———|———|———|———|———| 아름답다
좋다 |———|———|———|———|———|———|———| 나쁘다
멀다 |———|———|———|———|———|———|———| 가깝다
넓다 |———|———|———|———|———|———|———| 좁다
작다 |———|———|———|———|———|———|———| 크다
연하다 |———|———|———|———|———|———|———| 굳다
빠르다 |———|———|———|———|———|———|———| 느리다
무디다 |———|———|———|———|———|———|———| 날카롭다
이르다 |———|———|———|———|———|———|———| 늦다

7. 오빠(여자에 한함)

깨끗하다 |———|———|———|———|———|———|———| 더럽다
추하다 |———|———|———|———|———|———|———| 아름답다
좋다 |———|———|———|———|———|———|———| 나쁘다
멀다 |———|———|———|———|———|———|———| 가깝다
넓다 |———|———|———|———|———|———|———| 좁다
작다 |———|———|———|———|———|———|———| 크다
연하다 |———|———|———|———|———|———|———| 굳다
빠르다 |———|———|———|———|———|———|———| 느리다
무디다 |———|———|———|———|———|———|———| 날카롭다
이르다 |———|———|———|———|———|———|———| 늦다

8. 언니(여자에 한함)

깨끗하다 |———|———|———|———|———|———|———| 더럽다
추하다 |———|———|———|———|———|———|———| 아름답다
좋다 |———|———|———|———|———|———|———| 나쁘다

멀다								가깝다
넓다								좁다
작다								크다
연하다								굳다
빠르다								느리다
무디다								날카롭다
이르다								늦다

9. 남동생

깨끗하다								더럽다
추하다								아름답다
좋다								나쁘다
멀다								가깝다
넓다								좁다
작다								크다
연하다								굳다
빠르다								느리다
무디다								날카롭다
이르다								늦다

10. 여동생

깨끗하다								더럽다
추하다								아름답다
좋다								나쁘다
멀다								가깝다
넓다								좁다
작다								크다
연하다								굳다
빠르다								느리다
무디다								날카롭다
이르다								늦다

11. 아들

깨끗하다								더럽다
추하다								아름답다

좋다								나쁘다
멀다								가깝다
넓다								좁다
작다								크다
연하다								굳다
빠르다								느리다
무디다								날카롭다
이르다								늦다

12. 딸

깨끗하다								더럽다
추하다								아름답다
좋다								나쁘다
멀다								가깝다
넓다								좁다
작다								크다
연하다								굳다
빠르다								느리다
무디다								날카롭다
이르다								늦다

출처: 김재은(1974).

4. 부모-자녀 의사소통 측정 도구

이 도구는 가족 내의 의사소통 및 세대 간의 의사소통에 대한 지각을 평가한다. 척도 내용은 개방형과 문제형 의사소통 유형으로 나뉘며 부모용, 청소년용 두 종류가 있다.

- 개방형 의사소통 유형은 부모-자녀 간의 긍정적이고 개방적인 상호작용을 측정한다(10문항: 홀수번).
- 문제형 의사소통 유형은 세대 간의 의사소통에 어느 정도의 어려움과 장애가 있는가를 측정한다(10문항: 짝수번).

부모-자녀 의사소통 측정도구

(부모용)

* 다음 문항을 읽고 해당되는 것에 응답하시오.

매우 그렇다	약간 그렇다	그저 그렇다	별로 그렇지 않다	전혀 그렇지 않다
5	4	3	2	1

1. 나는 딸(아들)에게 나의 생각을 주저하지 않고 의논한다.
2. 때때로 나는 딸(아들)이 말하는 모든 것을 믿기 어려울 때가 있다.
3. 딸(아들)은 항상 내 이야기를 주의 깊게 잘 들어준다.
4. 때때로 나는 딸(아들)에게 원하는 것을 부탁하기가 어렵다.
5. 딸(아들)은 말하지 않아도 될 것을 나에게 말하곤 한다.
6. 딸(아들)은 내가 말하지 않아도 내가 어떤 기분 상태인지 잘 안다.
7. 나는 딸(아들)과 대화하는 형태에 만족한다.
8. 나는 내가 힘든 일이 있을 때 딸(아들)과 의논한다.
9. 나는 딸(아들)에게 애정을 솔직히 표현한다.
10. 우리(딸 또는 아들과 나)에게 문제가 생겼을 때 나는 침묵을 지킨다.
11. 나는 딸(아들)에게 말할 때 조심스러운 편이다.
12. 나는 딸(아들)에게 말하지 않아도 될 것을 말할 때가 있다.
13. 딸(아들)은 나의 질문에 정직하게 대답해 준다.
14. 딸(아들)은 나의 입장을 이해하려고 노력한다.
15. 나에게는 딸(아들)과 얘기하기를 꺼리는 화제가 있다.
16. 나는 딸(아들)과 문제를 의논하기가 쉽다.
17. 나는 딸(아들)에게 나의 모든 진실한 감정을 잘 표현한다.
18. 딸(아들)은 나에게 잔소리를 많이 한다.
19. 딸(아들)은 나에게 화를 낼 때 모욕감을 준다.
20. 나는 어떤 것에 대한 나의 느낌을 딸(아들)에게 솔직하게 표현하기 어렵다.

(청소년용)

* 다음 문항을 읽고 해당되는 것에 응답하시오.

전혀 그렇지 않다	그렇지 않다	잘 모르겠다	그렇다	매우 그렇다
5	4	3	2	1

1. 나의 소신을 아버지(어머니)와 거리낌 없이 의논할 수 있다.
2. 아버지(어머니)가 나에게 하시는 말씀은 가끔 믿기가 어렵다.
3. 아버지(어머니)는 늘 내 말을 귀담아 들어 주신다.
4. 내가 원하는 바를 아버지(어머니)께 부탁드리려면 겁이 난다.
5. 아버지(어머니)는 내가 말하지 않아도 나의 감정이 어떤지 잘 아신다.
6. 아버지(어머니)는 나보고 어떤 말을 하느니 차라리 입 다물고 가만히 있으라고 하신다.
7. 나는 아버지(어머니)와 대화를 하면 만족스럽다.
8. 우리에게 어떤 문제가 생기면 나는 아버지(어머니)께 차라리 아무 말씀 말고 가만히 계시라고 한다.
9. 나에게 무슨 일이 있더라도 나는 아버지(어머니)께 모두 말씀드릴 수 있다.
10. 아버지(어머니)께 말씀드리려면 조심스럽고 어렵다.
11. 마음 놓고 아버지(어머니)께 어리광을 부린다.
12. 아버지(어머니)와 대화를 나눌 땐 차라리 말을 안 하는 것이 더욱 마음 편하다.
13. 내 질문에 아버지(어머니)는 솔직하게 대답을 해주신다.
14. 아버지(어머니)가 솔직하게 대답을 해주신다.
15. 아버지(어머니)는 내 의견을 이해해 주시려고 애쓴다.
16. 나는 아버지(어머니)의 잔소리 때문에 귀찮다.
17. 나는 아버지(어머니)와 여러 가지 문제에 관해 의논을 잘 한다.
18. 아버지(어머니)는 나로 인해 화가 나시면 창피를 주신다.
19. 나의 느낌을 아버지(어머니)에게 솔직하게 잘 털어놓는다.
20. 무슨 일에 대한 내 진심을 아버지(어머니)께 그대로 말씀드릴 수 없다.

출처: Barns & Olson(1982); 최태산 · 홍경자(1997).

5. 갈등 대처방안 척도 Ⅱ

갈등 대처방안 척도(Conflict Tactics Scales II: CTS II)는 갈등 상황에 대처하는 남편과 아내의 대처방법을 측정하는 총 26개의 문항으로 구성되어 있다.

채점은 5점 리커트(likert) 척도로 각 항목에 대한 점수가 높을수록 해당 대처방안을 많이 사용함을 의미한다. 외부 도움요청 문항(1~4), 신앙에 의지(5~8), 이성적 대처(9~13), 감정 및 행동표출(16~22, 25, 26), 회피적 대처(14, 15, 23, 24)를 나타낸다.

갈등 대처방안 척도 II

CTS II

* 다음 문항을 읽고 해당되는 것에 응답하시오.

전혀 그렇지 않다	거의 그렇지 않다	보통이다	자주 그런 편이다	거의 항상 그렇다
1	2	3	4	5

1. 친척과 상의하거나 조언을 듣는다.
2. 전문가의 책을 통해 도움과 정보를 얻는다.
3. 친한 친구나 이웃과 상의한다.
4. 비슷한 상황의 사람에게 충고와 정보를 얻는다.
5. 교회나 성당, 절을 찾는다.
6. 성직자에게 도움을 청한다.
7. 신에게 기도하는 등 신앙의 힘을 얻는다.
8. 종교활동을 통해 도움을 얻는다.
9. 문제를 오래 끌지 않고 빨리 해결하려고 노력한다.
10. 문제를 긍정적으로 생각한다.
11. 문제의 원인이 무엇인지 파악하려고 노력한다.
12. 문세를 인생을 살아가는 데 겪어야 할 현실로 생긱한다.
13. 내가 할 수 있는 일을 계획하고 실천해 본다.
14. 배우자와 타협해서 문제를 해결하려고 노력한다.
15. 외출, 텔레비전 보기, 운동하기, 일에 열중하는 등의 기분전환을 한다.
16. 화가 나면 참지 않고 화를 낸다.
17. 짜증을 내거나 욕을 한다.
18. 서로 부딪치지 않도록 따로 생활한다.
19. 큰소리로 싸운다.
20. 물건을 집어던지거나 폭력을 사용한다.
21. 일부러 늦게 귀가한다.
22. 집안일을 소홀히 한다.
23. 성관계를 회피한다.
24. 술을 마시자고 한다.
25. 헤어지자고 말한다.
26. 잠시 집을 나간다.

출처: 최규련(1994 b); 한미향(1999); 이현주(1997); 최규련(1994 a).

6. 역기능적 의사소통 유형 척도

이 척도는 부부 간의 비난, 경멸, 방어, 냉담 등의 역기능적 의사소통의 유형을 측정하는 것으로써 채점 방법은 각 대처방식에 대해 따로 합한다.

- 비난: 1~9번(남편 평균: 25.8, 아내 평균: 26.2)
- 경멸: 10~20번(남편 평균: 27.6, 아내 평균: 29.0)
- 방어: 21~31번(남편 평균: 29.3, 아내 평균: 30.1)
- 냉담: 32~38번(남편 평균: 18.7, 아내 평균: 20.5)

역기능적 의사소통 유형 척도

* 다음은 부부가 갈등 상황에서 대화하는 방식에 대한 것이다. 당신이 그 상황에서 어떻게 반응하였는지 해당되는 숫자에 표시한 다음, 각 유형의 평균점을 적으시오.

전혀 그렇지 않다	그렇지 않다	보통이다	그런 편이다	정말 그렇다
1	2	3	4	5

1. 일이 잘못되면 누가 그랬는지를 아는 것이 중요하다.
2. 나는 감정이 매우 상하기 전까지는 불평을 하지 않는다.
3. 나는 구체적인 상황이나 행동보다는 전반적인 면에 대해 불평하는 편이다.
4. 나는 불평들을 오랫동안 쌓아둔 뒤 한꺼번에 터뜨린다.
5. 나는 불평할 때 감정이 매우 격해진다.
6. 나는 불평할 때 배우자의 결점을 들추어낸다.
7. 한번 불평하게 되면 아무도 나를 멈추게 할 수 없다.
8. 내가 문제를 제기하는 이유는 내가 옳다는 것을 보여주기 위해서이다.
9. 나는 불평할 때 '당신은 항상', '당신은 절대로' 와 같은 말을 자주 한다.
10. 배우자의 자질이 의심스러울 때가 있다.
11. 나는 종종 배우자의 기를 꺾는 말을 한다.
12. 배우자가 거만할 때가 있다.

13. 배우자가 잘난 척한다.
14. 배우자가 너무 고집이 세서 타협이 안 된다.
15. 의견이 서로 다를 때 나는 배우자의 입장을 생각하기 어렵다.
16. 나는 배우자를 존중하는 마음이 없어질 때가 있다.
17. 나는 배우자의 태도에 대해 혐오를 느낄 때가 많다.
18. 배우자가 어리석을 때가 있다.
19. 배우자가 유능하지 못할 때 나는 한심하다는 생각이 든다.
20. 배우자가 이기적일 때가 있다.
21. 배우자가 나를 헐뜯을 때 나는 앙갚음할 방법을 생각한다.
22. 일이 잘못되었을 때 나에게는 그다지 책임이 없다.
23. 비난을 피하기 위해서 문제에 대한 이유와 과정을 설명해야만 한다.
24. 배우자가 지나치게 부정적인 태도를 가지고 있다.
25. 배우자가 예민해서 마음의 상처를 쉽게 받는다.
26. 배우자의 불평 중에 맞는 말도 있지만 모두 맞는 건 아니다.
27. 배우자가 불평하면 나는 죄가 없다는 생각이 든다.
28. 배우자가 불평하면 나는 이것을 물리쳐야 한다고 생각한다.
29. 배우자가 불평하면 내 자신을 방어할 방법을 찾게 된다.
30. 배우자가 불평하면 내 입장을 다시 설명하려고 한다.
31. 배우자가 내 입장을 진정으로 이해한다면 그런 불평은 하지 않을 것이다.
32. 배우자가 나를 비난하려고만 한다.
33. 배우자가 너무 고집이 세서 타협이 안 된다.
34. 내 감정이 폭발했을 때 나를 혼자 있게 놔두었으면 좋겠다.
35. 배우자가 화났을 때 가만히 있는 것이 상책이다.
36. 배우자와의 사소한 말다툼이 큰 싸움으로 번져 당혹스러울 때가 있다.
37. 배우자의 감정이 격해지면 그 자리를 피하는 것이 상책이다.
38. 우리가 싸울 때 내가 이런 대접을 받을 이유가 없다는 생각이 든다.

출처: Gottman(1994); 김수연 · 김득성(2001).

7. 가족기능 설문지

1) 맥메스터 모델

맥메스터 모델(Mc Master Model)은 캐나다의 맥메스터 대학 정신과에 있던 엡스타인(Epstein) 등에 의하여 개발된 것으로서 가족 기능을 평가하고 진단하는 데 훌륭한 개념적인 준거 틀을 가지고 있다. 이 모델은 가족 기능을 문제해결, 의사소통, 역할, 정서적 반응성, 정서적 관여, 행동 통제로 나누어 설명하고 있다.

(1) 문제해결

문제해결이란 건강한 가족 기능을 유지하면서 가족 문제를 해결하는 능력인데 문제를 해결하는 데 어려움이 있는 가족은 비효과적으로 기능을 하는 가족이다. 문제를 해결해 가는 과정을 일곱 단계로 제시하고 있다.

- 문제 인식
- 적절한 사람에게 문제에 대해 의사소통
- 대안적인 행동 생각하기
- 한 가지 대안 정하기
- 행동화
- 행동 모니터하기
- 행동의 성패 평가

위의 과정들에서 모든 단계를 잘 실행하면 가장 효과적으로 문제를 해결하는 것이고 문제를 인식조차 하지 못하면 가장 비효과적인 유형으로 본다.

(2) 의사소통

의사소통이란 주로 언어에 의하여 가족 간의 정보가 어떻게 교환되는지를 알아보는 것이다. 의사소통 유형은 네 가지로 나뉘는데 분명하고 직접적인가, 분명하고 간접적인가, 불분명하고 직접적인가, 불분명하고 간접적인가이다.

가장 효과적인 의사소통 유형은 분명하고 직접적인 것이고 가장 비효과적인 의사소통 유형은 불분명하고 간접적인 것이다.

(3) 가족의 역할

가족의 역할이란 개인이 가족 기능을 충족시키기 위하여 반복하여 일어나는 행동 유형인데 각 가족은 분배된 역할에서 요구되는 활동 등을 적절하게 수행해 나가야 한다.

이 모델에서는 가족의 역할 유형을 필수적인 가족 기능과 기타 가족 기능으로 나누었는데 필수적인 가족 기능에는 가족들의 물질적인 자원을 마련하는 것이나 가족을 양육하고 격려하는 일 등이 포함된다.

여기에서도 가장 효과적인 유형으로는 모든 필수적인 가족 기능이 개인들에게 적절하고 분명하게 할당되고 그에 따른 책임을 가질 경우이고 가장 비효과적인 유형으로는 필수적인 가족 기능들이 거론되거나 분담되지 않고 그에 대한 책무를 언급하지 않을 경우이다.

(4) 정서적 반응성

정서적 반응성이란 주어진 자극에 따라 가족들이 적절한 내용과 적절한 양의 감정으로 반응할 수 있는 능력을 말한다. 반응성의 유형은 안녕감과 위기감으로 나뉘는데 애정, 안정감, 즐거움과 같은 반응은 안녕감에 속하고 두려움, 비애, 분노, 우울과 같은 반응은 위기감에 속한다. 가장 효과적인 유형은 다양한 정서가 질적 · 양적 측면에서 주어진 자극과 맞을 경우이고 비효과적인 유형은 질적 · 양적으로 매우 제한된 정서만 있는 경우이다.

(5) 정서적 관여

정서적 관여란 가족 간에 서로에 대한 관심이나 배려의 양과 질에 대한 것으로서 가족 전체가 가족 구성원 개인들의 관심사에 얼마나 관심을 보이는가를 의미한다.

이 모델에서는 정서적 관여의 유형을 여섯 가지로 나누는데 관여의 부재, 정서가 없는 관여, 자기 도취적 관여, 공감적 관여, 과잉 관여, 공생적 관여이다. 가장 효과적인 유형은 공감적 관여로서 가족들이 무엇을 필요로 하는지 진심으로 이해하고 그 가족과 서로 관여하는 상태이다. 가장 비효과적인 유형은 공생적 관여와 관여의 부재인데 공생적 관여는 가족에게 지나치게 관여하여 발달의 장애를 가져오는 경우이고 관여의 부재는 가족에게 소원하고 무관심한 경우이다.

(6) 행동 통제

가족 구성원의 행동 통제 유형은 네 가지로 구분되는데 엄격한 통제, 융통성 있는 통제, 자유방임형 통제, 혼란형의 통제이다. 이 중에서 가장 효과적인 유형은 융통성 있는 통제로서 환경 변화에 적절하게 적응할 수 있게 하며 가족들이 그들의 목표나 규칙을 함께 공유하고 따르는 것이 용이하다. 가장 비효과적인 유형은 혼란한 행동 통제인데 이것은 예측할 수 없으며 일관성이 없고 가족의 기분이나 감정에 의해 변화가 일어나는 경우이다(정수경, 1993).

맥메스터 모델 질문지

우리 가족은	매우 그렇다 ⇔			전혀 그렇지 않다
	1	2	3	4
1. 서로를 잘 이해하지 못하기 때문에 우리가 해야 할 일을 계획하지 못한다.				
2. 누군가가 기분이 나쁘면 왜 그런지를 안다.				
3. 위기가 닥치면 서로에게 도와 달라고 부탁할 수 있다.				
4. 갑자기 큰일을 맞게 되면 어떻게 할 바를 모른다.				
5. 서로에 대한 애정 표현을 하지 않으려고 한다.				
6. 슬픈 일이 있어도 서로에게 그런 얘기를 하지 않는다.				
7. 자신에게 중요한 일일 때만 서로에게 관심을 가진다.				
8. 집에서 할 일이 충분히 나누어져 있지 않다.				
9. 규칙을 어겨도 그냥 지나간다.				
10. 빗대서 말하기보다는 직접 솔직하게 얘기한다.				
11. 감정적으로 반응하지 않는 식구들이 있다.				
12. 우리가 두려워하는 일이나 걱정에 대해 얘기하기를 꺼린다.				
13. 각자의 역할을 다하지 못한다.				
14. 집안문제를 해결하려고 애쓴 후에 그것이 잘 되었는지 아닌지에 대해 얘기하곤 한다.				
15. 지나치게 자기중심적이다.				
16. 서로에게 감정을 표현할 수가 있다.				
17. 화장실을 사용하는 방식이 정해져 있지 않다.				
18. 서로에 대한 사랑을 표현하지 않는다.				
19. 우리에게 관계 있는 일에만 서로 관여하게 된다.				
20. 식구들이 개인적인 관심사를 알아볼 시간이 별로 없다.				
21. 개인적으로 얻는 것이 있다고 생각할 때 서로에게 관심을 보인다.				
22. (나쁜) 감정 문제는 거의 풀고 지나간다.				
23. 다정다감한 편은 아니다.				
24. 어떤 일들이 있을 때에만 서로에게 관심을 보인다.				
25. 서로에게 솔직하다.				

2) 서컴플렉스 모델

서컴플렉스 모델은 올슨(Olson) 등에 의하여 만들어진 것으로 가족의 응집성과 적응성이라는 두 차원으로 가족 기능을 평가하는 도구이다. 이 질문지는 가족이 현재의 가족을 어떻게 인식하는지 그리고 이상적인 가족의 모습은 어떠한지에 대하여 답하는 것으로 구성되어 있다.

적응성은 가족의 변화를 허용하는 정도와 균형을 유지하려는 정도를 의미하며 응집력은 가족 구성원 간의 정서적 결합의 정도를 말한다(27쪽 [그림 1-1] 가족기능의 서컴플렉스 모델 참조).

서컴플렉스 모델 질문지

우리 가족은	거의 그렇지 않다	약간 그렇다	그저 그렇다	상당히 그렇다	항상 그렇다
1. 우리 가족은 서로 돕는다.					
2. 가족의 어떤 문제를 해결할 때 우리 형제의 의견을 들어준다.					
3. 부모님은 우리 형제의 친구를 아시고 그 친구들과 사귀는 것을 좋게 생각한다.					
4. 우리 형제는 우리들의 교육에 대해서 의견을 이야기할 수 있다.					
5. 우리 가족끼리만 무언가 하는 것을 좋아한다.					
6. 우리 가족은 우리 형제들이 성장함에 따라 이제는 맞지 않는 일이라고 생각되는 일은 바꿔 준다.					
7. 우리 가족은 여가시간을 함께 보내는 것을 좋아한다.					
8. 잘못하여 받는 벌에 대해 사전에 부모님께 의견을 이야기할 수 있다.					
9. 우리 가족은 서로 매우 친밀하다고 느낀다.					
10. 가족의 중요한 일을 결정할 때 우리 형제들이 결성한다.					
11. 가족이 함께 해야 할 일에는 가족 모두가 참여한다.					
12. 가족 공동의 흥미가 있어서 가족이 함께 할 수 있는 일을 쉽게 생각해 낼 수 있다.					
13. 아버지만이 의사결정권을 갖는 것이 아니라 다른 사람이 결정권을 가질 수 있다.					
14. 우리 가족은 각자의 일을 결정할 때 부모나 형제 또는 다른 식구들의 조언을 받는다.					
15. 가족이 함께 한다는 것은 중요하다.					
16. 가장의 역할을 누가 하는지 말하기 어렵다.					
17. 가족 내의 어떤 일을 결정할 때 이웃이나 친척이 결정권을 갖는다.					
18. 친구나 친척, 이웃과 함께 보다 우리 가족끼리가 더 잘 어울린다.					
19. 어떤 것을 지켜야 하는지에 대한 규칙이 때때로 변한다.					
20. 우리 가족의 주도권을 가진 사람이 누구인지 말하기 어렵다.					

참고문헌

금명자 등(2004). 이혼과정경험에 대한 질적 연구: 부모역할과 부모자녀관계를 중심으로. 한국청소년 상담원.

김규수, 오현숙(2005). 가족치료-이론과 실제-. 경기: 양서원.

김도황, 정태연(2002). 청년기의 자기탐색. 서울: 동인.

김수연, 김득성(2001). 부부 폭력과 결혼 불안정성의 관계. 한국가정관리학회지, 19(1), 53-62.

김용태(2004). 가족치료 이론. 서울: 학지사.

김유숙(1998). 가족치료-이론과 실제-. 서울: 학지사.

김유숙(2000). 가족상담. 서울: 학지사.

김유숙, 전영주; 김수연(2003) 가족평가 핸드북. 서울: 학지사.

김재은(1972). 한국가족의 집단성격과 부모-자녀간에 관한 심리학적 연구. 이화여대 박사학위 논문.

김진숙(1999). 비행청소년을 자녀로 둔 가족을 위한 치료적 접근. 한국가족치료학회지, 7(2).

김진숙, 이명우, 송수민(1999). 1999년도 상담경향 분석연구. 한국청소년 상담원.

김헌수(2001). 한국청소년 음주 및 비행행동 간의 상관관계. 보건복지부.

김현수(2001). 장애아동 어머니의 양육태도와 가족 특성 간의 상관연구. 공주대 교육대학원 석사학위 논문.

민병근(1976). 한국 청소년에 관한 사회 정신의학적 연구. 서울: 중앙대학교 의과대학 신경정신과학교실.

박태영(2003). 가족생활 주기와 가족치료. 서울: 학지사.

법무부(1997). 가정폭력 방지 피해자 보호 등에 관한 법률.

송성자, 정문자(1994). 경험적 가족치료. 서울: 중앙적성출판사.

신현숙(2001). 청소년기 대처양식: 비행과 학교 동일시에 따른 차이. 상담학 연구, 2(1).

엄명용(2002). 장기 분거가족의 전문직 남성문제: 기러기 아빠. 한국가족치료학회지,

10(2), 25~43.
윤진(1985). 노인 심리학. 서울: 중앙적성출판사.
이현주(1997). 부부의 자아분화 정도와 갈등대처 행동에 관한 연구. 성균관대 석사학위 논문.
장재홍, 김현주, 이호준, 김태성(2002). 청소년기 가족문제와 상담 방향. 청소년 상담연구, 82.
장휘숙(2008). 가족심리학(2판). 서울: 박영사.
정수경(1993). 정신분열증 환자의 질병기간에 따른 가족기능의 효과성 연구. 연세대학교 대학원 박사학위 논문.
조순자(2002). 가정폭력이 아동의 행동에 미치는 영향: 쉼터에 거주하는 구타당한 여성의 아동을 중심으로. 성공회대 시민사회복지 대학원 석사학위 논문.
조은(2004). 세계화의 최첨단에 선 가족: 원정유학 모자녀 가족 사례를 중심으로. 학술진흥재단 연구 보고서.
조재경(2004). 가정폭력 예방 및 대처교육 프로그램 효과-전문가 과정 및 도우미 과정을 중심으로. 한국가족치료학회지, 12(1).
최경석 외(2003). 한국 가족복지의 이해. 서울: 인간과 복지.
최규련(1994 a). 가족체계의 기능성, 부부간 갈등 및 대처방안과 부부의 심리적 적응과의 관계. 대한가정학회지, 33(12).
최규련(1994 b). 가족체계 유형과 부부 간 갈등 및 대처방안에 관한 연구. 한국가정관리학회지, 12.
최선령(2001). 아내 구타자의 인지행동 프로그램. 한국가족치료학회지, 9(1), 99~130.
최선령, 이인수 역(2005). 가족치료 임상에서 삼각관계 활용. 서울 : 시그마프레스.
최양숙(2005). 조기유학, 가족 그리고 기러기 아빠. 파주: 한국학술정보.
통계청(1994). 노인생활실태조사. 통계청.
통계청(2002). 인구주택총조사보고서. 통계청.
통계청(1994). 노인생활실태보고서. 통계청.
한국청소년상담원(2001). 이혼가정의 아이들. 청소년 상담문제 연구보고서 45. 한국청소년 상담원.

한미향(1999). 부부의 자아분화와 부부의 갈등 및 갈등대처방안과의 관계. 서강대학교 석사학위 논문.

한상분(1992). 아동의 자아개념과 가족체계의 기능 유형: Circumplex Model을 중심으로. 연세대학교 석사학위논문.

황매향, 김계현(2001). 진로의사 결정과정에서의 타협과정에 관한 연구동향. 한국심리학회지: 상담 및 심리치료, 13(1).

Ainsworth, M. D. Blehar, M. C. Waters, E., & Wall, S.(1978). Patterns of Attachment: A Psychlogical study of the Strange Situation. Hilsdale N. J.: Erlbaum.

Amen, D.(1998). *Change Your Brain, Change Your Life: The Breakthrough Program for Conquering Anxiety, Depression, Obsessiveness, Anger, and Impulsiveness*. New York: Norton.

Anderson, V., and Johnson, L.(1997). *Systems Thinking Basics: From Concepts to Casual Loops*. Williston, Vt. : Pegasus Communications.

Averill, J.(1993). *Illusion of Anger*. Washington D.C.: American Psychological Association.

Bandura, A.(1977). *Social Learning Thcory*. Englewood Cliffs, New Jersey: Prentice-Hall.

Banman, J.(1995). A Counselling Practicum using the Satir Model Workshop 자료집.

Barnes, H., and Olson, D. H.(1982). Parents-Adolescent Communication Family Inventories. *Family Social Science*. University of Minnesota.

Becvar, D., and Becvar, R.(1998). *Systems Theory and Family Therapy: A Primer*. (2nd ed.) New York: University Press.

Benjamin, R.(1991). "Mediative Strategies in the Management of Child Sexual Abuse Matters." *Family and Conciliation Courts Review, 29*(3), 221-245.

Bohannan P. J.(1975). The Six Nations of Divorce. in P. J. Bohannan(ed.), *Divorce and After*. Garden City. New York: Doubleday & Co. Inc.

Bowen, M.(1978). *Family Therapy in Clinical Practice*. Northvale, N. J.: Aronson.

Bowlby, J.(1988). *A Secure Base: Parent-Child Attachment and Healthy Human*

Development. New York : Basic Books.

Brown, N., and Samis, M.(1986). "The application of Structural Family Therapy in Developing the Binuclear Family." *Mediation Quarterly*, no. 14/15, 51-69.

Bush, R., and Folger, J.(1994). *The Promise of Mediation: Responding to Conflict Through Empowerment and Recognition*. San Francisco: Jossey-Bass.

Carte, B., and McGoldrick, M.(1980). *The Family life cycle and family therapy: An overview*. New York: Gardne press.

Cohen, O., Dattner, N., and Luxenburg, A.(1999). "The Limits of Mediator' s Neutrality." *Mediation Quarterly*, 16(4), 341-348.

Cooger, O. J.(1977). "Changing the Lawer' s Role in Matrimonial Practice." *Conciliation Courts Review*, 15(1), 1-8.

Cooger, O. J.(1978). *Structured Mediation in Devorce Settlement: A Handbook for Marital Mediators*. San Francisco: New Lexington Press.

Cooger, O. J.(1982). "Mediation of Divorce Settlements: Basic Notins." *Fairshare, 2*, 8-10.

de Schzer, S.(1985). *Keys to Solution in Brief Therapy*. New York: Norton.

de Shazer, S.(1991). *Putting Difference to Word*. New York: Norton & Company.

Emery, R.(1994). *Regenerating Family Relationship: Divorce, Child Custody, and Mediation*. New York: Guilford Press.

Erikson, E. H.(1968). *Identity: Youth and crisis*. New York: Norton.

Fishman C.(1981). Enhancing Family Therapy. *Journal of Family Therapy*, 27(1), 111-16.

Folberg, J., and Taylor, A.(1984). *Mediation: A Comprehensive Guide to Resolving Conflicts Without Litigation*. San Fransisco: Jossey-Bass.

Folger, J., Poole, M., and Stutman, R.(2001). *Working Through Conflict: strategies for relationship, Groups and Organizations*.(4th ed.) New York: Addison Wesley Longman.

Forgarty, T. E.(1976). "Systems Concepts and the Dimension of self." In P. J. Guerin (ed.), *Family Therapy: Theory and practice*. New York: Gardener Press.

French, J. and Raven, B.(1959). "The Bases of Social Power." In D. Cartwright (ed.), *Studies in Social Power*. Ann Arbor: University of Michigan Press.

Gadlin, H., and Ouellette, P.(1986). "Mediation Milanese: An Application of Systemic Family Therapy to Family Mediation." *Mediation Quarterly*, no. 14/15, 101-118.

Galbraith, J. K.(1992). "Power and Organization." In S. Lukes (ed.), *Power*. New Yoke: New Yoke University Press.

Goldenberg, I and Goldenberg, H.(1985). *Family Therapy*. Monterey: Brooks/ cole publishing.

Goldstein, J. Freud, A., and Solnit, A.(1973). *Beyond the Best Interests of the Child*. New Yoke: Free Press.

Goleman, D.(1995). *Emotional Intelligence*. New York: Bantam.

Gottman(1994). *Why marriages succeed or fail*. Fireside: Simon & Schuster.

Haley, J.(1991). *Problem-Solving Therapy*.(2nd ed.) San Francisco: Jossey-Bass.

Hall, S.(1991). *A Primer of Freudian Psychology*. New York: New American Library.

Haynes, J. The Elderly Parent: What to Do with Mother. Washington, D. C.: Association for Conflict Resolution, n.d. a. Videotape.

Haynes, J.(1988). "Power Balancing." In J. Folberg and A. Milne(eds.), *Divorce Mediation: Theory and Practice*. New York: Guilford Press.

Haynes, J.(1994). Parent/Teen Conflict: Winning. Washington, D. C. : Association for Conflict Resoluation, n. d. b. Videotape.

Haynes, J.(1994). *The Fundamentals of Family Mediation*. New York: State University of New York Press.

Haynes, J., and Haynes, G.(1989). *Mediating Divorce: Casebook of Strategies for Successful Family Negotiations*. San Francisco: Jossey-Bass.

Higgins, G.(1994). *Resilient Adults: Overcoming a Cruel Past*. San Francisco, Jossey-Bass.

Hoffman, L.(1981). *Foundations of Family Therapy: A Conceptual Framework for System Change*. New York: Basic Books.

Irving, H., and Benjamin, M.(1995). *Family Mediation: Contemporary Issues*. Thousand Oaks, Calif. : Sage.

Johnston, J., and Roseby, V.(1997). *In the Name of the Child: A Developmental Approach to Understanding and Helping Children of Conflicted and Violent Divorce*. New York: Free Press.

Karpel, M.(1994). *Evaluating Couples*. New York: Norton.

Kelly, J.(1993). "Mediation and Psychotheraphy: Distinguishing the Difference." *Mediation Quarrerly*, no. 1, 33-44.

Kreisberg, L.(1998). *Constructive Conflicts: From Escalation to Resolution*. Lanham, MD.: Rowman & Littlefield.

Lang, M., and Taylor, A.(2000). *The Making of a Mediator: Developing artistry in Practice*. San Francisco: Jossey-Bass.

Lewicki, R., Saunders, D., and Minton, J.(2001). *Essentials of Negotiation*. (2nd ed.) Boston: Irwin/Mcgraw-Hill.

Mark Worden(2003). *Family Therapy*. Pacific Grove. Thomson.

Martin, M.(2000). "How Transformative Is Volunteer Mediation? A Qualitative Study of the Claims of Volunteer Mediators in a Community Justice Program." *Mediation Quarterly, 18*(1), 33-53.

Mathis, R., and Yingling, L.(1998). "Family Modes: A Measure of Family Interaction and Organization." *Family and Conciliation Courts Review, 36*(2), 246-257.

Minuchin, S. & Fishman, H. C.(1981). *Family Therapy Technique*. Massachusetts: Harvard University Press.

Minuchin, S.(1974). *Families and Family Therapy*. Massachusetts: Harvard University Press.

Moore, C.(1988). "Techniques to Break Impasse." In J. Folberg and A Milane (des.), *Divorce Mediation: Theory and Pracice*. New York: Guilford Press.

Moore, C.(1996). *The Mediation Process: Practical Strategies for Resolving Conflict.* (2nd ed.) San Francisco: Jossey-Bass.

Neidig, P. H., Friendman, D. H.(2001). 가족갈등조절 프로그램. 권진숙(역). 서울: 나눔의집.

Nichols, M., and Schwartz, R.(2004). *Family Therapy: Concepts and Methods.* (6th ed.) Needham Heights, Mass.:Allyn and Bacon.

O' Connor, J., and McDermott, I.(1997). *The Art of Systems Thinking: Revolutionary Techniques to Transform Your Business and Your Life.* London: Thorsons.

Olsen, D.(1993). Circumplex Model of Marital and Family Systems: Assessing Family Functioning. In F. Walsh (ed.), *Normal Family Processes.* (2nd ed.) New York: Guilford Press.

Olsen, D.H., Sparenkle, D.H., & Russell, C.(1979). Circumplex Model of Marital and Family System. Family Process Vol.3.

Olson, Portner & Lavee(1985). FACES III. *Family Social Science.* University of Minnesota. ST. Paul. Minnesota.

Parker, R.(1991). A Social Exchange Framework. *Mediation Quartery, 9*(2), 121-135.

Pope, S. G.(1996). "Inviting Fortuitous Events in Mediation: The Role of Empowerment and Recognition." *Mediation Quarterly, 13*(4), 287-294.

Retzinger, S. and Scheff, T.(2000). Emotional Alienation, and Narratives: Resolving Intractable Conflict. *Mediation Quarterly, 18*(1). 71-85.

Rifkin, J., Millen, J., and Cobbs, S.(1991). "Toward a New Discourse for Mediation: A Critique of Neutrality." *Mediation Quarterly, 9*(2), 151-164.

Roberts, N. and Noller, P.(1998). *The Association Between Adult Attachment and Couple Violence: The Role of Communication Patterns and Relationship Satisfaction.* New York: Guilford Press.

Rothman, J.(1997). *Resolving Identity-Based Conflict in Nations, Organizations and Communities.* San Francisco: Jossey-Bass.

Rummel, R. J.(1991). *The Conflict Helix: Principles and Practices of Interpersonal,*

찾아보기

인명

내용

■저자 소개

강문희

고려대 문과대(문학사)
캐나다 마니토바대 교육심리학과(교육학석사)
이화여대 대학원 교육심리학과(문학석사, 문학박사)
현재 서울여대 명예 교수, 청아심리상담센터 대표
저서: 유아생활지도, 아동정신건강(공저), 아동심리검사(공저), 아동상담(공저),
아동발달(공저) 등

박 경

서울여대 교육심리학과(문학사)
중앙대 심리학과 임상심리전공(문학석사)
고려대 심리학과 임상심리전공(문학박사)
현재 서울여대 특수치료전문대학원 교수
저서: 현대인의 정신건강(공저), 인간관계의 이해(공저), 이상심리학(공저) 등

강혜련

서울여대 교육심리학과(문학사)
서울여대 대학원 교육심리학과(문학석사, 문학박사)
캐나다 토론토대학교 심리학과 아동정신건강전문가 자격증취득
캐나다 Grandview Children' s Center 발달장애아동 치료사

김혜련

서울여대 교육심리학과(문학사)
서울여대 대학원 교육심리학과 상담심리전공(문학석사, 문학박사)
청소년 상담사 1급, 상담심리전문가, 부부 및 가족상담 수퍼바이저
현재 청아심리상담센터 소장
저서: 자기실현의 심리(공저)

가족상담 및 심리치료(2판)

2006년 5월 10일 1판 1쇄 발행
2010년 3월 10일 1판 6쇄 발행
2011년 9월 10일 2판 1쇄 발행
2012년 3월 10일 2판 2쇄 발행
2012년 9월 10일 2판 3쇄 발행
2013년 3월 10일 2판 4쇄 발행
2015년 3월 10일 2판 5쇄 발행
2018년 9월 10일 2판 6쇄 발행
2020년 3월 10일 2판 7쇄 발행

지 은 이 강문희 박경 강혜련 김혜련
펴 낸 이 최용구
펴 낸 곳 도서출판 신정

주 소 (04316) 서울시 용산구 원효로 89길 19 (원효로1가)
전 화 02) 3211-4782 · 0266(영업부), 3211-4783(편집부), 3211-4784(팩스)
이 메 일 shinjeong72@naver.com
홈페이지 www.sjbook.co.kr
등 록 2001년 5월 11일 제13-702호

기획마케팅 최용구 장만동 송대용 최충구
책임편집 석기은 황가연
본문편집 이안기획
표 지 SDY

ISBN 978-89-5912-202-8 93590

정가 19,000원

파본은 구입처에서 교환해 드립니다.
이 책을 무단 전재 또는 복제 행위 시 저작권법에 따라 처벌을 받게 됩니다.